KALIFORNIEN

Zeit für das Beste

W0092197

HIGHLIGHTS | GEHEIMTIPPS | WOHLFÜHLADRESSEN

»There is science, logic, reason;
there is thought verified by experience.
And then there is California.«
(Es gibt Wissenschaft, Logik, Vernunft;
es gibt das Denken, das durch Erfahrung bestätigt wird.
Und es gibt Kalifornien.)

Edward Abbey, amerikanischer Naturforscher, Philosoph und Schriftsteller

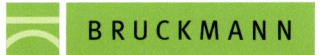

BRUCKMANN

KALIFORNIEN

Zeit für das Beste

Marion Landwehr
Christian Heeb

BRUCKMANN

INHALT

Segelboote im Hafen runden das Panorama der Downtown von San Diego ab

Die Bogenbrücke Bixby Creek Bridge in Big Sur spannt sich abenteuerlich über den Highway No. 1

Seite 1: Der Baker Beach bietet einen atemberaubenden Blick auf die Golden Gate Bridge
Seite 2/3: Der Joshua Tree National Park ist nach den gleichnamigen Bäumen benannt

MEHR WISSEN

Sehen und gesehen werden lautet die Devise auf der Strandpromenade von Venice

MEHR ERLEBEN

Unten: Der Merced River fließt durch das Yosemite Valley im Yosemite National Park
Seite 6 unten: Blick vom Granitfelsen Sentinel Dome im Yosemite National Park

1 **Grand Central Market (S. 63)**
Die leckersten Zutaten für ein gesundes
Essen, garniert mit den verführerischsten
Düften, gibt es auf dem Grand Central
Market auf dem Broadway in Downtown
Los Angeles. Frisches Obst und Gemüse,
asiatische Köstlichkeiten, Delikatessen,
Falafel, Burger und Vegetarisches – es
gibt nichts, was es hier nicht gibt. Alle
Kulturen der Stadt treffen auf diesem
Markt aufeinander – zum Probieren der
frisch zubereiteten, erfreulich hochwer-
tigen Speisen, auf ein Getränk oder ein-
fach nur zum Schauen.

2 **Wartehalle der Union Station
(S. 63)**
In bequemen Ledersesseln sitzend die
einzigartige Atmosphäre aufsaugen, umgeben von marmorverkleideten Wänden,
Kassettendecken und einem Fußboden
aus Terrakotta und Fliesen mit azteki-
schen Einflüssen – es ist eine Zeitreise in
die Blütezeit der amerikanischen Eisenbahn. Die Reisenden eilen geschäftig
durch den Bahnhof, der noch als Metro-
Station und Endhaltestelle eines Fern-
zuges in Betrieb ist.

3 **Ocean Front Walk (S. 92)**
Der 4,5 Kilometer lange Strandabschnitt
zwischen Venice und Santa Monica ist
ein sowohl skurriles als auch wunder-

Links: Die Wartehalle der Union Station in L.A.

Der Glacier Point im Yosemite National Park bietet spektakuläre Panoramablicke

schönes Erlebnis: Verrückte Leute bestaunen, den Bodybuildern beim Training
am Muscle Beach zuschauen und Straßenkünstler, Maler und Musiker bei den
Darbietungen bewundern ist ein Muss im
Los-Angeles-Stadtteil Venice. Zu Fuß, mit
dem Rad oder auf Inlineskates kann man
den Boardwalk zurücklegen und in einem der Straßencafés innehalten und
die Atmosphäre bei einem Kaffee auf
sich wirken lassen.

❹ Die alte Mission von Santa Barbara (S. 109)

Man kann die Stimmung nur schwer be-
schreiben – sie bewegt sich zwischen be-
sinnlich-friedlich und romantisch. Das
spanische Franziskanerkloster aus dem
Jahr 1786 verströmt einen ganz besonderen Charme. Die exponierte Lage auf
einer Anhöhe zwischen Pazifik und den
Santa Ynez Mountains trägt ihren Teil zu
der beschaulichen Atmosphäre der Mission Santa Barbara bei.

❺ Highway No. 1 (S. 126)

Die Straße zwischen Südkalifornien und
dem Norden des Staates ist längst Legende. Durch spektakuläre Landschaft
führt der Highway stets am Pazifik entlang. Die südlichen Gefilde zeigen sich
noch lieblich und zart mit palmengesäumten Stränden und sanften Dünen-
landschaften. Richtung Norden werden
die Klippen immer rauer, die Brandung
des Ozeans immer wilder und die Ausblicke nach der nächsten Kurve immer
atemberaubender. Es ist eine der schönsten Küstenstraßen der Welt mit den
charmantesten Kleinstädten des Landes
und der Traumstadt San Francisco als
Tüpfelchen auf dem i.

6 Santa Cruz Wharf (S. 137)

Ein fast ein Kilometer langer Pier führt auf den Pazifik hinaus, gesäumt von Shops, Restaurants und Souvenirläden. Das Brüllen der Seelöwen untermalt die faszinierende Stimmung. Sensationell ist auch der Blick vom Ende des Piers zurück auf die Stadt Santa Cruz. Wer mehr Trubel braucht, kann sich auf die Fahrgeschäfte des Vergnügungsparks direkt am Strand unterhalb der Wharf stürzen.

7 Die besten Blicke auf San Francisco (S. 143)

San Francisco muss man einmal von oben gesehen haben. Vom Gipfel der Felsformation schweift der Blick über die Bucht der Stadt und die Downtown. Genauso großartige Blicke erhascht man von den beiden 276 und 277 Meter hohen Hügeln Twin Peaks oder vom Aussichtsturm Coit Tower aus, der auf dem Telegraph Hill steht.

8 Cable Cars (S. 160)

Sie gehören nicht nur genauso zum Stadtbild von San Francisco wie die Golden Gate Bridge, sondern sie sind ein Wahrzeichen. Wer in San Francisco nicht mit den nostalgischen Bahnen gefahren ist, »Gripman« und »Bremser« bei der Arbeit zugesehen und möglichst noch außerhalb des Gefährtes am Trittbrett gehangen ist, hat San Francisco nicht wirklich erlebt. Die hügelige Beschaffenheit der Stadt macht die Fahrt zu einem Extra-Abenteuer – man blickt beim Bergauffahren praktisch in den Himmel und sieht nicht, wie und wo es den Hügel wieder hinuntergeht.

9 Emerald Bay (S. 196)

Die Schönheit der smaragdgrünen Bucht ist atemberaubend. Ob vom Highway aus betrachtet oder über einen kurzen Spazierweg direkt vom Seeufer aus – Emerald Bay ist einfach ein Traum. Mittendrin liegt die Insel Fannette Island, um das Fotomotiv zu perfektionieren. Auch im Rahmen einer Bootstour ist die Bucht ein tolles Erlebnis.

10 Glacier Point (S. 228)

Es ist wie auf dem Dach der Welt zu stehen. Majestätisch breitet sich die Bergwelt des Yosemite National Park zu Füßen des Betrachters aus. Es ist Ehrfurcht gebietend, hier zu stehen und einen Blick in die unendliche Weite zu genießen. Zu toppen ist das Erlebnis nur noch, wenn man zum Sonnenuntergang dort ist und die Sonne glutrot hinter den schneebedeckten Berggipfeln versinkt.

Fahrt mit dem Cable Car

WILLKOMMEN
in Kalifornien

Welcome to the Golden State! Sonne, Meer und ein ewig blauer Himmel, gut gebräunte, hübsche Menschen, Stars, Glitzer und Glamour – braucht es noch mehr Assoziationen, um diesem mit so viel Mystik umwobenen Bundesstaat einmal einen exklusiven Besuch abzustatten? Kalifornien folgt einer eigenen Philosophie. Fern von Regeln, Logik und Denkweisen ticken die Uhren hier anders. Die Menschen sind toleranter, aber auch exzentrischer. Es gibt Freigeister, Künstler und Aussteiger auf der einen und Technikfreaks, Erfolgsmenschen und Spießer auf der anderen Seite. So vielseitig der Staat ist, so vielseitig sind seine Charaktere.

Das setzt sich in allem fort, was Kalifornien zu bieten hat: Dank der landschaftlichen Vielfalt rangiert Kalifornien auf Platz eins der beliebtesten Reiseziele. Angefangen bei den traumhaften Sandstränden über die tiefen Wälder und fruchtbaren Täler bis hin zu den faszinierendsten Städten der Welt. Kalifornien hat mit dem Mount Whitney den höchsten Punkt der USA und mit dem Badwater Basin im Death Valley den niedrigsten. Die Extreme machen den Reiz von Kalifornien aus.

Badefreude für die ganze Familie am schönen Santa Monica Beach

Faszination des Golden State

Hollywood und alle damit verbundenen Klischees erwartet man ganz selbstverständlich. Klassische Vorstellungen von Kalifornien drehen sich um das milde Klima und den brandenden Ozean mit surfenden Schönheiten à la Baywatch. Was man nicht erwarten würde, ist der Charme durch die einzigartige Lage an der Westküste und die herrliche und abwechslungsreiche Landschaft. Nicht zu vergessen die vielen Wahrzeichen, die sich auf den ganzen Staat verteilen.

Im Kontrast zum wilden Pazifik stehen die gemächlich fließenden Flüsse in den Nationalparks. Im Kontrast zur zerklüfteten Küste mit den tosenden Wellen und den behäbigen Seelöwen stehen die palmengesäumten, kilometerlangen Sandstrände und romantischen Sonnenuntergänge. Im Kontrast zu Outdoor-Aktivitäten wie Klettern, Radfahren oder Wildwasser-Rafting stehen beschauliche Wanderungen in der Bergwelt, Relaxen am Meer und Genuss in den zahlreichen Restaurants. Was immer man in Kalifornien sucht, alle Erwartungen werden übertroffen.

Das Gebiet

Aus all den oben genannten Gründen ist es kein Wunder, dass der drittgrößte

Skatendes Pärchen am Venice Beach

Bundesstaat der USA auch der bevölkerungsreichste ist (siehe Steckbrief, S. 27). Denn wer würde nicht gerne in diesem von der Sonne und mit derart überschwänglichen Vokabeln beschriebenem Landstrich leben wollen? Kalifornien liegt ganz im Westen des Landes, begrenzt von der Halbinsel Baja California im Süden und dem Pazifischen Ozean im Westen, von Oregon im Norden sowie Nevada und Arizona im Osten.

Was den Tourismus anbelangt, lässt sich das Urlaubsziel in zwölf Regionen einteilen. Startet man mit dem Los Angeles County und seiner gleichnamigen Unter-

Die bunte und exotische Chinatown ist der bekannteste Stadtteil San Franciscos

haltungsmetropole sowie den zahlreichen Sandstränden, so folgt Richtung Norden die Central Coast, die sich zwischen Santa Barbara und San Francisco erstreckt. Highlights sind die Halbinsel Monterey und das wilde Big Sur. Die südliche Nachbarregion von Los Angeles ist das Orange County mit weiteren sonnigen Stränden und Vergnügungsparks, allen voran das populäre Disneyland.

Die San Francisco Bay ist eine der Hauptattraktionen Kaliforniens. Trotz zum Teil unwirtlicher Wetterverhältnisse ist die von Wahrzeichen und Symbolen übersäte Stadt einer der größten Besuchermagnete der Welt. Die Golden Gate Bridge und die Cable Cars haben einen so hohen Wiedererkennungswert, wie es kaum einen anderen auf dem Planeten gibt.

Zur North Coast gehören die legendären Weinanbaugebiete Sanoma und Napa Valley. Hier gedeihen nicht nur Weine von Weltklasse, sondern auch riesige Redwood-Bäume. Der zerklüftete Küstenabschnitt der Region setzt einen beeindruckenden Kontrastpunkt.

Juwelen wie der Lassen Volcanic National Park verstecken sich in der Shasta Cascade ganz im Norden Kaliforniens. Hier herrscht schon eine kanadische Atmosphäre mit den steilen Bergen, den kalten Gebirgsseen und den tiefen Wäldern.

Sacramento, die Hauptstadt des Bundesstaates, befindet sich im Gold Country. Dieses Gebiet verdankt seinen Namen dem Goldrausch von 1849. Goldgräber- und Geisterstädte zeugen heute noch von dieser Vergangenheit.

Das Central Valley bildet den Kernbereich der Landwirtschaft mit Obstgärten, Weinbergen und saftigen Weiden. Die High Sierra im Osten Kaliforniens verzaubert durch ihre wilde Anmut – der Yosemite National Park mit seinen Wasserfällen, Schluchten und Bergen ist das Herzstück dieser Region.

Wüste, Wüste und nochmals Wüste – der Süden des Bundesstaates trägt, welche Überraschung, den Namen Deserts. Damit ist im Falle Kaliforniens jedoch keineswegs ein kilometerlanges Ödland gemeint, sondern eine erstaunlich abwechslungsreiche Landschaft. Beliebteste Ziele sind das Death Valley und der Joshua Tree National Park.

Die Region Inland Empire bietet abwechslungsreiche Landschaften – schneebedeckte Gipfel wetteifern mit Sanddünen und weitem Land. Den Kreis schließt das San Diego County mit der charmanten Stadt San Diego; wegen des günstigen Klimas und der vielen Attraktionen ist die Stadt ein Ganzjahresziel.

Wann über den großen Teich?

Damit ist ein wichtiger Punkt schon angesprochen: die Reisezeit. Wann soll es in den sonnenverwöhnten Bundesstaat gehen? Der Norden ist definitiv kein Winterziel. Und zwar deshalb nicht, weil man dort schon im Sommer friert. Der Schriftsteller Mark Twain (1835–1910) soll einmal gesagt haben: »The coldest winter I ever spent was a summer in San Francisco« (»Der kälteste Winter, den ich je erlebt habe, war ein Sommer in San

Mit dem Wohnmobil durch das Death Valley

Francisco«). Damit ist eigentlich alles gesagt, was die Jahreszeit für einen Besuch der faszinierenden Weltstadt betrifft. Noch weiter nördlich klettert das Thermometer im Sommer auf höchstens 17 Grad.

Ganz anders sieht die Sache im Süden Kaliforniens aus. Je südlicher, desto länger die Saison. Zwar kann der Pazifik auch in den Gefilden von Los Angeles im Sommer empfindlich kalt sein, doch die durchschnittlichen Jahrestemperaturen von 18 bis 25 Grad erlauben einen Besuch zu jeder Jahreszeit.

In den Wüstengebieten ist dagegen ein Besuch im Sommer nahezu ausgeschlossen – oder zumindest kein wirklicher

Tänzerin in der Olvera Street in L. A.

Spaß. Bei über 45 Grad sind die möglichen Aktivitäten deutlich eingeschränkt. Auf der Furnace Creek Ranch im Death Valley ist am 10. Juli 1913 mit 56,7 Grad der »Temperaturweltrekord« aufgestellt worden. Da kann man nur noch auf eine gute Klimaanlage hoffen … Dafür ist in diesen Gebieten ein Besuch im Winterhalbjahr bei konstanten 20 Grad sehr angenehm. Aber auch das Frühjahr und der Herbst bestechen durch milde Temperaturen (im Frühjahr ist die bezaubernde Wildblumen-Landschaft ein Bonus).

Pauschal lässt sich sagen, dass in Kalifornien im August absolute Hochsaison herrscht. Das ist auch der Hauptferienmonat in den USA. Nachteile sind die hohen Preise und die überfüllten Strände, Hotels und Sehenswürdigkeiten.

Wer sonnigen Strandurlaub machen möchte oder einigermaßen trocken durch die Reise kommen will, für den sind im Norden Kaliforniens die Monate Juni bis August die beste Reisezeit, im Süden September bis November. Die Nationalparks lassen sich am besten von Mai bis September besuchen, dann steht auch die komplette Infrastruktur durch den National Park Service zur Verfügung. In der Sierra Nevada kann man von Oktober bis April bei zuverlässigen Schneebedingungen Wintersport betreiben.

Der Kalifornier

Sind schon die gesamten Vereinigten Staaten ein einziger Schmelztiegel, so ist Kalifornien der Inbegriff einer bunt zu-

Markt mit mexikanischer Atmosphäre im Old Town San Diego State Historic Park

sammengewürfelten Kultur. Angefangen bei den Spaniern und Mexikanern, die das Land für sich beanspruchten, bis hin zu Europäern und Asiaten ist auch heute noch alles vertreten, was die Nationen weltweit zu bieten haben. Kalifornien hat schon immer mehr Gründe geboten, sich im Land anzusiedeln, als andere Flecken der USA.

Vor allem der Goldrausch lockte Menschen aus aller Herren Länder in das verheißungsvolle Land. Am 19. Januar 1848 entdeckte James Wilson Marshall (1810–1885) beim Errichten einer Mühle die ersten Goldstückchen und löste damit den Kalifornischen Goldrausch aus. Innerhalb eines Jahres kamen über 50 000 Goldsucher vor allem aus Europa, aber auch aus Mexiko, Chile und China nach Kalifornien. Die Bevölkerung wuchs in nur vier Jahren um das 16-Fache.

Heute ist Kalifornien mit fast 40 Millionen Einwohnern der mit Abstand bevölkerungsreichste Staat der USA. Im Jahr 1962 hat Kalifornien damit New York als bis dahin bevölkerungsreichsten Bundesstaat aus dem Rennen geworfen – heute hat Kalifornien sogar schon fast doppelt so viele Einwohner wie der populäre Bundesstaat an der Ostküste! Kalifornien ist außerdem ein Majority-Minority-Staat. Das bedeutet, dass die nicht Spanisch sprechenden Weißen weniger als 50 Prozent der Bevölkerung ausmachen. Neben Englisch ist Spanisch die am meisten gesprochene Sprache in Kalifornien, insgesamt werden über 200 Sprachen gesprochen.

Wie also präsentiert sich der moderne Kalifornier vor dem Hintergrund dieser bunten Mixtur aus Herkünften und Kulturen? Er ist freundlich und ein wenig exzentrisch und infolgedessen sehr offen. Er ist

17

Artistische Einlagen sind keine Seltenheit auf dem Walk of Fame in Hollywood

innovativ, das zeigt sich an der Ansiedlung der Hochtechnologie- und IT-Branche im Silicon Valley. Kalifornier haben ein hohes Bildungsniveau und verdienen gut – was auch nötig ist, denn die Lebenshaltungskosten, die Steuern und die Immobilienpreise sind sehr hoch. Sie sind erfreulich gesund, wenig religiös und wählen die Demokraten. Konservative Kandidaten haben wenig Aussicht auf Erfolg. In ihrer Wesensart zeichnen sich die Kalifornier vor allem durch Toleranz, Individualismus und Unbeschwertheit aus. Die Kalifornier sind dem Leben gegenüber grundsätzlich positiv und entspannt eingestellt. Das sonnige Lebensgefühl drückt sich unter anderem in der immer beliebteren Surferkultur aus.

»Vom Tellerwäscher zum Millionär« – dieser Spruch scheint gerade in Kalifornien große Bedeutung zu haben. Wer in die Unterhaltungsmaschinerie von Hollywood einsteigen möchte oder eine Karriere im Silicon Valley anstrebt – der Traum von Reichtum und Erfolg scheint sich hier zu erfüllen und dem American Way of Life sehr nahezukommen.

So ergibt auch das Staatsmotto einen Sinn. Es lautet »Eureka!« (»Ich habe es gefunden«). Es ist ein freudiger Ausruf und ein Synonym für eine plötzliche Erkenntnis, eine Entdeckung. Im Falle Kaliforniens kann Eureka für die Erkenntnis stehen, den wirklichen amerikanischen Traum gefunden zu haben. Für die Bewohner ist Kalifornien nicht nur der Inbegriff von Freiheit, liberalen und alternativen Lebensweisen. Es wird auch Wert auf Fitness und Gesundheit gelegt, Kunst und Kultur spielen eine wichtige Rolle und natürlich ist da auch Hollywood mit seinem unvergleichlichen Glanz.

Für die Besucher machen der europäische Charme, der unverfälschte Eindruck vom Land der unbegrenzten Möglichkeiten und die diversen Gegenkulturen den Reiz einer Reise aus. Wo sonst werden Homosexuelle so tolerant behandelt (wie die Gay-Szene in San Francisco belegt), was sonst ist kennzeichnender für die Hippie-Szene als Kalifornien? Hier kann auch der prüde Amerikaner aus seinen Zwängen ausbrechen – nicht umsonst gilt Kalifornien als Enfant terrible (»unkonventioneller Mensch«).

Film und Fernsehen

Ist es das Image eines Enfant terrible, das die Entstehung der Filmindustrie begünstigt hat? Ist es das Image, ein Staat jenseits der Konventionen zu sein? Was auch immer es ist – der Begriff Hollywood ist längst ein Synonym für die Kultur des Staates geworden. Und sei es »nur« die Filmkultur.

In den 1950er-Jahren wurden die Studiogelände aus der Stummfilmzeit zu Produktionsstätten für TV-Serien umfunktioniert. Das war die Basis dafür, dass das Fernsehen heute der größte Zweig der amerikanischen Unterhaltungsindustrie ist. Aber nicht nur auf Zelluloid gebannte Kunst manifestierte sich in Hollywood, auch die Schallplattenindustrie hielt ihren Einzug. Und auch literarisch gesehen ist Kalifornien bedeutsam, denn der Staat hat namhafte Schriftsteller wie John Steinbeck (1902–1986), James Ellroy (*1948 in Los Angeles) und F. Scott Fitzgerald (1896–1940) hervorgebracht, der zwar nicht in Kalifornien geboren wurde, aber in Holly-

Bekannt als Dick und Doof – eine Wandmalerei von Stan Laurel und Oliver Hardy in Hollywood

19

wood seine Schreibkrise überwand (und ein exzessives Leben in der Metropole führte).

Neben der aus dem Bild über Kalifornien nicht wegzudenkenden Unterhaltungsindustrie spielen die vielen vor allem außergewöhnlichen Museen des Staates eine große kulturelle Rolle. Ganz vorne dabei ist die Gefängnisinsel Alcatraz mit dem ehemaligen Hochsicherheitsgefängnis, das heute ein sehr gut besuchtes Museum ist. In San Francisco brilliert das Museum of Modern Art mit moderner Kunst des 20. Jahrhunderts. Dazu zählen neben Malereien auch Fotografien und Bildhauereien. Ebenfalls in San Francisco befindet sich das Cable Car Museum, in dem sich alles um das nostalgische Fortbewegungsmittel dreht.

In Los Angeles ist das J. Paul Getty Museum ein absoluter Besuchermagnet. Es beinhaltet die Privatsammlung des Ölmagnaten J. Paul Getty in einer sensationell schönen Villa in Pacific Palisades bei Los Angeles.

Dies ist nur ein kleiner Querschnitt durch das Angebot an Sammlungen. Egal, ob Film-, Eisenbahn-, Flugzeug- oder das Surfermuseum – die Museumslandschaft ist so vielseitig wie der Bundesstaat, und es gibt für jeden Kunst- und Kulturfreund ein passendes Museum.

Ganz schön mächtig

Es ist oben schon zur Sprache gekommen – die Kalifornier sind hochgebildet. Das hat unmittelbaren Einfluss darauf, dass der Staat wirtschaftlich gesehen auf höchst soliden Beinen steht. Als eigenständiges Land würde der Staat sogar in der Liga der zehn größten Volkswirtschaften weltweit mitspielen. Das liegt an eini-

Auf dem Rodeo Drive in Beverly Hills ist Luxus-Shoppen angesagt

gen Faktoren: Zunächst einmal denkt man natürlich an die Hochtechnologiebranche, die sich seit den 1950er-Jahren im Silicon Valley angesiedelt hat. Die Buchstaben namhafter Firmen von Weltrang prangen an den Eingangsportalen der Unternehmen: Google, Apple, SAP, Intel und Hewlett Packard führen die Top Ten an. Seit dem Zweiten Weltkrieg boomt außerdem der Immobilienhandel im Golden State.

Dann spielt natürlich der Tourismus eine bedeutende Rolle für den Wirtschaftsstandort Kalifornien. Er ist so facettenreich wie die Bevölkerung und die Landschaftsstruktur. Die Sehenswürdigkeiten, Nationalparks und Strände verteilen sich homogen über den Staat. Das Klima ist zu jeder Jahreszeit perfekt, denn es variiert von Region zu Region und macht den gesamten Staat zu einem Ganzjahresziel. So ist Kalifornien ein Badeparadies im Süden, ein Wanderparadies in den Nationalparks und ein Schneesportparadies im Norden.

Auch die Filmindustrie rund um Hollywood trägt entscheidend dazu bei, dass Kalifornien ein wirtschaftlicher Erfolgsstaat ist. Nicht nur als Zentrum der Unterhaltungsindustrie mit Firmen wie Warner Brothers, Universal Pictures und Metro-Goldwyn-Mayer, sondern auch als Wohnort der Prominenten und sehr Betuchten haben sich die L.-A.-Stadtteile Beverly Hills, Hollywood und Malibu Weltruhm erworben.

Wenn ein Bundesstaat so mächtig ist, kann er natürlich auch tief einbrechen. Das ist im Rahmen der Finanzkrise ab

Marilyn Monroe im Hollywood Wax Museum

2007 auch Kalifornien widerfahren. Wegen der Bedeutung des Immobilienmarktes und der Technologiefirmen war Kalifornien sogar besonders stark betroffen und hat ein nachhaltiges Milliardenloch in den Haushalt gerissen. Das ist jedoch inzwischen weitgehend überstanden.

Rund um die Natur

Wie ist eine so starke Wirtschaft mit dem Thema Umwelt vereinbar? Hier hat Kalifornien eine erfreuliche Entwicklung erlebt und gezeigt, dass der Schutz der Umwelt durchaus mit der Hochtechnologie vereinigt werden kann. Vor allem Arnold

Im Jedediah Smith Redwoods State Park ist man umgeben von Baumgiganten

Schwarzenegger (*1947 in der Steiermark), der von 2003 bis 2011 Gouverneur in Kalifornien war, hat sich für den Einklang einer starken Wirtschaft mit dem Umweltgedanken eingesetzt. Kalifornien tut sich seitdem mit einigen spektakulären Vorschriften hervor. Beispielsweise wurden 2012 die in den USA schärfsten Vorschriften zur Reduzierung von Autoabgasen festgelegt. Demnach müssen die Autokonzerne umweltfreundlichere Elektroautos sowie Fahrzeuge mit Wasserstoffantrieb oder Hybridmodelle produzieren. Neben dem Null-Abgas-Programm gibt es strengere Richtlinien bezüglich der Smog- und Treibhausbelastung. 2014 hat Kalifornien als erster Bundesstaat Einweg-Plastiktüten in Lebensmittelläden und Drogeriemärkten verboten.

So wie diese Schritte in die richtige Richtung weisen, hat sich auch der Gedanke, riesige Landstriche durch Nationalparks zu schützen, als goldrichtig erwiesen. Die meisten Gebiete wurden bereits im 19. Jahrhundert unter Schutz gestellt, sodass die Nationalparks Kaliforniens die Besucher mit ihrer unberührten Natur begeistern.

Nicht nur die Nationalparks repräsentieren die grandiose Natur Kaliforniens. Die typische Küstenregion ist ebenso Symbol für den Staat wie die Gebirgslandschaften, die Wüsten und die Täler mit ihrem Mittelmeerklima. Wegen dieses milden Klimas gedeihen neben Wein vor allem Zitrusfrüchte.

Gleichzeitig ist Kalifornien stark von Erdbebengefahr bedroht. Da die Pazifische Platte und die Nordamerikanische Platte (sogenannte San-Andreas-Verwerfung) hier aufeinandertreffen, kommt es immer wieder zu tektonischen Reibungen und Erdbeben. 1906 legte eines der schlimmsten Erdbeben überhaupt die Stadt San Francisco in Schutt und Asche, ein weiteres schweres Beben ereignete sich 1989 in der Stadt. Los Angeles ist ähnlich gefährdet, hier bebte die Erde 1994 ziemlich stark, ebenso 1933 in Long Beach.

Was kreucht und fleucht da

Kalifornien ist »Bear Country« (»Bärenland«). Grund genug, den sogenannten Kalifornischen Grizzly-Bär (*Ursus californicus*) zum offiziellen Tier des Bundesstaates zu ernennen. Ursprünglich weitverbreitet, wurden die Grizzlys jedoch von den frühen Siedlern gejagt und getötet, sodass 1922 der letzte Grizzly in Kalifornien gesichtet wurde. Die Gattung ist Kalifornien jedoch wenigstens erhalten geblieben – heute ist die Wahrscheinlichkeit, auf einen Schwarzbären zu treffen, recht hoch (vor allem im Hinterland und in den Nationalparks). Statistisch gesehen trifft jeder zweite Urlauber im Laufe seines Aufenthaltes auf einen Bären. Und nicht wundern, wenn der Schwarzbär kein schwarzes Fell hat – er hat von Blond bis Mittelbraun so ziemlich alle Fellfarben, nur kein Schwarz ...

Der Kalifornische Kondor war lange vom Aussterben bedroht. Im Rahmen eines Auswilderungsprogramms ist der Bestand jedoch wieder gestiegen. Inzwischen leben einige Hundert Exemplare in freier Wildbahn in Arizona, Kalifornien und Mexiko.

In den Küstengebieten erfreuen natürlich die zahlreichen Seelöwen-Kolonien

Mittagsschläfchen! See-Elefanten am Point Piedras Blancas am nördlichen Highway No. 1

nicht nur begeisterte Fotografen. Buckelwale, Blauwale, Orcas und Grauwale lassen sich am besten im Gebiet um Monterey beobachten. Die größte Wahrscheinlichkeit, eins der mächtigen Raubtiere zu sehen, besteht bei einer Whale-Watching-Tour.

Die Tierwelt der Wüstenregionen besteht hauptsächlich aus nachtaktiven Gesellen – kein Wunder bei den Tagestemperaturen. Vor allem das Dickhornschaf lässt sich dann blicken, aber auch Schildkröten und die Kalifornische Kängururatte. An die Hitze angepasst sind die Antilopenhasen, die mit ihren überproportional großen Ohren Hitze abgeben. Auch

der Wegekuckuck kommt gut mit Hitze klar, da seine eigene Körpertemperatur ebenfalls sehr hoch ist.

Amphibien und Reptilien, Hunderte Vogelarten und Tausende Insektenarten haben ihren Lebensraum in Kalifornien. Wiesel, Luchs, Graufüchse, Waschbären und Elche und in höheren Lagen Bergziegen und Murmeltiere bewohnen das Gebiet. In den Wäldern treiben auch Stinktiere und Klapperschlangen ihr Unwesen.

Riesen und andere Gewächse

Die in jeder Hinsicht herausragende Pflanzenart Kaliforniens ist natürlich der Riesenmammutbaum (Sequoia), mit ungefähr 100 Metern der höchste Baum der Welt und mit etwa 30 Metern Umfang sogar das an Masse größte Lebewesen der Welt. Die Sequoias bestimmen maßgeblich das Landschaftsbild im Sequoia National Park, es gibt aber auch Haine mit den Giganten im Yosemite National Park und im Kings Canyon National Park. Yuccapflanzen wie die Joshua Trees wachsen im ebenfalls gleichnamigen Nationalpark. Daneben prägen Kakteen und robuste Sträucher (zum Beispiel der Kreosotstrauch und der Indigostrauch) das Landschaftsbild in den Wüsten und Palmen an der Pazifikküste.

Vom Frühling bis in den Herbst hinein bieten Wildblumenwiesen einen bezaubernden Anblick. Am Tioga Pass im Yosemite National Park gibt es auf der Passhöhe besonders herrliche Kostproben

General Sherman Tree im Sequoia National Park

Der spanische Einschlag der Old Mission in Santa Barbara ist unverkennbar

davon zu sehen. In den gebirgigen Regionen wachsen Begonien, Zwiebeln, Astern und Schafgarben.

Ein langer Weg ...

Der Golden State steht heute also in jeder Hinsicht als Goldstück da. Ein langer Weg führte zu dem, was Kalifornien heute ausmacht. Begonnen hat alles mit den Ureinwohnern, den Indianern, die vermutlich schon um 1500 herum hier gelebt haben. Sie begrüßten die ersten Europäer, die per Schiff an die Küste Kaliforniens kamen, freundlich. Mit dem Bau von Missionen im 18. Jahrhundert wurden Krankheiten aus Europa eingeschleppt, gegen die die indianischen Ureinwohner keine Resistenzen hatten entwickeln können. Masern, Windpocken und Syphilis führten zum Tod und dezimierten die Stämme beträchtlich. Außer-

dem drängten die Siedler aus dem Osten die Indianer zurück, die zu Zwangsarbeit unter Hunger verpflichtet wurden. In manchen Gebieten leisteten die Indianer erbitterten Widerstand gegen US-Truppen, was jedoch vergeblich war. Um 1870 waren fast 90 Prozent der indianischen Ureinwohner ausgelöscht. All diejenigen, die überlebt hatten, wurden in kleinen Reservaten auf minderwertigem Land untergebracht – wo ihre Nachkommen zum Teil immer noch sehr zurückgezogen leben.

Neben den Missionen wurden im 18. Jahrhundert auch sogenannte »Presidios« erbaut. Das waren Militärposten in Monterey, San Francisco und Santa Barbara. Unter den Zwangsarbeitern hierfür waren auch Indianer, von denen viele durch die Schufterei geschwächt den Pocken zum Opfer fielen.

Mission San Diego de Alcala

Die ersten europäischen Siedler kamen aus Spanien. Bereits Ende des 15. Jahrhunderts unterhielten Spanier Missionen im damaligen Mexiko. Der Entdecker Juan Rodriguez Cabrillo landete im Auftrag der spanischen Krone 1542 an der Küste des heutigen Kalifornien in der Bucht von San Diego. Es folgte die Zeit der Kolonialisierung, zudem wurden spanische Missionen gegründet. Nach dem elf Jahre dauernden mexikanischen Unabhängigkeitskrieg (1810–1821) hatte sich Mexiko von Spanien befreit, Kalifornien wurde mexikanische Provinz. Die Missionen behielten ihre Bedeutung; um sie herum bildeten sich später die Groß-

städte Los Angeles und San Francisco. Mit der Beanspruchung von Texas und Kalifornien durch den Präsidenten James K. Polk im Jahr 1844 kam es zu erneuten Auseinandersetzungen mit Mexiko. Als Resultat wurde Kalifornien den Vereinigten Staaten von Amerika zugewiesen. Am 9. September 1850 wurde Kalifornien als 31. Staat in die USA aufgenommen.

Kurz vor diesem historisch bedeutsamen Ereignis wurde am 24. Januar 1848 das erste Gold entdeckt. Der Goldrausch lockte Zigtausende Einwanderer an, die zwar durch die Goldausbeute besser verdienten als ein Arbeiter an der Ostküste, die aber in den Goldgräberstädten auch ein völlig überteuertes Leben finanzieren mussten. Auch jetzt wieder wurden die indianischen Ureinwohner mit den Krankheiten der Weißen konfrontiert und starben meist daran. So schnell der Goldrausch gekommen war, so schnell ebbte er auch wieder ab. Gold von Hand zu waschen war nicht mehr profitabel, und durch Goldfunde in Colorado und Alaska kam es zu Konkurrenz zwischen den Staaten.

Eine erneute Zuwanderungsbewegung erfolgte mit der Fertigstellung der transkontinentalen Eisenbahn im Jahr 1896. Aufgrund der kürzeren Fahrzeit zog es Hunderttausende von Amerikanern in den Westen. Verlockend waren die Fruchtbarkeit des Landes und der Anbau von Zitrusfrüchten – Orangen stellen auch heute noch die landwirtschaftliche Grundlage Kaliforniens dar.

Steckbrief Kalifornien

Lage: Kalifornien ist der westlichste Bundesstaat der USA am Pazifischen Ozean, Oregon liegt nördlich, Mexiko südlich. Die östlichen Nachbarstaaten sind Arizona und Nevada.

Fläche: 424 000 Quadratkilometer

Einwohner: 39,3 Millionen

Hauptstadt: Sacramento

Flagge:

Weiße Flagge mit einem roten Balken im unteren Bereich (Symbol für Grenze zu Mexiko), einem Bär in der Mitte (Symbol für Kraft) und einem roten Stern in der oberen linken Ecke. Die »Bärenflagge« steht für »Freiheit«.

Währung: US-Dollar (USD)

Zeitzone: UTC -8 (Pacific Standard Time, PST), UTC -7 (Sommerzeit)

Geografie: Mount Whitney ist mit 4418 Metern der höchste, Badwater Basin im Death Valley mit 86 Metern unter NN der tiefste Punkt (beide Punkte sind zugleich der höchste und der tiefste der gesamten USA). Kalifornien ist nach Alaska und Texas der drittgrößte Bundesstaat der USA.

Staat und Verwaltung: Autarkes politisches System mit eigener Verfassung und Verwaltung. Der Bund übt lediglich gesetzgebende Kompetenzen aus. Auch die Polizei ist Sache des Staates. Jeder Staat ist in Countys unterteilt.

Wirtschaft und Tourismus: Bedeutender Industrie- und Handelsstaat. Als souveräner Staat wäre er wirtschaftlich der sechststärkste Staat der Welt. Hohes Bruttoinlandsprodukt dank Tourismus, der Filmmetropole Hollywood und des Silicon Valley mit der Hochtechnologiebranche. Touristenmagnete sind die populären Weltstädte San Diego, Los Angeles und San Francisco sowie die zahlreichen Nationalparks.

Religion: 46 Prozent der kalifornischen Bevölkerung sind religiös, davon 33 Prozent protestantisch, 31 Prozent katholisch, 4 Prozent Baptisten und 2 Prozent Mormonen. 1,2 Prozent Juden leben in Kalifornien und 0,74 Prozent gehören dem Islam an.

Bevölkerung: Nachkommen der indianischen Ureinwohner und der europäischen Einwanderer. 13 Prozent der Bevölkerung entfallen auf die Afroamerikaner. Kalifornien ist ein »Melting Pot« (»Schmelztiegel«).

Das Badwater Basin im Death Valley

Geschichte im Überblick

Etwa 10 000 v. Chr. Die ersten Jäger und Sammler erreichen Nordamerika.

Ab etwa 400 n. Chr. Die ersten Indianerstämme entstehen.

1535 Hernán Cortés leitet im Auftrag des Präsidenten von Neuspanien eine Expedition, landet in La Paz (Baja California) und errichtet eine Kolonie.

1542 Kapitän Rodriguez Cabrillo ging als erster Europäer (im Auftrag der spanischen Krone) in der Bucht von San Diego an Land.

1545 Mit den europäischen Einwanderern kommt Typhus nach Kalifornien; Tausende indianische Ureinwohner erliegen der Krankheit.

1579 Sir Francis Drake landet nördlich der San Francisco Bay und beansprucht das Land für England.

1697 Der Missionar Juan Maria de Salvatierra errichtet die Misión de Nuestra Senora de Loreto Conchó, die erste dauerhafte Missionsstation in Baja California.

1756–1763 Im Siebenjährigen Krieg kämpfen die Kolonialmächte Großbritannien und Frankreich mit ihren jeweiligen indianischen Verbündeten um die Vorherrschaft in Nordamerika.

1763 Der Pariser Frieden besiegelt das Ende der französischen Kolonialherrschaft in Nordamerika.

1767 Der spanische König Karl III. verbietet die Jesuiten, die von den Franziskanern ersetzt werden.

1769 Pater Junipero Serra errichtet die San Diego de Alcala, die erste der von Franziskanermönchen gegründeten 21 Missionen in Kalifornien.

1775–1783 Als Folge der Auflehnung gegen britische Steuern und gegen die Regierung der amerikanischen Kolonien kommt es zur Amerikanischen Revolution, die in der Unabhängigkeit der Vereinigten Staaten endet.

4. Juli 1776 Unabhängigkeitserklärung der Vereinigten Staaten.

1776 Gründung der heutigen Stadt San Francisco.

1781 Gründung der heutigen Stadt Los Angeles.

1821 Mit der mexikanischen Unabhängigkeit endet die spanische Kolonialherrschaft in Kalifornien. Mexiko hat jetzt das Sagen, damit endet auch die europäische Herrschaft über Kalifornien.

1830er-Jahre Erste amerikanische Siedlertrecks (Händler und Trapper), die entlang des späteren California Trail durch die Rocky Mountains nach Kalifornien gelangen.

1846–1848 Mexiko verliert den Mexikanisch-Amerikanischen Krieg, Kalifornien fällt den USA zu.

1848 Beginn des Goldrausches.

9. September 1850 Aufnahme Kaliforniens als 31. Bundesstaat in die USA.

1854 Mit dem Beginn des industriellen Goldabbaus wird die Ära der privaten Goldsuche beendet.

1861–1865 Amerikanischer Bürgerkrieg. Da sich Kalifornien weit weg vom Kriegsgeschehen befindet, spielt der Staat nur eine untergeordnete Rolle.

1869 Erste Eisenbahnverbindung zwischen der Ostküste und der Westküste der USA.

1906 Ein schweres Erdbeben erschüttert San Francisco und zerstört fast die gesamte historische Stadt.

1911 In Hollywood nimmt das erste Filmstudio den Betrieb auf.

1913 Eröffnung des Lincoln Highway von New York nach San Francisco.

1920er-Jahre Die ersten Ölquellen werden in Los Angeles entdeckt.

1932 Die ersten Olympischen Spiele in Amerika werden in Los Angeles ausgetragen.

1933–1937 Die Golden Gate Bridge wird erbaut.

1962 Kalifornien wird zum bevölkerungsreichsten Bundesstaat der USA.

1967 »Summer of Love« in San Francisco als Höhepunkt der Hippiebewegung.

1968 Der Politiker Robert Kennedy, jüngerer Bruder des ermordeten US-Präsidenten John F. Kennedy, wird in Los Angeles erschossen.

1989 Erneut sucht ein schweres Erdbeben San Francisco heim.

1993 In Malibu und Laguna Beach richten schwere Waldbrände große Schäden an.

Ab 1994 Immer mehr Unternehmen aus der Computer- und Kommunikationsbranche lassen sich im Silicon Valley nieder.

2001 Platzen der Dot-Com-Blase.

2003 Schauspieler Arnold Schwarzenegger wird Gouverneur von Kalifornien.

2006 Der Global Warming Solution Act wird erlassen. Er soll zur Reduktion der Treibhausgase führen.

Ab 2007 Die Finanzkrise trifft Kalifornien schwer, vor allem wegen der Bedeutung des Immobilienmarktes und der Technologieformen im Silicon Valley.

Seit 2012 Anhaltende Dürre in Kalifornien, Wassermangel.

2017 Ein Erdrutsch verschüttet einen Teil des Highway No. 1 und führt zu monatelanger Straßensperrung. Waldbrände aufgrund anhaltender Hitze verwüsten riesige Flächen Kaliforniens.

EINE WOCHE IN KALIFORNIEN

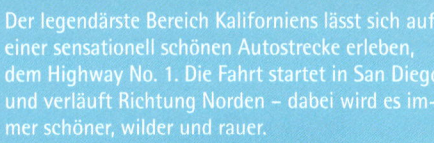

Der legendärste Bereich Kaliforniens lässt sich auf einer sensationell schönen Autostrecke erleben, dem Highway No. 1. Die Fahrt startet in San Diego und verläuft Richtung Norden – dabei wird es immer schöner, wilder und rauer.

1. TAG

Ein Bummel an der Strandpromenade, eine Shoppingtour im Herzen der Stadt in der Westfield Horton Plaza und Tiere gucken im San Diego Zoo, das ist die perfekte Einstimmung auf das Abenteuer Kalifornien. Danach geht es zum Balboa Park, die Beine vertreten.

Anschließend geht es zum Essen nach North Park. Nachdem man die in San Diego aufblühende kulinarische Bewegung genossen und ein Craft Bier getrunken hat, flaniert man zum Verdauungsspaziergang in der Mission Bay.

Zeit für körperliche Aktivitäten – in Mission Bay wird ein Stand-up-Paddleboard oder ein Kajak gemietet und die Bucht inspiziert. Zum Abendessen muss man unbedingt das Gaslamp Quarter aufsuchen. Es ist nicht nur der historische Stadtkern von San Diego, sondern auch der Mittelpunkt des Nachtlebens.

2. TAG

Es geht gen Norden. Der erste Stopp ist das wunderschöne La Jolla, wo man einen Einkaufsstopp einlegen oder zumindest einen Latte Macchiato in einem Straßencafé einplanen sollte. Über Carlsbad führt die Strecke nach Huntington Beach, einer klassischen Küstengemeinde, in der Surfen und Wellenreiten auf der To-do-Liste stehen.

Die Stadtbesichtigung der Weltstadt Los Angeles startet man am besten in der Downtown, wo die Walt Disney Concert Hall, die Wolkenkratzer-Skyline und das Rathaus lohnenswerte Anlaufpunkte sind. Der Stadtteil El Pueblo ist das historische Zentrum von L.A.

Weiter geht's Richtung Hollywood, wo man auf den Spuren der Promis wandert, das Hollywood-Zeichen bewundert und auf dem Walk of Fame nach seinem Lieblingsstar sucht.

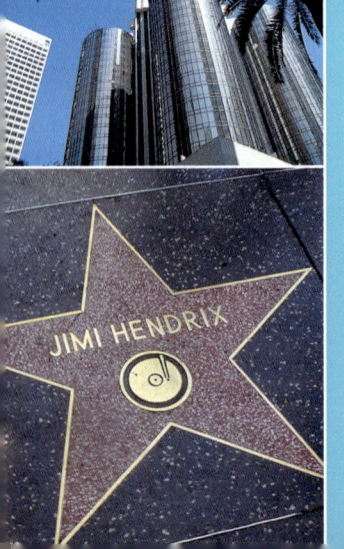

Über Santa Monica mit seinem weitläufigen Strand und dem berühmten Pier geht es wieder zurück an die Küste. Der Tag kann mit Shoppen auf der Third Street Promenade und einem Abendessen auf der Dachterrasse des Einkaufszentrums Santa Monica Place mit Blick aufs Meer ausklingen.

3. TAG

Willkommen in der Hauptstadt der »Amerikanischen Riviera«! Santa Barbara mit seiner spanischen Architektur und dem mediterranen Gewand kann der europäischen Riviera durchaus das Wasser reichen.

Der Pier Stearns Wharf ist ein Anlaufpunkt, der herrliche Strand drumherum ebenso – warum nicht einfach mit einem Kajak auf Erkundungsfahrt gehen? Das anschließende Kontrastprogramm ist ein Bummel über die State Street mit Läden und Restaurants.

Krönender Tagesabschluss ist ein Besuch in der Old Mission Santa Barbara. Die Besinnlichkeit des Ortes im Gegensatz zur trubeligen Küste ist wohltuend, die Architektur atemberaubend schön.

4. TAG

Pflichtstopp! Das prächtige Anwesen Hearst Castle in San Simeon im griechisch-römischen Baustil liegt direkt am Highway No. 1. Marmorstatuen säumen einen Außenpool, Mosaike zieren Decke und Kuppel eines Innenpools.

Gegenüber von Hearst Castle geht's an den William Randolph Hearst Memorial State Beach mit seinem fotogenen Pier.

Eine weitere Attraktion San Simeons ist die See-Elefanten-Kolonie an der Piedras Blancas Light Station. Von den behäbigen Riesen-Säugetieren abgesehen ist auch der Leuchtturm selbst ein Hingucker.

5. TAG

In Monterey dreht sich alles ums Meeresgetier. Der Besuch startet mit einer Visite im berühmten Monterey Bay Aquarium auf der Cannery Road, die

man anschließend entlangflaniert. Alternativ geht es mit dem Drahtesel um die Halbinsel herum nach Pacific Grove.

Ein sehr beliebter Halbtagesausflug ist eine Whale-Watching-Tour, für die Monterey legendär ist. Buckel- und Killerwale aus nächster Nähe zu sehen, ist ein Erlebnis – Seetauglichkeit indes unbedingte Voraussetzung.

Danach geht es weiter bis nach Carmel-by-the-Sea, wo man in der Stadtmitte in einem der gemütlichen Gasthäuser zu Abend schmaust und anschließend eine der Kneipen für einen Absacker aufsucht.

6. TAG

Santa Cruz als Vorbote vor dem großen Finale ist eine muntere Strandgemeinde mit dem originellen Vergnügungspark Santa Cruz Beach Boardwalk. Die Surfer zu beobachten und den Municipal Wharf zu besuchen, gehören unbedingt zum Strandbesuch dazu.

In der Innenstadt gibt's Restaurants mit biologisch angebauten Zutaten aus der Region, aber auch viele Geschäfte auf der Pacific Avenue. Kunstluft kann man in den zahlreichen Kunstgalerien schnuppern, Boutiquen bieten handgefertigte Waren an.

7. TAG

Das Beste kommt zum Schluss. Den Besuch der sensationell schönen Stadt San Francisco beginnt man am besten mit einem Rundgang am Fisherman's Wharf mit der Seehundkolonie und allen touristischen Einrichtungen am Pier 39, den Märkten und den Schiffen an Pier 45.

Eine Fährfahrt auf die Gefängnisinsel Alcatraz ist nicht nur eine Attraktion, sondern bietet auch tolle Blicke auf die Stadt und die Golden Gate Bridge. Danach gehört es zum Pflichtprogramm, eine Runde mit dem Cable Car zu fahren.

Trendige Restaurants findet man in der Valencia Street im Mission District. Dort steigt auch das Nachtleben, sodass man nicht mehr die Location wechseln muss.

SÜD-KALIFORNIEN

1 Downtown und Old Town San Diego
Gutes Klima in America's finest City

Mit fast 1,5 Millionen Einwohnern rangiert San Diego in den Top Ten der größten nordamerikanischen Großstädte und ist nach Los Angeles die zweitgrößte Stadt in Kalifornien. Mit jährlich etwa 33 Millionen Besuchern ist San Diego touristisch ähnlich bedeutend wie San Francisco. Das liegt zum Teil an den fantastischen Wetterverhältnissen – aber natürlich auch an den zahlreichen Aktivitäten innerhalb dieser geschäftigen Stadt.

Die Nähe zu Mexiko – Tijuana ist nur 30 Kilometer entfernt – macht San Diego zu etwas Besonderem. Außerdem die überschaubare Downtown, die wie so manch andere amerikanische Großstadt schachbrettartig angelegt ist. In der Innenstadt befinden sich die Viertel Gaslamp Quarter, Embarcadero, Seaport Village und Little Italy sowie der

GUT ZU WISSEN

AMERICA'S FINEST CITY

San Diego ist aufgrund der überragend guten klimatischen Verhältnisse ein Ganzjahresziel. Den Beinamen »America's finest City« haben der Stadt ebendiese Wetterverhältnisse eingebracht mit nicht einmal 30 Regentagen im Jahr und Temperaturen, die im Winter kaum unter einen Tagesdurchschnitt von unter 18 Grad Celsius fallen, im Sommer aber auch nicht die 30-Grad-Marke überschreiten. Es gibt also weder größere Temperaturschwankungen noch Aufheizungen.

Seite 34/35: Seehunde am Children's Pool bei La Jolla
Mitte: Die Downtown bietet eine beeindruckende Skyline
Unten: Im Old Town San Diego State Historic Park kann man Männern bei altem Handwerk zuschauen

Das Viertel Gaslamp Quarter

San Diego International Airport, der Bahnhof und die Greyhound Station.

Südwestlich der Downtown und südlich vom Flughafen folgt Old Town, eine ehemalige spanische Siedlung am Fuße des Presidio Hill. Bis zu einem Großbrand im Jahr 1821 war diese Siedlung das Zentrum der Stadt, danach verlagerte es sich in die heutige Downtown.

Aufgrund der riesigen Dimensionen von San Diego kann im Folgenden nicht die ganze Stadt vorgestellt werden. Der Fokus liegt auf Downtown und Old Town, zusätzlich werden die außerhalb dieser Bereiche befindlichen Highlights ebenfalls aufgeführt.

Downtown San Diego

Als ob Downtown nicht ohnehin schon der Inbegriff fürs Shoppen wäre, lockt das postmoderne Einkaufsparadies Westfield Horton Plaza im Zentrum der Innenstadt über sieben Häuserblocks Kaufwütige an. Sowohl die großen amerikanischen Kaufhäuser als auch alle bekannten und weniger bekannten Klamotten-Designer findet man in den 140 Stores wieder.

Geheimtipp

STADTRUNDFAHRT MIT DEM GOCAR

Wenn das Beförderungsmittel für eine Stadtbesichtigung gleichzeitig cool und nicht zu schweißtreibend sein soll, ist eine GoCar-Tour genau das Richtige. Die knallgelben Flitzer bringen die Besucher zu allen berühmten Sehenswürdigkeiten. GPS-Geräte sorgen dafür, dass man sich nicht verfährt und bei den Attraktionen zusätzlich mit den interessanten Infos versorgt wird. Es gibt verschiedene Tour-Möglichkeiten, etwa eine Kombination aus der GoCar-Tour und einer Fahrt mit dem Speedboot oder eine Zeitreise zurück zu den Wurzeln der Stadt. Will man Downtown mit den oben beschriebenen Sehenswürdigkeiten erforschen, ist das die Tour »Essential Must See of Downtown/Balboa« (Karte, S. 39).

GoCar Tours. 2100 Kettner Blvd., San Diego, CA 92101, Tel. 800 914 62 27, www.gocartours.com

Südkalifornien

Shoppen soll aber natürlich bei weitem nicht alles sein, was man in der Downtown von San Diego erleben kann. Das Viertel Gaslamp Quarter zeigt sehr schön, wie man hier mit den liebevoll restaurierten alten Backsteinhäusern das architektonische Erbe konserviert hat. Zunächst zu einem verwahrlosten Viertel heruntergekommen, nahmen sich Bauunternehmer in den 1980er-Jahren der bestehenden Häuser an, die unter Denkmalschutz gestellt wurden. Sie waren der Abrissbirne entgangen und sind heute ein historischer Schatz. Neu hinzu kamen mit Ziegelsteinen gepflasterte Gehwege, Begrünungen und Parkbänke – und nicht zuletzt Nachbildungen der Gaslaternen des 19. Jahrhunderts, was dem Viertel schließlich den Namen gab. Das Nachtleben in diesem Viertel ist ausgeprägt und im Kontrast zur geschichtlichen Bedeutsamkeit sehr lebendig.

Maritim wird es im Viertel Embarcadero. Eine breite, schön ausgebaute Strandpromenade führt am Hafen entlang, der als einer der schönsten Häfen der Welt gilt. Im Vorbeispazieren kann man sich die vielen Schiffe und Boote anschauen, darunter auch einige US-amerikanische Kriegsschiffe – die Marine ist hier sehr präsent.

Östlich des Embarcaderos und auf einem Hügel befindet sich das Viertel Little Italy. Hierher lockt vor allem das kulinarische Erlebnis, einige der beliebtesten Restaurants der Stadt sind hier zu finden, darunter urige Pizzerien, moderne Cafés und gemütliche Trattorien.

Auch in Seaport Village dreht sich viel ums Essen, neben den zahlreichen Restaurants, Bars und Cafés gibt es auch hübsch dekorierte Läden, Outdoor-Events direkt am Wasser und Straßenkünstler. Von Seaport Village aus starten außerdem die Ausflugsschiffe zu Rundfahrten aller Art.

Oben: Shoppingvergnügen im Einkaufszentrum Westfield Horton Plaza
Unten: Im Kontrast zum quirligen Nachtleben im Gaslamp Quarter steht seine historische Bedeutung

GoCar–Tour durch Downtown

Ⓐ Little Italy. Authentisch-italienisches Viertel.

Ⓑ Maritime Museum. Besichtigung von Schiffen, Segelbooten und U-Booten.

Ⓒ USS Midway. Museumsschiff am Navy Pier. Legendärer, gut restaurierter Flugzeugträger der Midway-Klasse.

Ⓓ Seaport Village. Shopping-, Restaurant- und Unterhaltungskomplex direkt an der San Diego Bay.

Ⓔ Gaslamp Quarter. Historischer Stadtkern von San Diego.

Ⓕ Petco Park. Baseballstadion und Heimstätte der San Diego Padres, die in der Western Division der National League spielen.

Ⓖ Bankers Hill. Stadtviertel im Norden von San Diego, von Anhöhen aus Blick über die Stadt.

Ⓗ Balboa Park. Größte öffentliche Grünanlage der Stadt mit knapp fünf Quadratkilometern Fläche, Kultur und Museen.

Ⓘ San Diego Zoo. Sehr großer Zoo mit vielen, besonderen Tierarten, z. B. Pandas. Schön in die Natur eingebettete Anlage.

Ⓙ Hillcrest. Viele, auch ganz besondere Restaurants, Bauernmarkt am Sonntag, Festivals und Schwulenviertel.

Schneeleoparden – hier im San Diego Zoo – sind die am stärksten bedrohten Großkatzen der Welt

Oben: Brunnen im Innenhof der Casa de Estudillo im Old Town San Diego State Historic Park
Mitte: Orka-Show im Meeres-Themenpark SeaWorld San Diego
Unten: Das Botanical Building im Balboa Park verdient besondere Aufmerksamkeit

Old Town San Diego

Der Begriff »Altstadt« ist für amerikanische Verhältnisse ja immer so eine Sache. Aber bei der Old Town von San Diego kommen die gut restaurierten Häuser rund um den historischen Stadtkern Old Town Plaza dieser Bezeichnung doch recht nahe. Rund um den historischen Platz gruppieren sich Läden, Restaurants und Cafés. Am westlichen Ende der Old Town Plaza befindet sich mit dem Old Town State Historic Park ein eigenes kleines Viertel aus der Zeit, als die Padres 1769 hier ihre erste Mission gründeten. Historische Bauten im Adobe-Stil und viktorianische Häuser versetzen die Besucher zurück in die Zeit zwischen 1821 und 1872.

(Welt–)berühmte Attraktionen

Immerhin auf Platz 21 der beliebtesten Orte der Welt hat es der Balboa Park gebracht. Es handelt sich dabei um eine riesige Grünanlage mit mehreren botanischen Gärten, kulturellen Einrichtungen und Museen. In direkter Nachbarschaft ist auch der San Diego Zoo zu Weltruhm gelangt. Fast 4000 Tiere leben auf einer Fläche von 40 Hektar – das sind so große Dimensionen, dass Führungen per Bus angeboten werden. Auch um die Welt der Tiere dreht es sich bei SeaWorld San Diego. Orcas sind die Attraktion des Meeres-Themenparks, zu dessen Kette auch die beiden SeaWorlds in Orlando und San Antonio gehören und die eine Mischung aus Meeres- und Vergnügungspark ist.

Zuletzt seien noch am Ozean die beiden Sehenswürdigkeiten Point Loma und Mission Beach genannt. Der malerische Point Loma ist eine 128 Meter hohe Sandsteinfeste auf einer Landzunge mit Aussichtspunkten über den Hafen und die Stadt und zwei Leuchttürmen. Im Süden grenzt der Stadtteil Mission Beach an den gleichnamigen weitläufigen feinsandigen Strand.

Infos und Adressen

SEHENSWÜRDIGKEITEN

Balboa Park. Park: rund um die Uhr, Visitor Center: tgl. 9.30–16.30 Uhr, 1549 El Prado, San Diego, CA 92101, Tel. 619/239 05 12, www.balboapark.org

Old Town State Historic Park. Mai–Sept. tgl. 10–17, Okt.–April Mo–Do 10–16, Fr–So 10–17 Uhr, 4002 Wallace St., San Diego, CA 92110, Tel. 619/220 54 22, www.parks.ca.gov

San Diego Zoo. Sommer tgl. 9–20/21, sonst 9–18 Uhr, 2920 Zoo Dr., San Diego, CA 92101, Tel. 619/231 15 15, http://zoo.sandiegozoo.org

Seaport Village. Juni–Aug. tgl. 10–22, Sept.–Mai tgl. 10–21 Uhr, 849 W Harbor Dr., San Diego, CA 92101, www.seaportvillage.com

SeaWorld San Diego. Je nach Saison, Sommer tgl. 10–22, Sa bis 23 Uhr, Mission Bay Park, 500 Sea World Dr., San Diego, CA 92109, Tel. 619/222 47 32, www.seaworld.com/san-diego

ESSEN UND TRINKEN

Draft. Direkt an der Strandpromenade in Mission Beach gelegen, Außenbereich, leckeres Essen. 3105 Ocean Front Walk, San Diego, CA 92109, Tel. 858/228 93 05, www.draftsandiego.com

EINKAUFEN

Westfield Horton Plaza. Mo–Sa 10–20, So 11–18 Uhr, 324 Horton Plaza, San Diego, CA 92101-5481, Tel. 619/239 81 80, www.westfield.com/hortonplaza

VERANSTALTUNGEN

Comic-Con International. Weltgrößte Comicmesse für Sammler von Comics und allem, was mit Pop und Film zu tun hat. Ende Juli, San Diego Convention Center, 111 Harbor Dr., San Diego, CA 92101, www.comic-con.org

INFORMATION

San Diego Visitor Information Center. Tgl. 9–17 Uhr, 996 N Harbor Dr., San Diego, CA 92101, Tel. 619/737 29 99, www.sandiegovisit.org

Weißer Sandstrand, so weit das Auge reicht, am Coronado Beach

2 Pacific Beach
Harmonische Strand-Community

Der Ocean Front Walk, die zentrale Lage des Stadtteils mitten in San Diego und der Mission Boulevard mit seinen zahlreichen Strandbars würden nahelegen, dass Pacific Beach die Partymeile von San Diego ist. Ins Nachtleben kann man sich zwar auch prächtig stürzen, das ist aber nicht alles, was den reizvollen Küstenort ausmacht. Es ist vielmehr eine sehr lebendige Strandgegend mit Aktivitäten für jeden.

Dennoch ist Pacific Beach bei den Einheimischen gerade wegen des Partyvolkes etwas verrufen. Dafür »verantwortlich« ist die Garnet Avenue, die als Partystraße schlechthin gilt: Vor allem am Wochenende tummeln sich hier die Feierfreudigen in den vielen Bars und Clubs in Strandnähe. Glücklicherweise gibt es einiges, das man der Aneinanderreihung der Bars vom Strand bis in die Mitte des Vorortes entgegensetzen kann. Yoga am Strand (siehe Geheimtipp, S. 43) ist nur eins von vielen Beispielen.

Relaxen

Ein Rückzugsort nicht nur für Erholungssuchende ist der Kate Sessions Park, ein 79 Hektar großes Juwel inmitten der Stadt. Nicht überlaufen, mit tollen Aussichtspunkten auf die Skyline von San Diego, den Hafen und das Meer. Mit etwas Glück sieht man in der Ferne die Hügel von Tijuana aufragen. Viele Hundebesitzer kommen hierher, um den Vierbeinern Auslauf zu verschaffen, auf dem Spielplatz toben Kinder und es gibt viele schöne Picknickplätze. Die Besucher lassen Drachen steigen, Familien

Mitte: Farbenfrohe Segelboote in der Mission Bay am Stadtrand von San Diego
Unten: Die Salzwasserlagune Mission Bay ist der größte angelegte Wasserpark der USA

veranstalten Barbecues, Bewegungsfreudige schlendern auf dem angelegten Spazierweg. Der zweite Parkbereich ist naturbelassen mit Wandermöglichkeiten. Bäume spenden Schatten, Bänke laden zum Ausruhen ein.

An der Mission Bay, die an Pacific Beach im Süden angrenzt, kann man an einer viele Meilen langen Küstenlinie das Strandleben genießen. Mission Bay ist eine Salzwasserlagune und der größte von Menschenhand angelegte Wasserpark der USA. Direkt an der Atlantikküste zieht sich zudem auf fünf Kilometern Länge zwischen South Mission Jetty im Süden und dem nördlichen Pacific Beach Point auf einem schmalen Streifen der Sandstrand Mission Beach entlang. Vor allem an den Wochenenden ist der Strand ziemlich stark bevölkert.

Sporteln

Wer sich aktiv betätigen möchte, dem sei Wakeboarden, Segeln oder Jetski-Fahren in der Mission Bay empfohlen. Soll es keine Wasseraktivität sein, bietet sich eine Radtour auf einer der zahlreichen Promenaden direkt am Strand an. Es geht immer direkt am Ozean entlang rund um die Bucht Pacific Beach – und zwar sowohl in südliche Richtung nach Mission Beach als auch gen Norden nach La Jolla (siehe S. 46). Diese Touren sind natürlich auch mit Inlineskates möglich. Sowohl Fahrräder als auch Inliner gibt es bei Cheap Rentals, wo es alles Fahrbare zu Land und zu Wasser zu mieten gibt.

Jubel und Trubel

Die Partymeile befindet sich auf der Garnet Avenue, die einen Block vom Strand entfernt an der Ecke Mission Boulevard/Garnet Avenue startet und weg von der Küste in den Innenstadtbereich von Pacific Beach führt.

Geheimtipp

YOGA AM STRAND

Entspannung pur ist angesagt beim Yoga am Strand. Vor einer nicht zu übertreffenden Location können Anfänger und Fortgeschrittene ein Workout der besonderen Art erleben. Es gibt inzwischen verschiedene Anbieter, empfehlenswert ist Namasteve Yoga. Die Kurse finden samstags und Sonntagvormittag statt; es versammeln sich regelmäßig etliche Yoga-Begeisterte auf dem Grünstück an der Ecke Law Street und Strand. Wer noch mehr Herausforderung sucht, kann sich beim Stand-up-Paddle-Yoga auf dem Wasser versuchen. Das ist definitiv eine andere Art von Yoga, die zwar Fitness erfordert, aber auch für Neulinge geeignet ist. Spirit Yoga bietet dieses besondere Event an.

Namasteve Yoga. Je nach Angebot, 4960 Ocean Blvd, San Diego, CA 92109, Tel. 858/945 51 64, www.namasteveyoga.com
Spirit Yoga. Je nach Angebot, 1559 Garnet Ave., San Diego, CA 92109, Tel. 858/412 05 61, www.spirityogastudios.com

Wer sich in den Vorort Pacific Beach begibt, kann neben den genannten Partymöglichkeiten einen Besuch im Belmont Park einplanen, einem Familien-Vergnügungspark mit verschiedenen Fahrgeschäften und einer Holzachterbahn. Der Park liegt direkt am Strand und kostet keinen Eintritt – dafür muss man aber pro Fahrt bezahlen (oder alternativ unlimitiertes Fahrvergnügen erwerben, wofür man ein Armband erhält). Neben den Fahrattraktionen kann man sich im Minigolf und Klettern erproben. Außerdem gibt es Shops, Cafés und Fast-Food-Angebote.

Sonstige Aktivitäten

Entzückend ist am Ende der Garnet Avenue der Crystal Pier, ein Anleger aus den 1920er-Jahren, der auch heute noch den entsprechenden Charme versprüht. Fotogene, kleine Holzhäuschen reihen sich auf der Länge des ganzen Piers aneinander. Hier kann man einfach nur stehen, aufs Meer blicken und den Surfern zuschauen. Auf dem Pier befindet sich die Anlage Crystal Pier Hotel & Cottages, deren Lage auf dem Pier direkt über dem Meer natürlich spektakulär gut ist.

Der Pier markiert gleichzeitig die Downtown von Pacific Beach, zu der es ansonsten nicht viel Erwähnenswertes gibt. Der bereits genannte Ocean Front Walk, der auf etwa vier Kilometern Länge am Ozean entlangführt, beginnt am Ende der Law Street in der nördlichen Downtown und endet am südlichen Ende des Mission Beach. Neben herrlichen Ausblicken ist der Boardwalk gesäumt von Läden, Restaurants und Bars. Parken kann man am Fahrbahnrand, allerdings sind diese Parkplätze nur begrenzt vorhanden, man sollte früh da sein. Auch wenn sich täglich viele Fußgänger, Radfahrer und Inlineskater auf dem Ocean Front Walk drängen, sollte man ihn nicht verpassen – und zumindest ein Teilstück davon begehen.

Oben: Auf dem Crystal Pier befinden sich heute Blockhüttchen von Crystal Pier Hotel & Cottages
Mitte: Kunstvolles Holzpferdchen auf dem Kinderkarussell im Belmont Park
Unten: Holzachterbahn im Nostalgie-Look im Belmont Park

Infos und Adressen

SEHENSWÜRDIGKEITEN

Belmont Park. Mo–Do 11–20, Fr und Sa 11–21, So 11–21 Uhr, 3146 Mission Blvd., San Diego, CA 92109, www.belmontpark.com

Kate Session Park. Tgl. 7–22 Uhr, 5115 Soledad Rd., San Diego, CA 92109, Tel. 619/525 82 13, www.welcometosandiego.com/kate-sessions-park

ESSEN UND TRINKEN

Woody's Breakfast and Burgers. Gutes Frühstück, leckere Burger mit Kartoffelecken, sehr gute Lage direkt am Strand. 4111 Ocean Blvd., San Diego, CA 92109, www.woodysdiners.com

Amplified Ale Works. Tolle Aussicht aufs Meer, große Bierauswahl, viele und sehr gute Fleischgerichte. 4150 Mission Blvd., San Diego, CA 92109, Tel. 858/270 52 22, www.amplifiedales.com

ÜBERNACHTEN

Crystal Pier Hotel & Cottages. In einem Hotel auf dem Crystal Pier mit liebevoll eingerichteten Blockhäuschen fühlt man sich wie auf einer Zeitreise. In der Sommersaison gilt ein Mindestaufenthalt von drei Nächten. 4500 Ocean Blvd., San Diego, CA 92109, Tel. 800/748 58 94, www.crystalpier.com

AUSGEHEN

710 Beach Club. Cocktails, Livemusik, Karaoke – und Essen gibt es auch, zum Beispiel Tacos, Burger und Sandwiches. Der Club ist nur wenige Schritte vom Strand entfernt. Tgl. 11–2 Uhr, 710 Garnet Ave., San Diego, CA 82109, Tel. 858/483 78 44, www.710bc.com

AKTIVITÄTEN

Cheap Rentals. Mo–Fr 10–19, Fr–So 9–19 Uhr, 3689 Mission Blvd., San Diego, CA 92109, Tel. 858/488 90 70, www.cheap-rentals.com

INFORMATION

San Diego Visitor Information Center. Tgl. 9–17 Uhr, 996 N Harbor Dr., San Diego, CA 92101, Tel. 619/737 29 99, www.sandiegovisit.org

Eine Luftaufnahme lässt die unendliche Weite der Sandstrände von Mission Bay erahnen

3 La Jolla
Das Schmuckstück von San Diego

La Jolla ist spanisch und heißt übersetzt »das Juwel«. In Anbetracht der Tatsache, dass es am Küstenabschnitt der Stadt einige Traumstrände gibt, dass La Jolla auf drei Seiten vom Meer umgeben ist, die Landschaft wunderschön ist und man viel unternehmen kann, muss man klar sagen: »Juwel« trifft es! Die Strände sind sagenhaft schön und gelten als die berühmtesten Kaliforniens. Und davon gibt es gleich mehrere ...

Den besonderen Reiz des Strandlebens macht die zerklüftete Küste als Hintergrundkulisse vor den endlos langen Sandstränden aus. Zudem thront La Jolla tatsächlich wie ein Schmuckstück hoch über San Diego. Dort oben liegt auch wie ein Adlerhorst das Zentrum, »Village« genannt, völlig isoliert von der Pazifikküste und durch kurvenreiche Küstenstraßen mit ihr verbunden. Die Bevölkerung von La Jolla ist wohlhabend, daher verwundert ein Hauch von Luxus nicht. Ein gewisses Kontrastprogramm bietet dieser Stadtteil von San

Mitte: Entspannende Atmosphäre an der Küste von La Jolla
Unten: Blick auf die an der Küste liegende Stadt La Jolla

GUT ZU WISSEN

SAGENHAFTER AUSBLICK
Die Panoramablicke rund um La Jolla sind eigentlich alle spektakulär. Noch eine Spur umwerfender wird es allerdings, wenn man die Village in Richtung Westen verlässt und einem knapp einen Kilometer langen Weg folgt, der sich abenteuerlich die Klippen hinaufschlängelt. Der Ausblick auf die Küste, mit dem man oben belohnt wird, ist sensationell schön.

Diego aber dennoch zu anderen kalifornischen Küstenstädten.

Strand vom Feinsten

Die Qual der Wahl lautet: Soll es ein Familienstrand sein, ein Strandbad mit Aussicht, ein Strand für Surfer, ein FKK-Strand oder einfach der perfekte Kalifornien-Strand? Denn so sieht das Angebot der Strände am Küstenabschnitt von La Jolla aus. Auf fast 13 Kilometern Länge verstecken sich die Strandjuwelen zwischen Pacific Beach im Süden und Torrey Pines im Norden. Begonnen beim Pacific Beach mit seinem flachen Sandstrand, geeignet für den Strandtag am Bilderbuchstrand Kaliforniens, geht es weiter zum Tourmaline Surfing Park Beach, ein Mekka für Surfer. Als Nächstes folgt der familienfreundliche Strand in der La Jolla Cove, eine Bucht, die sowohl für Schnorchler ideal ist als auch für erfahrene Schwimmer.

Im Nordosten der Bucht schließen sich die La Jolla Shores an. Hier vereinen sich die felsigen Klippen von La Jolla und die weiten Sandstrände miteinander. Moderate Wellen bieten gute Surfmöglichkeiten auch für Anfänger, und das Kajak kann man in diesem Bereich gut zu Wasser lassen. In der anschließenden Torrey Pines State Natural Reserve folgen ein paar der besten Strände im Stadtbereich von San Diego. Außerdem kann man in diesem Park Gleitschirmfliegern zuschauen, die auf den Klippen starten (oder selbst einen Tandemflug buchen), und wandern gehen. Besonders schön sind Spaziergänge an den Klippen entlang. In diesem State Reserve wachsen die seltensten Kiefern der USA (*Pinus torreyana*). Außerdem führen vom Parkbereich Pfade hinunter zum Black's Beach, dem inoffiziellen FKK-Strand, an dem das Nacktbaden zwar eigentlich verboten ist, was aber niemanden kümmert.

Geheimtipp

SCHNORCHELN MIT HAIEN

Statt mit allen Mitteln beim Anblick eines Hais die Flucht zu ergreifen, schwimmt man ihnen am La Jolla Shores Beach entgegen. Es handelt sich um Leopardenhaie, die nicht aggressiv, sondern scheu sind. Sie sind schreckhaft, deshalb sind eher es es, die die Flucht ergreifen. Das kleine Maul mit den kleinen Zähnen würde aber auch im Notfall kaum Schaden anrichten. Ist das Wasser klar, kann man die etwa eineinhalb Meter langen Haie gut beobachten, während sie den Menschen um die Beine schwimmen. Die beste Zeit für die mutige Aktion ist August/September, wenn sich Hunderte von Leopardenhaien am La Jolla Shores Beach tummeln. Man kann sich auf eigene Faust unter die Haie mischen oder sich an das Unternehmen HBK Sports für Kajak- und Schnorcheltouren wenden.

HBK Sports. 2222 Avenida De la Playa, La Jolla, CA 92037, Tel. 858/551 95 10. www.hikebikekayak.com/leopard-shark-snorkel.html

Ein letztes Kleinod ist Children's Pool. Ursprünglich war diese künstliche Bucht der Stadt vom Staat Kalifornien mit der Auflage überlassen worden, dass hier Kinder geschützt vor dem starken Wellengang des Meeres baden dürfen. Heute findet man in der Bucht unzählige Robben. Sie sind durch Bundesgesetze geschützt, weshalb man sie nicht verbannen darf. Zwischen Dezember und Mai ziehen sie hier – unbeeindruckt von den Besuchermassen – seelenruhig ihren Nachwuchs auf.

Die Village

Gepflegte Grünanlagen, edle Boutiquen, Galerien und erstklassige Restaurants – so abgeschieden sich der Stadtkern hier oben präsentiert, so kultiviert ist er. Die Hauptverkehrsstraßen, an denen sich die Boutiquen, Galerien und Modedesigner reihen, sind die Prospect Street und die Girard Avenue. In der Prospect Street ist das Museum of Contemporary Art San Diego angesiedelt. Malerisch am Rand einer Klippe über dem Ozean gelegen, bietet es Ausstellungen von Weltklasse, die alle sechs Monate wechseln. 4000 Kunstwerke der zeitgenössischen Kunst nach 1950 sind zu bestaunen. Sehenswert ist auch der Skulpturengarten, bei dem das aufsehenerregende Kunstwerk *Pleasure Point* hervorsticht, eine Installation aus Kanus, Kajaks und Ruderbooten. Derzeit wird das Museum restauriert und erweitert.

Abseits von Küste und Village

Das Leben im Meer wird im Birch Aquarium anschaulich dargestellt mit vielen liebevollen Details und Facetten. In einer Vielzahl von Becken werden die Meeresbewohner des Pazifiks bis hin zu den Tropen Mexikos und in die Karibik vorgestellt. Daneben gibt es Fütterungsshows, einen kleinen Gezeitentümpel und ein imposantes Haifischbecken.

Oben: Children's Pool ist heute ein Spielplatz für Robben
Mitte: Stillleben aus schwebenden Booten an der Fassade des Museum of Contemporary Art
Unten: Anfassen der Tiere im Streichelbecken ist erlaubt im Birch Aquarium at Scripps

Infos und Adressen

SEHENSWÜRDIGKEITEN

Birch Aquarium at Scripps. Tgl. 9–17 Uhr, 2300 Expedition Way, La Jolla, CA 92037, Tel. 858/534 34 74, www.aquarium.ucsd.edu

Museum of Contemporary Art San Diego. Fr–Di 11–17, Do 11–19 Uhr, 700 Prospect St., La Jolla, CA 92037, Tel. 858/454 35 41, www.mcasd.org

Torrey Pines State Natural Reserve. Tgl. 7.15 Uhr bis Sonnenuntergang, Visitor Center: im Sommer 9–18, im Winter 10–16 Uhr, 12600 N Torrey Pines Rd., La Jolla, CA 92037, Tel. 858/755 20 63, www.torreypine.org

ESSEN UND TRINKEN

Barbarella Restaurant & Bar. Italienisches Restaurant mit Holzofenpizza, herrliche Lage an den La Jolla Shores. 2171 Avenida De La Playa, La Jolla, CA 92037, Tel. 858/454 73 73, www.barbarellarestaurant.com

Caroline's Seaside Café. Von der Dachterrasse wundervoller Blick über die La Jolla Shores. Super leckeres Frühstück und Brunch, deftig-amerikanisch. 8610 Kennel Way, La Jolla, CA 92037, Tel. 858/202 05 69, www.grnfc.com/carolines

ÜBERNACHTEN

La Jolla Shores Hotel. Sensationelle Lage direkt am Strand und an den Klippen der La Jolla Shores, im Juli/August Mindestaufenthalt drei Nächte. 8110 Camino Del Oro, La Jolla, CA 92037, Tel. 855/923 80 58, www.ljshoreshotel.com

AKTIVITÄTEN

Torrey Pines Glideport. Im Paragliding-Tandemflug 20–25 Minuten durch die Luft segeln, ohne Altersbeschränkungen. 2800 Torrey Pines Scenic Drive, La Jolla, CA 92037, Tel. 858/452 98 58, www.flytorrey.com

INFORMATION

La Jolla Chamber of Commerce. 7734 Herschel Ave., La Jolla, CA 92037, Tel. 858/454 14 44

Ein paar der schönsten Strände rund um San Diego gibt es im Torrey Pines State Natural Reserve

4 Carlsbad
In die Natur eingebettete Großstadt

Die Namensgleichheit mit dem tschechischen Karlsbad ist kein Zufall. Der Küstenort zwischen San Diego und L.A. hieß ursprünglich Agua Hedionda, benannt nach einer hier gefundenen Mineralquelle. Da das Wasser dem des damaligen Karlsbad sehr ähnlich ist, erhielt der Ort 1889 den Namen Carlsbad. Die Mineralquelle gibt es immer noch, man darf das Wasser probieren und abgefüllt mitnehmen.

Carlsbad erstreckt sich an einer Küstenlinie auf elf Kilometern Länge. Die Einheimischen nennen die 113 000-Einwohner-Stadt »The Village by the Sea« (»Die Stadt am Meer«). Sie rangiert unter den Top 20 der wohlhabendsten Gemeinden der USA und ist die fünftreichste Stadt Kaliforniens. Hier lässt es sich also leben – wie sieht es unter so vielen guten Voraussetzungen mit dem Tourismus aus?

Günstige Bedingungen

Allem voran sei hier einmal mehr das gute, mediterrane Klima mit durchschnittlich 263 Sonnentagen im Jahr genannt. Die Winter sind mild mit gelegentlichen Regenfällen, die Sommermonate sind nahezu regenfrei, nur manche Tage sind mit einem kalten Nebel überzogen. Vor allem im Herbst gibt es ein paar richtig heiße Tage, die die trockenen, heißen Santa-Ana-Winde bescheren. Ansonsten sind die Tage mild mit angenehmen Temperaturen.

Zwar ist Carlsbad eine Touristenstadt, dazu noch umgeben von einer bezaubernden Natur. Drei Lagunen und ein See, Strände, State Beaches und

Mitte: Imposante Klippen erheben sich direkt hinter dem Strand Carlsbad State Beach
Unten: Die Welt in Klein gibt es im Legoland zu bestaunen

Türme der Badeaufsicht am Carlsbad Beach

Blumenfelder bereichern die Kulisse des großen Küstenortes. Wem das alles zu beschaulich ist, kann einen Abstecher in den Vergnügungspark Legoland unternehmen.

Touristenmagnet versus ...

Legoland mit seinen drei Parkbereichen Legoland Freizeitpark, Legoland Water Park und dem Sea Life Aquarium ist der Hauptanziehungspunkt der Stadt. Dort gibt es Attraktionen wie die riesige Freiluftausstellung von aus Legosteinen nachgebauten Gegenden der USA und Shows. Der 1999 eröffnete Park ist der dritte Legoland-Park weltweit und der erste außerhalb Europas.

Der Hauptpark besteht aus drei Bereichen: Explorer Island dreht sich um das Thema Dinosaurier. In einem großen Sandfeld können Kinder nach Fossilien graben und mit dem Coastersaurus gibt es auch eine Achterbahn. Im Bereich der Heartlake City finden die Musikshows statt, es gibt einen großen Spielplatz und ein Reitercamp. In der Fun Town können die Kids einen Führerschein machen, Boote steuern und Hubschrauber fliegen. Die ganze Familie kann mit dem Freefall-Tower in die Tiefe sausen, nachdem sie oben die Ausblicke über den ganzen Park bewundert hat.

Geheimtipp

SCHLAFEN AM RAUSCHENDEN OZEAN

Nicht nur am Tag attraktiv ist der South Carlsbad State Beach mit seinem sehr gefragten Campground. Hoch über dem sandigen Strand liegen die Stellplätze auf einer Klippe. Mit dieser fantastischen Aussicht ist es kein Wunder, dass der Platz immer voll ist (unbedingt reservieren!). Der Campground bietet Duschen und einen Laden für Campingbedarf. Einige Stellplätze verfügen über Full-Hookup. Ansonsten ist der kilometerlange Sandstrand das Highlight des State Park. Vom Campingplatz aus erreicht man den Strand direkt über Treppen. Unbeschreiblich schön sind die Sonnenuntergänge an diesem herrlichen Fleckchen Erde. Man kann außerdem schwimmen, tauchen, angeln oder einfach nur herrlich schön picknicken.

South Carlsbad State Beach Campground. Tgl. Sonnenaufgang bis -untergang, 7201 Carlsbad Blvd., Carlsbad, CA 92008, Tel. 760/438 31 43, www.parks.ca.gov

Südkalifornien

Mit Lego-Elementen geht's im Water Park ins Wasser. In dem im Sommer 2017 neu eröffneten Chima Water Park gibt es ein Wellenbad, abenteuerliche Rutschen und einen Bereich zum Bauen von Schiffen mit Legosteinen.

Die Attraktionen im Sea Life sind hautnahe Berührungen mit den Meeresbewohnern, interessante und kindgerechte Vorträge und Haie, Oktopusse und Rochen. Für Erwachsene ist der attraktivste Bereich das Miniland USA mit Nachbildungen zum Beispiel von Las Vegas, New York und San Francisco.

... Naturerlebnis

Der Calavera Park mit dem Calavera Lake und dem Mount Calavera liegt an der östlichen Stadtgrenze. Das Terrain beheimatet viele unterschiedliche Pflanzenarten, Vögel und Säugetiere, und sogar mehrere Reptilienarten sind hier heimisch. Auch ein alter Vulkangrater befindet sich auf dem Gebiet des Calavera Lake.

Nicht minder attraktiv ist Batiquitos Lagoon zwischen Carlsbad und Encinitas. Es handelt sich dabei um eins der letzten Marschgebiete Kaliforniens mit für die Gegend typischen Pflanzen wie den Feigenkaktus, den nordamerikanischen Beifuß und Eukalyptusbäume.

Blumig wird es von März bis Anfang Mai auf den Flower Fields der Carlsbad Ranch mit den farbenfrohen, blühenden Ranunkeln. Für ein intensiveres Erlebnis kreuzt man auf einem von einem Traktor gezogenen Fuhrwerk durch die Blumenpracht.

Das Strandleben spielt sich am Carlsbad State Beach ab, einem Strandabschnitt mit Klippen und Felsen. Hier kann man schwimmen, surfen, Strandgut sammeln oder einen Tauchkurs belegen.

Oben: Nicht nur für Kinder ein Erlebnis ist der Besuch des Legolandes
Unten: Auf der Carlsbad Ranch blüht es im Frühjahr sensationell schön

Infos und Adressen

SEHENSWÜRDIGKEITEN

Batiquitos Lagoon Nature Center. Nature Center: Mo–Fr 9–12.30, Sa und So 9–15 Uhr, Park: tgl. 9–15 Uhr, 7380 Gabbiano Lane, Carlsbad, CA 92011, Tel. 760/931 08 00, www.batiquitosfoundation.org

Calavera Park. Mo–Fr 8–22 Uhr, 2997 Glasgow Dr., Carlsbad, CA 92010-6539, Tel. 760/602 46 80, www.carlsbadca.gov/services/depts/parks/facilities/north/calavera.asp

Legoland California. Je nach Parkbereich und Saison, 1 Legoland Dr., Carlsbad, CA 92008, Tel. 877/376 53 46, www.legoland.com/california

The Flower Fields at Carlsbad Ranch. Anfang März–Anfang/Mitte Mai tgl. 9–18 Uhr, 5705 Paseo del Norte, Carlsbad, CA 92008, Tel. 760/431 03 52, www.theflowerfields.com

ESSEN UND TRINKEN

Carlsbad Food Tours. Dreistündiger Spaziergang mit acht Einkehrmöglichkeiten, bei denen gegessen und probiert wird. 1778 Callisia Court, Carlsbad, CA 92011, Tel. 760/990 06 90, www.carlsbadfoodtours.com

EINKAUFEN

State Street Farmers' Market. Etwa 50 Händler bieten frische Ware an. Im Sommer Mi 15–19, im Winter Mi 15–18 Uhr, State St, zwischen Carlsbad Village Dr. und Grand Ave, www.carlsbad-village.com/events/farmers-market

AKTIVITÄTEN

Carlsbad Lagoon. Tgl. 9–18 Uhr, Ausrüstungsverleih (Jetskis, Wakeboards, Kajaks, Kanus, Stand-up-Paddle-Boards). 4215 Harrison St., Carlsbad, CA 92008, Tel. 760/434 30 89, www.carlsbadlagoon.com

Semper DIVE! Scuba Diving. 3339 Avenida Obertura, Carlsbad, CA 92009, Tel. 760/994 18 08, www.semdive.com

INFORMATION

Carlsbad Visitor Center. Mo–Fr 9–17, Sa 10–16, So 10–15 Uhr, 400 Carlsbad Village Dr., Carlsbad, CA 92008, Tel. 760/434 60 93, www.visitcarlsbad.com

Ungewöhnlich für diese Küstengegend sind die Haine mit Mammutbäumen im Calavera Park

LOS ANGELES UND DIE PAZIFIKKÜSTE

5 Laguna Beach
Pazifischer Küstenort mit Charme

Südlich der Metropolregion von Los Angeles liegt der attraktive Ort, der vor allem bei Wassersportlern und Sonnenanbetern beliebt ist. Ein fast zwei Kilometer langer Sandstrand, viele Sand- und versteckte Felsbuchten sowie schöne Aussichtspunkte auf den Pazifik verbreiten das Flair von Sommerfrische. Aber auch Kunstliebhaber kommen in zahlreichen Galerien und dem Laguna Art Museum auf ihre Kosten.

Unbeeindruckt vom Trubel der nahen Weltstadt verläuft das Leben in der 23 000-Seelen-Gemeinde in ruhigem Fluss. Laguna Beach befindet sich am Pacific Coast Highway und bietet einen ersten Vorgeschmack auf den legendären Highway No. 1. Der Badeort ist eingerahmt von landschaftlicher Schönheit – im Osten die steil von der Küste emporragenden San Joaquin Hills, im Norden die Schlucht Laguna Canyon und an der Pazifikküste die Strände, Buchten und Klippen. Nordöstlich von Laguna Beach befindet sich die Bergkette Santa Ana Mountains, dahinter die Mojave-Wüste.

Mildes Klima

In Laguna Beach kann man sich das ganze Jahr über warmes, trockenes Wetter freuen. Da der Ort in der subtropischen Klimazone liegt, ist es im Winter nicht kalt und im Sommer nicht zu heiß. Das Ganze bei sehr wenigen Niederschlägen. Nur wenn Winde aus der Mojave-Wüste in die Region dringen, kann es zu Hitzewellen kommen. Zwar kann man nur in den Monaten Juli bis September bei akzeptablen Wassertemperaturen im Pazifik

Seite 54/55: Der geschäftige Hollywood Boulevard
Mitte: Auf einer Länge von zwei Kilometern kommen sich die Sonnenanbeter am Laguna Beach nicht in die Quere
Unten: Nach dem Baden geht's direkt zum Shoppen

Infos und Adressen

baden; dafür entschädigt aber die durchschnittliche Lufttemperatur von 16,6 Grad Celsius für ein nur maximal 20 Grad warmes Meer.

Meer, wohin man schaut

Man kann sich in alle Richtungen drehen – der Pazifik ist stets präsent. Im Crescent Bay Point Park kann man die Aussicht besonders genießen. Es bietet sich ein sensationeller Panoramablick, nur zehn Minuten zu Fuß entfernt gelangt man an den schönen Crescent Bay Beach. Auf steilen Klippen liegt der Heisler Park an einem schmalen Küstenstreifen. Mit etwas Glück kann man von diesem exponierten Aussichtspunkt aus auf den Felsen in der Bucht von Laguna Beach Kormorane und Pelikane beobachten. Spazierwege führen durch den gartenähnlichen Park, der mit Blumen, Pflanzen und Palmen angelegt ist, einer der Wege erschließt die ganze Länge des Parks bis zum Main Beach Park mit einem ebenfalls herrlichen Sandstrand.

Für Kunstliebhaber

Dass der Küstenort sich aus einer Künstlerkolonie entwickelt hat, schlägt sich auch heute noch nieder. Neben vielen Kunstgalerien und dem Laguna Art Museum mit kalifornischen Landschaftsimpressionen gibt es über den Sommer verschiedene Festivals mit dem Schwerpunkt Kunst. Besonders erwähnenswert ist das Pageant of the Masters: Einwohner in Kostümen stellen in »Living Pictures« (»lebendige Bilder«) bekannte Gemälde nach.

Ganzjährig finden in Laguna Beach auch Musikfestivals statt, beispielsweise »Laguna Beach Live!« mit Jazzmusikern aus den ganzen USA. Im September kann man beim Laguna Dance Festival professionelle nationale und internationale Tanzvorführungen genießen.

SEHENSWÜRDIGKEITEN
Crescent Bay Point Park. Tgl. 5–24 Uhr, Crescent Bay Dr., Laguna Beach, CA 92651, Tel. 949/497 07 16, www.visit lagunabeach.com/listings/ Crescent-Bay-Point-Park/1561

Heisler Park. 375 Cliff Dr., Laguna Beach, CA 92651, Tel. 949/497 07 16, www.visit lagunabeach.com/listings/ Heisler-Park/1563

Laguna Art Museum. Fr–Di 11–17, Do 11–21 Uhr, 307 Cliff Dr., Laguna Beach, CA 92651, Tel. 949/494 89 71, www.lagunaartmuseum.org

VERANSTALTUNGEN
Pageant of the Masters. Beginn erste Juliwoche, 650 Laguna Canyon Rd., Laguna Beach, CA 92651, Tel. 949/494 11 45, www.visit lagunabeach.com/listings/ Pageant-of-the-Masters-/1062

INFORMATION
Laguna Beach Visitors Center. Tgl. 10–17 Uhr, 381 Forest Ave., Laguna Beach, CA 92651, Tel. 949 497 9229, www.visitlagunabeach.com

Urlaubsstimmung in Laguna Beach

6 Downtown Los Angeles
Wolkenkratzer und mexikanisches Flair

Es gibt keine offiziellen Grenzen, die die Downtown von Los Angeles kennzeichnen. Der Innenstadtbereich markiert aber ziemlich genau den geografischen Mittelpunkt der Weltmetropole, eingerahmt vom Los Angeles River im Osten, dem Hollywood Freeway im Norden, dem Santa Monica Freeway im Süden und dem Harbor Freeway im Westen. Der multikulturelle Stadtteil Downtown besteht aus zusammengewürfelten Vierteln wie El Pueblo, Chinatown und Little Tokyo.

Nicht nur eine gängige Abkürzung, sondern die gebräuchlichste Benennung der Stadt ist L.A. Und damit assoziieren die meisten Menschen Wolkenkratzer und geschäftiges Treiben. Tatsächlich präsentiert die Downtown von Los Angeles die einzige Ansammlung an Hochhäusern im ganzen Stadtgebiet. Der Geschäftsbereich ist aber nur einer von vielen Mosaiksteinen, die alle zusammen den bunten Stadtteil Downtown L.A. ergeben.

Geschäftsviertel

Neben den Banken und Bürotürmen spielen vor allem kulturelle Einrichtungen eine große Rolle – allen voran die futuristische Walt Disney Concert Hall (S. 64), aber auch ehrwürdige alte, gut erhaltene öffentliche Gebäude wie die Union Station. Die Concert Hall ist Spielstätte des Los Angeles Philharmonic Orchestra. In direkter Nachbarschaft ist auch das Museum of Contemporary Art (MOCA)

Mitte: Eingebettet zwischen den Wolkenkratzern von Downtown L.A.: das Department of Water and Power Building (Mitte)
Unten: Futuristisch glänzt die Walt Disney Concert Hall mitten in Downtown als Kontrast zu den Hochhäusern

Ausgefallene Exponate im MOCA

ein Hingucker, denn das Gebäude besteht aus einer Ansammlung geometrischer Formen. Im Inneren sind Künstler aus den unterschiedlichsten Bereichen und Epochen ausgestellt, von abstrakten Expressionisten bis hin zu Pop-Art-Künstlern (zum Beispiel Andy Warhol und Roy Lichtenstein).

Ganz neu ist das Museum The Broad. Das dreistöckige Gebäude ist von einem Honigwabenschleier aus Beton umgeben. Ausgestellt sind Werke zeitgenössischer Künstler, unter anderem Cindy Sherman, Roy Lichtenstein und Jeff Koons.

Der Bahnhof Union Station ist ein absolutes Muss bei einem Besuch der Downtown: Marmorfußböden, eine Kassettendecke, hohe Fensterbögen und Ledersessel im Wartesaal – nichts deutet darauf hin, dass man sich in einer Bahnstation befindet, wie sie vor 80 Jahren zur Blütezeit der Eisenbahnen ausgesehen hat. Die museumsreife Station ist noch in Betrieb, sie beherbergt unter anderem eine Metro-Haltestelle und ist Endhaltestelle des Coast Starlight nach San Francisco und Seattle.

Das Herz des Geschäftsviertels schlägt in Bunker Hill mit dem 310 Meter hohen Bank Tower als her-

Nicht verpassen

SIGHTSEEING FÜR 50 CENT

Über den Bereich der Downtown hinaus verkehren Busse des Betreibers Downtown Area Short Hop (DASH). Diese sogenannten DASH-Minibusse steuern für nur 0.50 Dollar pro Fahrt diverse Ziele in der Downtown an und bieten auch eine Anbindung an die Metro-, Bus- und Bahnlinien. Fünf verschiedene Linien der Busse sind in Downtown im Einsatz, sie fahren im Sieben- bis 15-Minuten-Takt (an den Wochenenden sind nur zwei Linien mit geringerer Frequenz im Einsatz). Neben den Sehenswürdigkeiten werden die wichtigen Hotels, Shoppingmalls und markante Gebäude der Downtown angesteuert. Auch Chinatown, El Pueblo und die Union Station sind im Streckenplan inbegriffen. Die Fahrpläne und die Linien, die außerhalb der Downtown unterwegs sind, kann man unter www.ladottransit.com/dash ersehen. Die erste Fahrt werktags startet um 5.50 Uhr, die letzte endet um 19 Uhr.

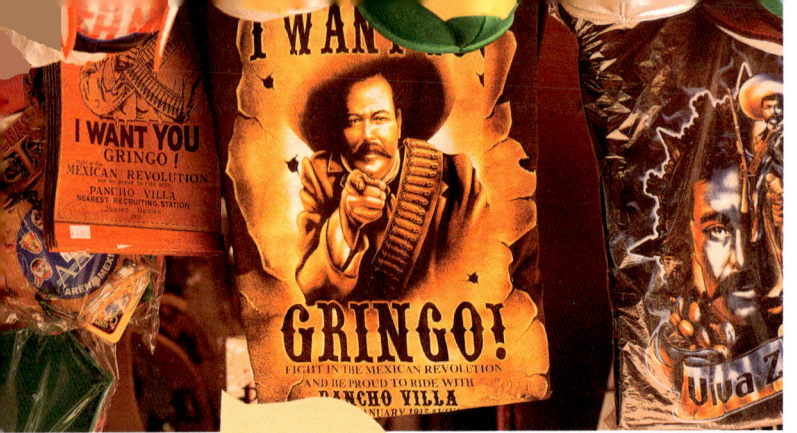
Mexikanisch geht's zu in der Olvera Street

DEN PROMIS AUF DEN FERSEN

Wie es eine zentrale Downtown in Los Angeles gibt, so existiert auch ein eigenes Stadtviertel der Prominenz. In den West Hollywood Hills leben die Schauspieler und Stars, die man aus dem Fernsehen und den Kinos kennt. Aber auch Promis brauchen mal Auslauf, und so kommen die Stars, versteckt hinter großen Sonnenbrillen, aus ihren Hügeln heraus, um sich unter das gemeine Volk zu mischen, in hippen Veggie-Restaurants einzukehren oder an den Bars angesagter Hotels abzuhängen. Im Sunset Tower Hotel beispielsweise trifft man schon mal auf Leonardo DiCaprio oder Johnny Depp, im Hotel Sunset Marquis gehen berühmte Musiker ein und aus – zusätzlich zum Zimmer kann man hier nämlich sogar ein Musikstudio buchen. Und trifft man keine prominenten Menschen, lohnt sich das Leutegucken trotzdem: In kaum einer anderen Weltstadt dürften so viele schräge Menschen herumlaufen wie in L. A. …

ausragendem Bauwerk. Ebenso imposant erhebt sich das 27-geschossige Rathaus, die City Hall. Auch das Innere ist sehenswert, es erinnert eher an eine Kirche als an ein administratives Bürogebäude. Von der Plattform ganz oben kann man einen wunderbaren Blick über die Weltstadt genießen. Weitere Verwaltungsgebäude der Stadt sind im Civic Center untergebracht. Die Gerichte von L.A. und des Staates Kalifornien sowie das Polizeipräsidium haben ihren Sitz im Civic Center.

Knapp südlich der Grenzen des Financial District lädt das California Science Center zu interaktiven Erlebnissen ein. Die kostenlose Bildungseinrichtung befindet sich im Exposition Park. Seit 2012 beherbergt das Center das Space Shuttle Endeavour, das von der NASA dorthin in den Ruhestand geschickt wurde. Sonderausstellungen wie »Körperwelten« ergänzen das umfangreiche, kontinuierliche Angebot.

El Pueblo

El Pueblo ist das historische Zentrum der Downtown und befindet sich an exakt der Stelle, an der Los Angeles im Jahr 1781 gegründet wurde. Spanische Missionare und Siedler legten damals den Grundstein für die Stadtentstehung, zuvor besiedelten Indianer das heutige Innenstadtgebiet. Man kann die alten Gebäude aus der damaligen Zeit vor allem in der touristisch aufgemachten Olvera Street anschauen. Es ist eine umtriebige Straße mit starkem mexikanischem Flair: Straßenstände, mexikanische Restaurants und Souvenirshops reihen sich aneinander. In den 27 restaurierten, historischen Gebäuden sind zum Teil Museen untergebracht. In einem davon, dem Sepulveda House, kann man sich im Visitor Center mit Informationsmaterial eindecken. Im selben Gebäude ist innerhalb des América Tropical Interpretative Center das Wandgemälde *América Tropical Mural* zu besichtigen.

An die Olvera Street schließt sich die Old Town an, deren Zentrum das El Pueblo de los Angeles State Historical Monument bildet. Auch dieser Komplex befasst sich mit der spanisch-mexikanischen Vergangenheit und umfasst neben einigen Gebäuden aus dieser Zeit ein Visitor Center an der Main Street. Auf dem Old Plaza findet man ein ähnlich buntes Programm wie an der benachbarten Olvera Street.

Chinatown und Little Tokyo

Chinatown Los Angeles befindet sich nördlich des Stadtviertels El Pueblo. Durch den Goldrausch angelockt, ließen sich Chinesen um 1880 zunächst im Bereich der heutigen Union Station nieder, mussten aber wegen des Baus der Bahnstation einige Blocks Richtung Norden ziehen, die Gegend heißt heute »New Chinatown«. Über 200 000 chinesische Amerikaner leben heute in dem exotischen Viertel mit dem Sun Yat-Sen Square als Mittelpunkt. Das Ambiente Chinatowns wirkt durch die chinesischen Restaurants, Kunstgalerien, Akupunkteure und Kräuterkundler sehr authentisch.

Oben: Der Bank Tower ist mit 310 Metern das höchste Gebäude Kaliforniens
Unten: Den spanischen Kolonialstil merkt man der Union Station ebenso deutlich an wie die Elemente im Art-déco-Stil

Dasselbe gilt für Little Tokyo, ein Viertel, in dem die Japaner seit 1880 präsent sind. Viele Bauten fielen zwar einer Stadtsanierung in den 1960er-Jahren zum Opfer, es sind aber immer noch einige alte Gebäude in der East First Street erhalten, sie stehen unter Denkmalschutz. Zentraler Mittelpunkt ist die Japanese Village Plaza.

Munteres Treiben

Downtown L.A. ist ein vielseitiger Stadtteil der Weltmetropole. Neben den oben genannten Highlights findet man viele kleine Rosinen, die man sich aus dem breiten Angebot herauspicken kann. Beispielsweise kann man auf dem Grand Central Market nicht nur Obst und Gemüse, Fleisch und Fisch, Kräuter und Kuchen einkaufen, sondern zugleich den lebhaftesten Markt der Stadt kennenlernen. Besucher können auch einen Kaffee in der auf Altspanisch getrimmten Lobby des altehrwürdigen Biltmore Hotel zu sich nehmen.

Freunde des Baseballs dürften sich am riesengroßen Dodger Stadium erfreuen. Umgeben von einer gigantischen Parkplatzfläche bietet das Stadion der Los Angeles Dodgers Sitzplätze für 60 000 Besucher. Eine weitere berühmte Sportstätte findet man im Staples Center in der südwestlichen Downtown. Dort sind die Basketballer Los Angeles Lakers und deren Konkurrenten Los Angeles Clippers, die Damen der LA Sparks sowie die Eishockeymannschaft Los Angeles Kings zu Hause.

Der mexikanisch geprägte Broadway bildet die Grenzen zwischen dem Geschäfts- und Finanzviertel und der östlichen Downtown. Auf der Straße geht es geschäftig zu. Im Theater District zeugen berühmte Premierenkinos aus der Stummfilmzeit von vergangenen Zeiten. Aber: Nachts sollte man den Broadway unbedingt meiden!

Oben: Straßenstände mit Souvenirs und Essen sowie restaurierte historische Gebäude findet man auf der Olvera Street
Unten: Das Westwood Movie Theatre ist eins der Premierenkinos aus der Stummfilmzeit im Theater District

Infos und Adressen

SEHENSWÜRDIGKEITEN

California Science Center. Tgl. 10–17 Uhr, 700 Exposition Park Dr., Los Angeles, CA 90037, Tel. 323/724 36 23, www.californiasciencecenter.org

City Hall. Aussichtsplattform: Mo–Fr 8–17 Uhr, 200 N Spring St., Los Angeles, CA 90012, Tel. 213/485 21 21

El Pueblo de los Angeles State Historical Monument. 845 N Alameda St., Los Angeles, CA 90012, Tel. 213/680 25 25, www.elpueblo.lacity.org

Museum of Contemporary Art (MOCA). Mo, Mi und Fr 11–18, Do 11–20, Sa, So 11–17 Uhr, 250 S Grand Ave., Los Angeles, CA 90012, Tel. 213/626 62 22, www.moca.org

The Broad. Di, Mi 11–17, Do, Fr 11–20, Sa 10–20, So 10–18 Uhr, 221 S Grand Ave., Los Angeles, CA 90012, Tel. 213/232 62 00, www.thebroad.org

Union Station. Führungen: Jeden zweiten Sonntag im Monat um 10.30 Uhr, 800 N Alameda St., Los Angeles, CA 90012, www.unionstationla.com

Walt Disney Concert Hall. Führungen: an bestimmten Tagen um 12 und 13.15 Uhr, 111 S Grand Ave., Los Angeles, CA 90012, Tel. 323/850 20 00, www.laphil.com

EINKAUFEN

Grand Central Market. Tgl. 8–22 Uhr, 317 S Broadway, Los Angeles, CA 90013, Tel. 213/896 92 60, www.grandcentralmarket.com

INFORMATION

Los Angeles Convention & Visitors Bureau. 685 S Figuera St., Los Angeles, CA 90017, Tel. 213/689 88 22, www.discoverlosangeles.com

Sepulveda House. Di–So 10–15 Uhr, 125 Paseo de la Plaza, Los Angeles, CA 90012, Tel. 213/485 68 55, www.elpueblo.lacity.org

An zahlreichen Imbissständen werden auf dem Grand Central Market Leckereien feilgeboten

ARCHITEKTUR –
die Walt Disney Concert Hall

Die berühmte Walt Disney Concert Hall hat die Form eines Segelschiffes

Sie ist nicht nur ein futuristisches Bauwerk, sondern ein architektonisches Highlight: Die Walt Disney Concert Hall ist ein Zeugnis der neueren Baugeschichte von Los Angeles. Fast tritt die eigentliche Bedeutung des »Segelschiffes« in den Hintergrund, nämlich als Sitz des Los Angeles Philharmonic Orchestra zu fungieren. Insofern ist das Stahlgebäude von außen und innen eine der Top-Sehenswürdigkeiten in der Downtown.

Seit der Eröffnung im Jahr 2003 definiert die Concert Hall das Erscheinungsbild von Downtown. In Form eines Segelschiffes auf hoher See scheint das Gebäude die gesamte Energie der Metropole zu bündeln. Was gar nicht so einfach ist in dieser Stadt, in der die Energien eher kontinuierlich auseinanderfließen. Architekt Frank Gehry und Lillian Disney (1899–1997), die Witwe des Filmproduzenten Walt Disney (1901–1966), haben in dem extravaganten Bau ihre eigenen Vorlieben umgesetzt: Gehrys Leidenschaft für Segelschiffe und Lillian Disneys Blumenliebe haben zusammen die Formen der Concert Hall vorgegeben. So erinnern die großen, gekrümmten Stahlplatten an eine Knospe mit auseinandergefalteten Blütenblättern.

Hommage an den Filmproduzenten

Lillian Disney hat sich dieses Projekt etwas kosten lassen – 50 Millionen Dollar spendete sie für den Bau der Concert Hall. Damit würdigte sie die Liebe ihres verstorbenen Mannes zur Musik. Architekt Gehry griff das auf und gestaltete einen »Living Room for the City« (»Wohnzimmer für die Stadt«). Das blitzende Wahrzeichen erfüllt diese Funktion, denn entgegen dem Gedanken, das Kunstwerk könnte kalt wirken, strahlt es durch seine Marmor- und Betonelemente tatsächlich etwas Heimeliges aus.

Schiff ahoi

Das Segelschiff nimmt natürlich den Blick gefangen und wäre für sich alleine auch durchaus eine Attraktion. Doch um die Konstruktion herum gibt es noch mehr zu bewundern. Die Pausenterrasse mit dem Garten ist ebenso ein Erlebnis wie die begehbare Stahlskulptur. Das alles kann man auch ohne Ticket für eine Aufführung des Symphonieorchesters erleben – was von Gehry explizit so gewollt war.

Das Innenleben

Auch im Innenbereich des Segelschiffes zeigt sich deutlich die Handschrift einer großen Vision. Hölzerne Klötze dekorieren wie Baumwurzeln die großen Flächen, in den Wölbungen der Wände sorgen Balken für Unruhe. Hier sieht man den blauen Himmel, dort steht man staunend vor einer hölzernen Blase. Die eigentliche Konzerthalle ist an die der Berliner Philharmoniker angelehnt. Die Blöcke für 3000 Zuhörer gruppieren sich um das Orchester herum. Ansonsten wirkt der Saal im Vergleich zum äußeren Erscheinungsbild und den Elementen im Foyer recht nüchtern – bei den Planungen stand eine gute Akustik im Vordergrund. Das Ergebnis ist ein beeindruckendes Hörerlebnis. Einzig bei der Orgel konnte Gehry sich nicht zurückhalten – die Orgelpfeifenstangen ragen wild in den Raum hinein.

7 Hollywood
Traumfabrik der Welt

Filme, Glamour, Glitzer und Stars – auf diese vier Schlagwörter reduzieren die meisten Menschen Hollywood. Und sicher ist die Filmindustrie und alles, was damit zusammenhängt, ein wesentliches Symbol für diesen Stadtteil von Los Angeles. Damit ist jedoch nicht alles erfasst, was Hollywood ausmacht – zwar unbenommen das allermeiste, aber einige Sehenswürdigkeiten abseits des Filmbusiness gibt es dennoch.

Die Kunst und das Shoppingvergnügen werden ebenfalls großgeschrieben im berühmtesten aller Stadtteile der Weltmetropole. Natürlich passt das wiederum gut zum Erscheinungsbild der Hautevolee, die den Großteil der Bevölkerung ausmacht. In irgendeiner Form findet aber jede Sehenswürdigkeit unweigerlich eine Verbindung zur Filmindustrie – und sei es der ehrwürdige Friedhof, der die letzte Ruhestätte der weltweit größten Dichte großer Persönlichkeiten aufweist.

GUT ZU WISSEN

HOLLYWOOD SIGN

Der Hollywood-Schriftzug hat den Status eines Denkmals. Da er im Laufe der Zeit bereits Buchstaben einbüßen musste (ursprünglich stand hier »Hollywoodland« geschrieben), ist es verboten, sich ihm zu nähern. Überwachungskameras, Alarmanlagen, umherkreisende Hubschrauber und Park Ranger sorgen für die Einhaltung des Verbotes. Wem es nicht um ein schönes Foto, sondern um die Wirkung der 15 Meter hohen Buchstaben geht, kann dem Denkmal über den Beachwood Drive am nächsten kommen.

Mitte: So sieht der Walk of Fame aus der Vogelperspektive aus …
Unten: … und so sieht ein Stern aus, der entsprechend der berühmten Persönlichkeit bestimmten Kategorien zugeordnet ist

Das imposante Hollywood Sign

Mittelpunkt Hollywood Boulevard

Geheimtipp

Die berühmte Straße ist der Dreh- und Angelpunkt des Stadtteils. Das ist aber erst neuerdings wieder so und war vor dem Zweiten Weltkrieg der Fall. In der Zwischenzeit erlebte der Hollywood Boulevard auch schlechtere Zeiten. Einen Aufschwung hat der Prachtstraße die Entstehung des Hollywood & Highland Complex verliehen. Das sind eine Shopping Mall und ein Unterhaltungszentrum, in dem unter anderem das Chinese Theatre und das Dolby Theatre beheimatet sind. In Letzterem finden die Oscar-Verleihungen statt. Der Hollywood Boulevard ist insgesamt zwar fast zehn Kilometer lang und reicht vom Sunset Boulevard in westliche Richtung bis zum Laurel Canyon Boulevard. Das spektakuläre – beziehungsweise touristische – Leben spielt sich aber auf nur eineinhalb Kilometern zwischen der Vine Street und der North La Brea Avenue ab.

Größte Attraktion auf dem Hollywood Boulevard ist der legendäre Walk of Fame. Auf einer Länge von inzwischen zwei Kilometern zieren über 2500 eingelassene Steine mit den Namen berühmter Menschen, Persönlichkeiten oder fiktiver (Film-)

WELTBERÜHMTE BUCHSTABEN

Es ist das Wahrzeichen Hollywoods schlechthin und steht als Synonym für die ganze Weltmetropole Los Angeles: das Hollywood-Schriftzeichen. Leider sind die Blicke darauf von der Stadt aus rar – lediglich vom Walk of Fame aus kann man einen fernen Blick darauf erhaschen. Ausgezeichnete Stellen zum Fotografieren und Bestaunen der neun riesigen Lettern befinden sich am Mulholland Highway, am besten Spot kann man legal an einer Haltebucht parken. Wer kein Mietfahrzeug hat, kann sich im DASH-Minibus zu Aussichtspunkten auf das Schild chauffieren lassen. Der Bus startet täglich alle 20 Minuten (Mo–Fr 12–22, Sa, So 10–22 Uhr) an der Metro Red Line Vermont/Sunset Station. Ein weiterer guter Blickpunkt auf den Schriftzug bietet sich vom Griffith Observatory (S. 73).

Hollywood Sign. 6342 Mulholland Highway, Los Angeles, CA 90068, www.hollywoodsign.org

Geschöpfe den Gehweg. Es handelt sich um Marmorsteinplatten, in die sternförmige Messingplatten eingelassen sind. Eingeteilt in fünf Kategorien findet man Stars aus Film, Fernsehen, Musik, Radio und Theater. Nicht nur lebende Stars wie Jennifer Lopez oder Arnold Schwarzenegger kann man bei einem Gang durch die Berühmtheiten aufspüren, auch Legenden der Filmgeschichte wie Humphrey Bogart oder Walt Disney, aber auch Donald Duck, Mickey Mouse oder die Muppets …

Verewigt

Wer sich nicht damit zufriedengeben will, »seinem« persönlichen Star in den Gehweg gemeißelt zu begegnen, hat auf dem Hollywood Boulevard die Chance, mit einem der vielen verkleideten Möchtegern-Schauspieler ein Selfie zu machen. Es ist fast unmöglich, den mitunter höchst professionell zurechtgemachten Doubles nicht über den Weg zu laufen. Und dann gibt es da ja auch noch die Hand- und Fußabdrücke beim optisch sehr sehenswerten TCL Chinese Theatre, das im Stil einer chinesischen Pagode errichtet ist. Auf dem Vorplatz des Kinos haben sich etwa 200 Hollywoodstars mit ihren Abdrücken verewigt.

Wer den Hollywood Forever Cemetery besucht, um zu den Grabstätten berühmter Menschen zu pilgern, tut gut daran, sich im Blumenladen einen Lageplan zu besorgen.

Oben: Familie auf dem Hollywood Boulevard
Mitte: Sichtbar asiatischen Einfluss hat das TCL Chinese Theatre
Unten: Im Beton vor dem TCL Chinese Theatre haben sich Stars mit ihrem Namen und Handabdrücken verewigt

Heute ist in Hollywood von den zahlreichen Filmgesellschaften, auf denen die Traumfabrik des Films gründete, nur noch eine vorhanden und das ist Paramount Pictures. Bedeutende Filmwerke wie *Der Pate*, *Spiel mir das Lied vom Tod* und *Titanic* entstanden hier. Im Rahmen einer Führung taucht man ein in über 100 Jahre Hollywood-Geschichte und erfährt so manches übers Filmemachen.

Stationen am Hollywood Boulevard

Ⓐ Guinness World Records Museum. Auf dem Programm stehen Rekorde aus der Pop-kultur, dem Sport, aus Natur und Technik.

Ⓑ The Hollywood Museum. Ausstellungsstücke und Artefakte ziehen Filmliebhaber sowohl klassischer als auch moderner Filme an.

Ⓒ El Capitan Theatre. Nicht nur für Disney-Fans: Hier werden klassische Disney-Filme gezeigt, aber auch Erstaufführungen, die manchmal auch von großen Ausstellungen und Unterhaltung rund um den jeweiligen Film umrahmt werden.

Ⓓ Hollywood and Highland Complex. Shopping- und Entertainment-Komplex mit mehr als 70 Läden und 25 Restaurants.

Ⓔ Los Angeles Visitor Information Center. Das Informationszentrum befindet sich am Eingang des Hollywood & Highland Center. Hier kann man alles erfragen, was man für einen Besuch Hollywoods wissen möchte.

Ⓕ Dolby Theatre. Wenn hier nicht berühmte Schauspieler sitzen, um ihre Oscars entgegenzunehmen, kann man Shows, Konzerte, Ballett-Aufführungen und Comedy erleben. Es ist eins der technisch modernsten Filmtheater der Welt.

Ⓖ Madame Tussauds Hollywood. Jede Stadt, die etwas auf sich hält, hat mittlerweile ein Madame Tussauds … Natürlich sind die dargestellten lebensechten Wachsfiguren ziemlich identisch mit denen, die draußen ganz lebendig anzutreffen sind.

Ⓗ TCL Chinese Theatre IMAX. Es ist das größte Premierenkino der Welt. Fans säumen den Weg, wenn die Stars zu den Erstaufführungen vorfahren. Hand- und Fußabdrücke der Prominenz zieren den Vorplatz.

Ⓘ Walk of Fame. Etliche hundert Stars aus den Medien wurden bereits auf dem Gehweg mit einem Stern unsterblich gemacht.

Außerhalb der Filmwelt

Ja, es gibt ein Leben außerhalb der Filmwelt. Da existiert in West Hollywood beispielsweise der Sunset Boulevard, auf dessen Abschnitt Sunset Strip die Musikszene alles beherrscht: Nachtclubs mit den unterschiedlichsten Programmen geben dem Strip einen Hauch von nächtlicher Vergnügungsmeile. Ebenfalls in West Hollywood kann man auf dem Hollywood Farmers' Market frisches Obst, Gemüse und Blumen von den Wagen der Farmer herab kaufen. Direkt nebenan kann man sowohl nach Herzenslust »richtig« shoppen als auch zahlreiche Angebote der Unterhaltungsindustrie in Anspruch nehmen. The Grove heißt der Komplex, ein Open-Air-Einkaufszentrum mit Restaurants und Kinos.

Zwei Museen in West Hollywood verdienen ebenfalls Erwähnung: das Automuseum Peterson Automotive Museum und das Pacific Design Center (PDC) mit Exponaten aus den Bereichen Möbel, Stoffe, Beleuchtung und Accessoires.

Noch einmal näher im Zentrum Hollywoods befindet sich die Hollywood Bowl, die größte Freilichtbühne der Welt. Der Bühnenpavillon ist eine eigene Attraktion, entworfen 1924 von Lloyd Wright (1867–1959) und dem Vorbild der griechischen Antike nachempfunden.

Ansonsten charakterisieren Bars und Clubs, Kunstgalerien, Einkaufsmöglichkeiten (vor allem in der Melrose Avenue) und Restaurants das bunte Leben Hollywoods. Das neu gestaltete Viertel Crossroads Hollywood vereinigt in sich alle diese Angebote auf engem Raum und in moderner Aufmachung. Zentrales Gebäude des Arrangements ist ein Ozeanschiff im Art-déco-Gewand, das von einer Ansammlung kleiner Bungalows im Blockhausstil umgeben ist.

Oben: Ein 1959er Cadillac Cabrio in Leuchtendrot im Peterson Automotive Museum
Mitte: Authentische Stimmung auf dem Sunset Boulevard bei Nacht
Unten: The Roxy ist einer der Nachtclubs am Sunset Strip

Infos und Adressen

SEHENSWÜRDIGKEITEN

Forever Cemetery. Mo–Fr 8.30–17, Sa, So 8.30–16.30 Uhr, 6000 Santa Monica Blvd., Hollywood, CA 90038, Tel. 323/469 11 81, www.hollywoodforever.com

Hollywood & Highland Complex. Mo–Sa 10–22, So 10–19 Uhr, 6801 Hollywood Blvd., Hollywood, CA 90028, Tel. 323/467 64 12, www.hollywoodandhighland.com

TCL Chinese Theatre. Filmzeiten gemäß Kinoprogramm, Hollywood & Highland, 6925 Hollywood Blvd., Hollywood, CA 90028, Tel. 323/461 33 31, www.tclchinesetheatres.com

Walk of Fame. Ganzjährig rund um die Uhr, Hollywood Blvd., Hollywood, CA 90028

ÜBERNACHTEN

Hollywood Orchid Suites. Verkehrsgünstig mitten in Hollywood und nahe dem Hollywood Boulevard gelegen. Geräumige, gut ausgestattete Zimmer, Pool, Dachterrasse und Tiefgarage. 1753 Orchiv Ave., Hollywood, CA 90028, Tel. 323/874 96 78, www.orchidsuites.com

AUSGEHEN

Mondrian's Skybar. Angesagte Rooftop-Bar mit Pool und sensationellem Blick auf die Stadt, Achtung: VIP-Alarm! (Deshalb ist es schwierig reinzukommen.) Tgl. 11–2 Uhr, 8440 Sunset Blvd., West Hollywood, CA 90069, Tel. 323/848 60 25, www.morganshotelgroup.com

EINKAUFEN

Farmers' Market. So 8–13 Uhr, Ivar Ave. und Selma Ave., Hollywood, CA 90018, Tel. 323/463 31 71, www.hollywoodfarmersmarket.net

The Grove. Mo–Do 10–21, Fr, Sa 10–22, So 10–20 Uhr, 189 The Grove Dr., Hollywood, CA 90036, Tel. 323/900 80 80, www.thegrovela.com

INFORMATION

Hollywood Los Angeles Visitor Information Center. Mo–Sa 9–22, So 10–19 Uhr, 6801 Hollywood Blvd., Hollywood, CA 90018, Tel. 323/467 64 12, www.discoverlosangeles.com

Im Hollywood & Highland Shopping Center gibt es Einkaufserlebnis vom Feinsten

8 Griffith Park
Freizeit auf höchstem Niveau

Fast fünfmal so groß wie der prominente Central Park in New York, bietet der ungewöhnliche Griffith Park in den östlichen Bergen von Santa Monica einen ausgesprochen hohen Freizeitwert. Im Gegensatz zu seinem Pendant an der Ostküste ist er nicht nur größer, sondern auch wilder und schroffer. Der Park im Stadtviertel von Los Feliz ist der zweitgrößte Stadtpark Kaliforniens und einer der größten in den USA.

Auf dem Programm stehen neben Wandern, Golf, Radfahren, Reiten und Joggen auch ein Zoo, ein Steinbruch, eine Open-Air-Bühne, zwei Museen und vieles mehr.

Die Geschichte des Parks

Nachdem der Industrielle Griffith Jenkins Griffith (1850–1919) eine große Menge Geld im Bergbau verdient hat, kaufte er 16 Quadratkilometer Land, wovon er der Stadt Los Angeles 1896 zwölf Quadratkilometer schenkte, die zum Griffith Park wurden. Er bestimmte, dass mit seinem Geld das griechische Theater und das Observatory errichtet werden sollten und verknüpfte mit seiner Schenkung außerdem die Bedingung, dass dies ein Ort der Ruhe und Entspannung für die breite Bevölkerungsmasse sein sollte. Damit wollte er Los Angeles zu einer glücklichen, saubereren und guten Stadt machen. Später schenkte er der Stadt weitere vier Quadratkilometer entlang des Los Angeles River. Und 1912 spendete er das Geld für den Bau des griechischen Theaters und der Hall of Science. Erst viel später wurden jedoch das Theater und das Griffith Observatory realisiert.

Mitte: Das Astronomer's Monument im Griffith Park ist Hipparchus, Kopernikus, Galilei, Kepler, Newton und Herschel gewidmet
Unten: In der Hall of Science kann man sich u. a. mit der Funktionsweise des Foucaultschen Pendels auseinandersetzen

Highlight im Park: das Griffith Observatory

Freizeit im Park

Absolutes Highlight im Park ist das Griffith Observatory mit einem supermodernen Planetarium, das 300 Zuschauern Platz bietet. Vor dem Gebäude des Observatory erinnert eine Bronzebüste an den Schauspieler James Dean. Ebenfalls vor dem Observatory wurde die Messerstecherei des Films *Denn sie wissen nicht, was sie tun* gedreht.

Das Greek Theatre ist eine 1930 erbaute Open-Air-Bühne mit Konzerten im Sommer. Einige der größten Legenden der Musikgeschichte sind hier bereits aufgetreten, darunter Elton John, Frank Sinatra und Bruce Springsteen. Aber auch Abschlussfeiern der High Schools und Gemeindeveranstaltungen finden hier statt.

Nostalgisch wird es bei einer Runde auf dem Karussell Merry-Go-Round. Auf insgesamt 68 aufwendig geschnitzten Holzpferden lässt man sich einen Hauch von 1926 um die Nase wehen. Geradeaus geht es mit der Miniaturbahn Griffith Park & Southern Railroad im Süden des Parks. Seit 1948 in Betrieb, dürfen hier Kinder als Passagiere an Bord gehen.

Nicht verpassen

ERHABENE POSITION

Der legendäre Hollywood-Schriftzug ist besonders gut vom Observatory aus zu sehen. Der weiße Kuppelbau beinhaltet Ausstellungen und ein Planetarium. Was das Observatory aber einzigartig macht, ist seine Lage auf einem Berg – aus einer Höhe von 300 Metern kann man sagenhafte Blicke sowohl auf das Hollywood-Zeichen (siehe S. 67) als auch auf die Skyline von Downtown Los Angeles werfen.
Das Observatory unterteilt sich in drei Bereiche: die Hall of Science, das Planetarium und das Laserium. Unter den Exponaten der Hall of Science befinden sich Gesteinsbrocken vom Mars, vom Mond und von Meteoriten. Das Observatory diente schon vielfach als Filmkulisse, etwa für *Zurück in die Zukunft*.

Griffith Observatory. Di–Fr 12–22, Sa, So 10–22 Uhr, 2800 E Observatory Rd., Los Angeles, CA 90027, Tel. 213/473 08 00, www.griffithobservatory.org

Nicht nur Kinderherzen lässt der Los Angeles Zoo höherschlagen. Etwa 1200 Tieren kann man hier besuchen. Danach kann sich der Nachwuchs auf dem Spielplatz Shane's Inspiration austoben.

Abenteuerlich wird es in den Bronson Caves, einem ehemaligen Steinbruch und Höhlen, die als Kulisse für *Bonanza* und *Star Trek* fungiert haben. Um hierhin zu gelangen, muss man die Wanderschuhe schnüren. Das sollte man ebenfalls tun, wenn man sich auf den Mount Hollywood Trail begibt. Dieser führt vom Parkplatz des Observatory hinauf auf den Gipfel des Mount Hollywood.

Zwei Museen vervollständigen das Angebot: das Autry Museum of the American West, in dem die Lebensweise des amerikanischen Westens in Geschichten, Erfahrungen und aus verschiedenen Sichtweisen beleuchtet wird, und das Travel Town Museum. Hier kann man alte Lokomotiven, Güterzüge und verschiedene Waggons bewundern.

Sportliche Betätigung

Da ein Großteil des Parks ein wildes, zerklüftetes Landschaftsbild abgibt, ist er vor allem ein Wanderparadies. Aber auch so manche anderen Sportarten sind in dieser nahezu unberührten Umgebung möglich: In den Sunset Ranch Stables kann man sowohl Reitunterricht nehmen als auch abendliche Ausritte genießen. Spokes N Stuff Bike Rentals bietet Mietfahrräder an.

Ziel erfüllt

Picknickplätze und Liegewiesen sorgen dafür, dass Griffiths Wunsch, einen Ort der Entspannung für alle zu erschaffen, in Erfüllung gegangen ist. Familienzusammenkünfte finden hier ebenso statt wie Jahrmärkte und Kulturveranstaltungen.

Oben: Kostenlos zugänglich ist das Travel-Town-Eisenbahnmuseum an der Nordwestecke des Griffith Park
Unten: Entspannung vor einer felsigen Kulisse. Picknicken und Chillen ist hier angesagt

Infos und Adressen

SEHENSWÜRDIGKEITEN

Autry Museum of the American West. Di–Fr 10–16, Sa, So 10–17 Uhr, 4700 Western Heritage Way, Los Angeles, CA 90027-1462, Tel. 323/667 20 00, www.theautry.org

Bronson Caves. Tgl. 5–19 Uhr, 3200 Canyon Dr., Los Angeles, CA 90068, Tel. 323/666 50 46, www.seeing-stars.com/Locations/BronsonCaves.shtml

Los Angeles Zoo. Tgl. 10–17 Uhr, 5333 Zoo Dr., Los Angeles, CA 90027, Tel. 323/644 42 00, www.lazoo.org

Travel Town Museum. Mo–Fr 10–16, Sa, So 10–17 Uhr, 5200 Zoo Dr., Los Angeles, CA 90027, Tel. 323/662 58 74, www.traveltown.org

VERANSTALTUNGEN

Greek Theatre. Je nach Veranstaltung, 2700 N Vermont Ave., Los Angeles, CA 90027, Tel. 844/524 73 35, www.lagreektheatre.com/events

AKTIVITÄTEN

Mount Hollywood Trail. Startpunkt ist der Parkplatz des Griffith Observatory. Auf dem 6 km langen Rundweg wird der 495 m hohe Gipfel des Mount Hollywood erreicht, hierfür müssen etwa 250 Höhenmeter bewältigt werden.

Spokes N Stuff Bike Rentals. Mo–Fr 14–18, Sa, So 10.30 Uhr–Sonnenuntergang, 4730 Crystal Springs Dr., Los Angeles, CA 90027, Tel. 323/662 65 73, www.spokes-n-stuff.com

Sunset Ranch Stables. Zeiten je nach Angebot, 3400 N Beachwood Dr., Los Angeles, CA 90068, Tel. 323/469 54 50, www.sunsetranchhollywood.com

INFORMATION

Griffith Park. Tgl. 5–22.30 Uhr (Wanderwege sind ab Sonnenuntergang geschlossen), 4730 Crystal Springs Dr., Los Angeles, CA 90027, Tel. 323/644 20 50, www.laparks.org/griffithpark

Sterne gucken mit einem Teleskop und durch das Kuppeldach des Griffith Observatory

9 Universal Studios
Beliebter Themenpark in Hollywood

Wer in Los Angeles ist, ohne die Universal Studios zu besuchen, war nicht in Los Angeles. Sie sind der erste, sozusagen der »Original«-Universal-Studios-Themenpark. Ursprünglich dazu angelegt, die Gäste hinter die Filmkulissen blicken zu lassen, haben sich die Universal Studios zu einem tollen Freizeitpark entwickelt.

Nicht von ungefähr verzeichnen die Universal Studios die meisten Besucher in ganz Los Angeles. Mit knapp sieben Millionen Gästen pro Jahr ist der Vergnügungspark gar einer der am meisten besuchten Nordamerikas.

Upper Lot

Nicht nur Kernbereich, sondern Hauptattraktion des Themenparks sind die fast schon legendären Studiotouren. Mit einer Bimmelbahn geht es vorbei an berühmten Filmkulissen, an Attrappen von Städten, die im Fernsehen täuschend echt aussehen, und an künstlich angelegten Seen. Bates' Hotel aus *Psycho* ist ebenso Schauplatz der Tour wie die Wisteria Lane von *Desperate Housewives*. Neben weiteren Klassikern wie *King Kong* und *Spiderman* sind aber auch neuere Filmsets in der Tour inbegriffen. Interessante und lustige Informationen gibt es von Jimmy Fallon, bekannt aus der *Tonight Show* auf NBC. Von Bildschirmen in der Bahn aus begleitet er die Studio Tour unterhaltsam. »Unterhaltsam« sind auch die Überraschungen in Form von Spezialeffekten, die auf die Insassen der Tram warten … Auch wenn die Wartezeiten für die Studio-Tour mitunter lang sind,

Mitte: Die Universal Studios sind nicht nur Mittelpunkt in Hollywood, sondern auch ein Wahrzeichen
Unten: In Sachen Filmkulissen wird man auf dem City Walk bereits eingestimmt auf die Universal Studios

Das Ticket Center auf dem City Walk

sollte man sich dieses Event nicht entgehen lassen. Mit etwas Glück kann man Schauspieler beim Dreh beobachten.

Einige Shows sind ebenfalls im Bereich Upper Lot angesiedelt: beispielsweise die *Universal's Animal Actors Show*, in denen Hund, Katze, Schwein und Papagei Kunststücke vorführen. Die beiden Shows *Special Effects Stage* und die Stuntshow *Water-World* sind ein Erlebnis für sich.

Die Nummer eins der Fahrgeschäfte ist der Simpsons Ride, eine simulierte Achterbahnfahrt. Ebenfalls spektakulär sind der 3-D-Simulator *Despicable Me: Minion Mayhem* und der Film *Shrek* in 4D. Harry Potter hat 2016 mit der *Wizarding World of Harry Potter* Einzug gehalten in die Universal Studios. Mit unterhaltenden Elementen in einem Hogwarts nachgebildeten Zauberschloss befindet sich die familienfreundliche Achterbahn Flight of the Hippogriff. Der große Komplex beinhaltet außerdem ein Restaurant, eine Außenbühne und diverse Shops aus der Zaubererwelt. Eine französische Themenstraße mit Fast-Food-Angebot und die kürzlich eröffnete Attraktion The Walking Dead mit einem Mix aus Tricks und realen Schauspielern komplettieren den Upper Lot.

Nicht verpassen

TICKET-TIPPS
Es gibt mehrere Möglichkeiten, beim Kauf eines Tickets das Optimale aus einem Besuch herauszuholen. Mit dem Front of Line Ticket kann man reservierte Platzkontingente an allen Attraktionen in Anspruch nehmen. Über einen gesonderten Eintrittsbereich (Gate A) geht man an den regulären Warteschlangen vorbei zu den Zugängen – was sich vor allem bei den Studiotouren auszahlt. Der Pass ist allerdings recht teuer (regulär ab 179 Dollar, an Feiertagen und in der Hochsaison über 200 Dollar, zusätzlich zur Eintrittsgebühr). Bei online ausgedruckten Tickets gibt es 10 Dollar Rabatt, bei einem Zweitagesticket bezahlt man für den zweiten Tag nur 13 Dollar mehr als für nur einen Besuchstag. Wer sowohl die Hollywood Universal Studios als auch das SeaWorld in San Diego besuchen möchte, spart mit einem Kombiticket 20 Dollar.

www.universalstudios hollywood.com

Lower Lot

Verbunden sind Upper und Lower Lot durch die weltweit größte und höchste Rolltreppenkonstruktion. Die drei Fahrgeschäfte Jurrasic Park (eine Bootsfahrt durch Dinosaurier-Ausstellungen mit abschließender Schussfahrt), Revenge of the Mummy (eine Indoor-Achterbahn, die Fahrt findet im Dunkeln statt!) und Transformers (ein 3-D-Fahrsimulator) sind die Besuchermagnete in diesem Bereich. Außerdem ist hier das Filmmuseum mit seinen Requisiten und Kostümen angesiedelt.

Entwicklungsgeschichte

1915 kaufte der Kinopionier Carl Laemmle eine ehemalige Geflügelfarm und begann mit Schauspielern und Kameras auf diesem Terrain, Stummfilme zu produzieren. Kaum zu glauben, dass sich aus diesen Anfängen die größten Film- und Fernsehstudios der Welt entwickelten. Die Studios wurden 1960 in einen Themenpark umgewandelt. Dazu erweiterte man die Tour um eine Demonstration von Spezialeffekten und Stunts. Außerdem durften Besucher bei Dreharbeiten hautnah zuschauen. Das war die Grundlage für die Entstehung des heutigen Vergnügungsparks. Aus diesem »Pionierpark« haben sich die Universal Parks & Resorts entwickelt, eine Art Tochtergesellschaft mit Hauptsitz in Orlando, Florida.

Beurteilung und Empfehlung

Die Universal Studios ziehen nicht nur Freunde von Film und Fernsehen an, denn es ist einfach für jeden etwas dabei. Der Eintritt ist mit weit über 100 Dollar pro Person nicht günstig, aber das Geld wert. Damit sich die Investition lohnt, sollte man frühmorgens da sein. Dann sollte man zuerst zu den beliebtesten Attraktionen gehen – das ist derzeit vor allem die neue Harry-Potter-Welt.

Oben: Die weltweit größte Rolltreppenkonstruktion verbindet die beiden Parkbereiche miteinander
Mitte: Bei der spektakulären Stunt-Show kracht, raucht und brennt es gewaltig
Unten: Die Wasserbahn »Jurassic Park«

Infos und Adressen

SEHENSWÜRDIGKEITEN

Hollywood City Walk. Außerhalb der Universal Studios kann man die Atmosphäre des Parks auch auf dem Hollywood City Walk genießen, einer Art Fußgängerzone über drei Blöcke mit Shops, Restaurants und Nachtclubs. Wagemutige können sich bei Indoor-Aktivitäten wie Skydiving austoben. Universal City Walk. So–Do 11–22, Fr, Sa 11–23 Uhr, 100 Universal City Plaza, Universal City, CA 91608, Tel. 818/622 72 78, www.universalstudioshollywood.com/citywalk

ESSEN UND TRINKEN

Hard Rock Café. An der Außenfassade prangt eine überdimensional große E-Gitarre. Geniale Hamburger und gute, wenn auch ziemlich laute Rockmusik. Mo–Do 11–22, Fr 10–24, Sa 9–24, So 9–2 Uhr, 1000 Universal Studios Blvd., Universal City, CA 91608, Tel. 818/853 06 00, www.hardrock.com/cafes/hollywood-at-universal-citywalk

ÜBERNACHTEN

Tangerine Hotel. Nicht direkt bei den Universal Studios oder am City Walk, aber nur zwei Minuten (ca. 3 km) entfernt. Feines, kleines Motel mit Pool, ansprechend eingerichtet, gutes Preis-Leistungs-Verhältnis. 3901 W Riverside Dr., Burbank, CA 91505, Tel. 877/843 11 21, http://thetangerine.com

AUSGEHEN

Howl at the Moon. Angesagter Nachtclub mit verschiedenen Musikrichtungen, Partystimmung! Mi–So 7–1.30 Uhr, 1000 Universal Studios Blvd., Universal City, CA 91608, Tel. 818/755 99 70, www.howlatthemoon.com/hollywood

AKTIVITÄTEN

iFLY Hollywood. Indoor-Skydiving, Mo–Do 11–21, Fr. 11–23, Sa 10.30–23, So 10.30–21 Uhr, 1000 Universal Studios Blvd., Universal City, CA 91608, Tel. 818/985 43 59, www.iflyworld.com/hollywood

INFORMATION

Universal Studios Hollywood. Je nach Saison; in der Hauptsaison Mo–Fr 9–22 Uhr, Sa und Mo 8–22 Uhr, So 9–21 Uhr, 100 Universal City Plaza, Universal City, CA 91608, Tel. 800 864 8377, www.universalstudioshollywood.com

Die überdimensional große E-Gitarre vor dem Hardrock Café ist ein beeindruckendes Requisit

10 Disneyland Anaheim
Berühmtester Freizeitpark der Welt

Dass Disneyland eine unglaubliche Anziehungskraft auf Besucher jeden Alters hat, beweist bereits die jährliche Besucherzahl von fast 17 Millionen Gästen. Damit ist das kalifornische Disneyland nach Magic Kingdom in Orlando, Florida, der am zweithäufigsten besuchte Park der Welt.

Disneyland in Anaheim setzt sich aus den beiden Parks Disneyland und Disney California Adventure Park zusammen. Zum Resort gehören mehrere Hotels sowie ein Einkaufs-, Unterhaltungs- und Restaurantkomplex. Betreiber der kompletten Anlage ist die namensgebende Walt Disney Company.

Um einen Überblick über die Angebote auf dem 34 Hektar großen Gelände zu behalten, ist Disneyland in Themenbereiche aufgeteilt: Ursprünglich waren es fünf, mit der Main Street USA als Zentrum. Die Main Street stellte zu Anfangszeiten des Parks ein amerikanisches Städtchen um 1910 dar und soll Walt Disneys Heimatstadt Marceline in Missouri nachgebildet sein. Heute gilt die Hauptstraße immer noch als zentraler Parkbereich mit typisch amerikanischen Kleinstädten des Mittleren Westens zu Beginn des 20. Jahrhunderts.

Im Laufe der Jahre wurde Disneyland um weitere Länder erweitert, 1966 gesellte sich der New Orleans Square als Letzter unter Walt Disneys persönlicher Aufsicht hinzu. Ein Jahr später wurde der Bereich Pirates of the Caribbean eröffnet.

2001 kam der Disney's California Adventure Park hinzu. Erst mit diesem Zuwachs wurde das heutige

Verspielt geht es zu in Disneyland in Anaheim – die Gäste sollen verzaubert werden

Das Shoppingcenter Downtown Disney District

Resort geschaffen mit zusätzlichem Übernachtungs-, Shopping- und Essensangebot, sodass sich von diesem Zeitpunkt an der Fokus auch auf mehrtägige Besucher richten konnte.

Die »Länder«

Inzwischen gilt es, bei einem Besuch im Disney Resort acht Themenbereiche abzuarbeiten. Neben der Main Street kann man im Adventureland auf den Spuren von Indiana Jones eine Jeeptour oder einen Blick in Tarzans siebenstöckiges Baumhaus werfen. Auf dem New Orleans Square haucht der Wind des Bundesstaates Louisiana des 19. Jahrhunderts. Den Wilden Westen erlebt man im Frontierland, Highlights sind eine Achterbahn und ein Abenteuerspielplatz. Abenteuer rund ums Wasser gibt es im Critter Country mit Kanufahrten und einer Wildwasserbahn. Beliebte Charaktere wie Peter Pan treffen die Kinder im Fantasyland. Untermalt wird die Fantasiewelt von Bootsfahrten vorbei an Zeichentrickkulissen, Gondelbahnen über Hausdächer hinweg, verschiedenen Karussells und auch einer Achterbahn. Daneben werden Geschichten zu den Zeichentrickfilmen erzählt.

Geheimtipp

ZEIT UND GELD SPAREN

Nicht nur in der Hochsaison kann es bei den populären Attraktionen zu stundenlangen Wartezeiten kommen. Wie kann man diese reduzieren? Im Vorfeld online ausgedruckte Tickets sind günstiger als die vor Ort. Mit dem Kauf eines FastPass erhält man vor den Attraktionen an einem Automaten feste Uhrzeiten für den Zugang zum Fahrgeschäft. Kauft man kombinierte Eintrittskarten für beide Parks oder ein Mehrtagesticket, spart man Geld gegenüber Einzeltickets. Besucht man den Park in der Hochsaison, sollte man die Wochenenden meiden. Es lohnt sich auch, bereits eine halbe Stunde vor Parköffnung da zu sein und dann die Attraktionen strategisch nach Beliebtheit anzugehen. Prinzipiell geht es von Januar bis März und von November bis Mitte Dezember ruhiger zu – viel los ist außer in den Sommermonaten um Ostern, Thanksgiving und zwischen Weihnachten und Neujahr.

81

Für die jüngste Zielgruppe ist auch das Mickey's Toontown ein tolles Erlebnis. Hier treffen die Kinder nicht nur auf Mickey Mouse, sondern kommen auch Donald Duck, Roger Rabbit und Goofy auf vielfältige Weise nahe (etwa beim Spielhaus, auf der Mini-Achterbahn und dem Kletterspielplatz).

Wie der Name schon sagt, ist Tomorrowland der Zukunft gewidmet. Hier können sich die Erwachsenen mit benzinbetriebenen Karts austoben, in halb untergetauchten U-Booten durch die Kulissen von *Findet Nemo* schippern oder bei einer Achterbahnfahrt im Dunkeln sich gruseln. Es gibt einen Flugsimulator mit 3-D-Filmsegmenten der Krieg-der-Sterne-Filme, eine Hochgeschwindigkeits-Monorail und vieles mehr.

Wer in den Fahrgeschäften genug durchgewirbelt wurde, kann sich im California Adventure Park auf ein Zusammentreffen mit seinen Lieblingscharakteren aus Animationsfilmen freuen. Einige Fahrgeschäfte wie der Tower of Terror, ein Freefall-Turm, sorgen auch hier für Nervenkitzel.

Shows, Paraden und Action

Das Märchenschloss im Eingangsbereich des Parks ist das wohl berühmteste Motiv von Disneyland. Hier finden jeden Nachmittag Paraden statt. Der mit Disney-Charakteren gespickte Zug steuert Richtung Toontown. Je nach Jahreszeit finden diese Paraden mehrmals am Nachmittag statt.

Spektakulär wird es in den Sommermonaten beim abendlichen Feuerwerk »Remember«, das zu bekannten Disney-Melodien abgefeuert wird. Auch sonst ist der Besuch von Disneyland am Abend keinesfalls abrupt vorüber – bei Liveshows mit Spezialeffekten oder in der World of Color kann man den Tag ausklingen lassen.

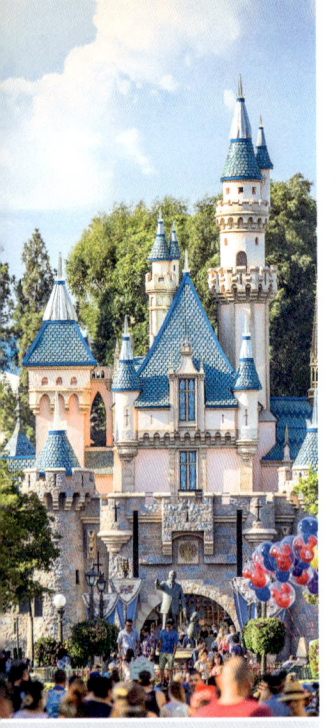

Oben: Die Figuren aus den Zeichentrickfilmen und Comics erwachen in Toontown zum Leben
Unten: Magic Kingdom mit seinem legendären Märchenschloss ist der Kernbereich des Freizeitparks

Infos und Adressen

SEHENSWÜRDIGKEITEN

Downtown Disney. Restaurant-, Shopping- und Entertainmentkomplex, Fußgängerzone, die beide Disneyparks miteinander verbindet. Tgl. 7–2 Uhr, 1580 Disneyland Dr., Anaheim, CA 92802, Tel. 714/781 45 65, http://disneyland.disney. go.com/destinations/downtown-disney-district

ESSEN UND TRINKEN

The Pizza Press. Gute und günstige Alternative zum teuren Essen im Disneyland Resort, man kann sich die Pizzen selbst zusammenstellen. 1700 S Harbor Blvd., Anaheim, CA 92802, Tel. 714/323 71 34, www.thepizzapress.com

Steakhouse 55. Sehr gute Steaks in einem Disneyland-Hotel innerhalb des Resorts, ziemlich teuer. 1150 W Magic Way, Anaheim, CA 92802, Tel. 714/778 66 00, http://disneyland.disney.go. com/dining/disneyland-hotel/steakhouse-55

ÜBERNACHTEN

Disneyland Hotel. Das Hotel liegt nicht innerhalb des Parks, aber direkt daneben. Sehr gute Lage. 1150 W Magic Way, Anaheim, CA 92802, Tel. 714/778 66 00, http://disneyland.disney.go. com/hotels/disneyland-hotel

Staybridge Suites Anaheim – Resort Area. Außerhalb des Disney-Trubels gelegen, aber per Shuttle an den Park angeschlossen. Große, saubere Zimmer, gutes Frühstück. 1855 S Manchester Ave., Anaheim, CA 92802, Tel. 714/748 77 00, www.sbsanaheim.com

INFORMATION

Disneyland Resort. Mo–Fr 10–22, Sa, So 8–24, in den Ferien und in der Hochsaison tgl. 8–24 Uhr, 1313 Disneyland Dr., Anaheim, CA 92802, Tel. 714/781 46 36, http://disneyland.disney.go.com

»Seine« Mickey Mouse hält er an der Hand – Hommage in Bronze an Walter Elias »Walt« Disney

Die USA sind per se schon kein günstiges Urlaubsland – Kalifornien ist es erst recht nicht. Sei es die Hotelübernachtung, der Eintritt in den Freizeitpark oder die Anmietung eines Fahrzeugs, die Reise ist ganz sicher kein Billig-Trip. Auch wenn es quasi nichts kostenlos gibt, kann man doch mit ein paar Tricks und Kniffen Geld sparen und die Ausgaben zumindest etwas einschränken.

Topfaktor Reisezeit

Am meisten Geld lässt man, wenn man zu Hochsaison-Zeiten nach Kalifornien reist. Besonders beliebt bei den Amerikanern ist das Labor-Day-Wochenende Anfang September, an dem die Hotelpreise in astronomische Höhen schnellen. Dieses Wochenende sollte man schon allein deshalb meiden, weil es überall sehr voll ist. Die Hochsaison ist zwischen Juni und September, das sind wettermäßig sehr schöne Monate und alles ist für die Besucher geöffnet – das schlägt sich allerdings auch in den Preisen nieder. Günstiger ist es im Herbst, also von September bis November und im Frühjahr von März bis Ende Mai.

Einkaufstipps

Wenn man sich in den großen Supermärkten mit Essen und Trinken eindeckt, spart man viel Geld. Davon abgesehen, dass vor allem Getränke deutlich günstiger sind als an der Tankstelle oder in den 24/7-Shops, gibt es auch Theken mit kalten und warmen Mahlzeiten in allen Va-

riationen, die günstig und zudem schmackhaft sind. Zusätzlich sparen kann man mit den Bonuskarten oder Coupons, die man in den großen Märkten bekommt (zum Beispiel die Safeway-Karte). Ganz unkompliziert erhält man an der Kasse bei Vorlage der Karte auf viele Artikel Rabatt. Falls die Karte nicht an der Kasse ausliegt oder von der Kassiererin oder dem Kassierer angeboten wird, einfach danach fragen.

Viele Urlauber verbinden mit ihrer Kalifornien-Reise einen Shopping-Marathon. Auch wenn in den großen Malls Kleidung in der Regel günstiger ist als bei uns, kann man auch hier auf Schnäppchenjagd gehen, indem man gezielt Outlets ansteuert. Hier sind die Sachen nicht nur sowieso schon günstiger, sondern es gibt meist auch zusätzliche Rabattaktionen. Eine gute Adresse sind immer die Premium-Outlets. Wenn man schon vor der Reise über die Angebote informiert werden möchte, kann man sich unter www.premiumoutlets.com/vip registrie-

Links: Rabattaktion auf dem Hollywood Blvd.

ren, erhält dann jeden Monat die neuesten Angebote und kann kurz vor Reisebeginn aus der VIP-Abteilung die Rabatt-Coupons herunterladen.

Auf Tour

Wer in Deutschland ADAC-Mitglied ist, kann davon auch in den USA profitieren. Die AAA-Karte (American Automobile Association) ist das kostenlose amerikanische Pendant zu den Leistungen des ADAC. Damit lässt sich an vielen Stellen Geld sparen, beispielsweise gibt es Ermäßigungen für Hotels, Mietwagen und Freizeitparks (zum Beispiel bei den SeaWorld Adventure Parks, den Universal Studios und den Hard Rock Cafés). Tanken sollte man auf jeden Fall nie in den Nationalparks, dort ist Sprit mit Abstand am teuersten. Am günstigsten tankt man in den Peripherien größerer Städte, am allergünstigsten an den Tankstellen der großen Supermarktketten (Walmart, Safeway usw.). Tipp: Die Barzahlung beim Tanken spart auch noch mal ein paar Cent pro Gallone.

Wer sich vor der Reise ausführlich mit der Anmietung des Reise-Fahrzeugs beschäftigt, ist ebenfalls im Vorteil. Die Preislandschaft ist sehr vielschichtig. Es lohnt sich, durch Vergleiche einen günstigen Mietpreis mit Extra-Features wie kostenlosem Zusatzfahrer oder alle Versicherungen inklusive zu ergattern.

Übrigens, kleiner Tipp mit einem Augenzwinkern: Wer an die Geschwindigkeitsbegrenzungen angepasst fährt, spart nicht nur Sprit, sondern entgeht auch hohen Strafen wegen zu schnellen Fahrens!

Prinzipiell ist es auch eine finanzielle Entscheidung, wie man die Reise antritt: mit einem Pkw oder einem Wohnmobil.

Kombitickets in den Freizeitparks (hier das SeaWorld San Diego) sparen Geld

Mit dem Camper durch Kalifornien zu reisen, ist günstiger als Hotelübernachtungen

Und wenn Pkw, dann mit Hotelübernachtung oder mit einem Zelt? Es ist natürlich eine Frage der Vorlieben, aber unterm Strich kommt man mit Übernachtungen auf einem Campingplatz, wo man sich zudem selbst versorgen kann, günstiger weg als mit Hotelübernachtungen. Oft wird das Frühstück, sofern angeboten, separat berechnet.

Stichwort Camping

Nicht nur für Outdoor-Fans ist das Übernachten auf Campingplätzen das ultimative Abenteuer in Kalifornien – und spart zusätzlich noch Geld! Egal, ob man mit dem Wohnmobil unterwegs ist oder zeltet, das Übernachten auf Campingplätzen ist ein besonderes Erlebnis. Allerdings sind gerade in Kalifornien die privaten Campgrounds recht teuer und bieten für gewöhnlich auch kein besonders idyllisches Umfeld. Die Plätze in den Nationalparks dagegen sind an Beschaulichkeit kaum zu übertreffen: Man bekommt eine großzügige, oft waldige Parzelle und erlebt die Natur in aller Ursprünglichkeit. Und das Beste ist: Die Plätze in den Parks sind sehr günstig!

Kombi- und Onlinetickets

Die diversen Freizeitparks, Schauaquarien und auch manche Museen bieten Kombitickets mit ähnlichen Einrichtungen an. Kauft man ein Zwei- oder Mehrtagesticket, so ist dies immer günstiger als die entsprechende Anzahl an Einzeleintritten. In fast allen Fällen sind Tickets, die man im Voraus online erstehen kann, deutlich günstiger gegenüber dem Preis, den man vor Ort an der Kasse bezahlt. Wenn man also den genauen Termin eines Besuchs festlegen kann, lohnt es sich in jedem Fall, das Ticket hierfür vorher übers Internet zu kaufen.

11 Long Beach
Leuchtturmromantik am Pazifik

Südlich der Metropole Los Angeles ist Badeurlaub angesagt. Ein Sandstrand von sechs Kilometern Länge bietet die besten Voraussetzungen dafür. Die selbstständige City of Long Beach liegt an der San Pedro Bay und wird im Westen eingerahmt von der Halbinsel Rancho Palos Verdes. Long Beach ist eine Handels- und Hafenstadt – es werden Warenladungen verschifft und Passagierschiffsreisen starten hier.

Long Beach hat viele Gesichter. Da ist zum einen die beeindruckende Hafen- und Industrieanlage im Bereich Ocean Avenue und Long Beach Boulevard. Auf der anderen Seite hat Long Beach aber auch etwas ungemein Romantisches – vor allem im Bereich der Waterfront von Rainbow Harbor, wo allein die Existenz eines Bilderbuch-Leuchtturms für eine verträumte Stimmung sorgt. Ein Spaziergang zum Sonnenuntergang beim Rainbow Lighthouse, danach ein Abendessen in einem der umliegenden Restaurants und ein Absacker in der Pine Avenue garantieren einen perfekten Abend.

Attraktionen

Die Hauptsehenswürdigkeiten in Long Beach sind der ausrangierte Luxusdampfer »Queen Mary« und das Aquarium of the Pacific. Die »Queen Mary« kann man beim Sonnenuntergangsspaziergang an der Waterfront erblicken. Sie war von 1936–1967 im Einsatz und genießt jetzt ihren Ruhestand am Pier J – mit ihren 300 Metern Länge ist sie kaum zu übersehen. Die alte Dame ist ein nostalgischer Touristenmagnet, den man sowohl im Rahmen ei-

Mitte: Sehenswert sind die vollbeladenen Containerschiffe im Hafen von Long Beach
Unten: Das Aquarium of the Pacific ist eins der größten Schau-Aquarien der USA

ner Führung als auch anlässlich eines Events kennenlernen kann. Darüber hinaus ist der Ex-Luxusliner ein schwimmendes Hotel.

Eines der größten Aquarien der USA ist das Aquarium of the Pacific an der Waterfront direkt beim Leuchtturm. Über 11 000 Bewohner des Pazifischen Ozeans bevölkern das Aquarium, es sind insgesamt etwa 500 verschiedene Tierarten. Es gibt unter anderem eine Hai-Lagune, einen Lebensraum für Pinguine und ein tropisches Riff mitsamt Bewohnern. Aber auch Vögel und Säugetiere des Weltmeeres trifft man an.

Museen und Aktivitäten

Wer ein bisschen Seeluft schnuppern möchte, kann an Bord eines Ausflugsschiffs zu der 26 Meilen vor der Küste liegenden Catalina Island schippern. Auf der Insel kann man ein Fahrrad mieten, sonnenbaden, die Hauptstadt Avalon besichtigen und/oder auf einem der zahlreichen, idyllischen Campingplätze übernachten.

Wem der Sinn nach Museumsluft steht, der findet in den beiden Museen Museum of Latin American Art (MOLAA) und Long Beach Museum of Art ein ansprechendes Kulturprogramm. Während im MOLAA Arbeiten von Künstlern ausgestellt sind, die nach 1945 in Lateinamerika lebten und arbeiteten, findet man im Long Beach Museum of Art vorwiegend kalifornische Künstler. Neben ihren Werken gehören auch Möbel und Dekorationsartikel aus der Geschichte Amerikas zu den Exponaten.

Die restaurierten Ranch-Häuser des historischen The Rancho Los Alamitos zählen zu den ältesten Bauwerken Kaliforniens. Die gesamte Anlage spiegelt eine alte Ortschaft der Ureinwohner wider, umgeben von einer üppigen Gartenlandschaft.

SEHENSWÜRDIGKEITEN

Aquarium of the Pacific. Tgl. 9–18 Uhr, 100 Aquarium Way, Long Beach, CA 90802, Tel. 562/590 31 00, www.aquariumofpacific.org

Long Beach Museum of Art. Fr–So 11–17, Do 11–20 Uhr, 2300 East Beach Ocean Blvd., Long Beach, CA 90803, Tel. 562/439 21 19, www.lbma.org

Museum of Latin American Art (MOLAA). Mi–So 11–17, Fr bis 21 Uhr, 6128 Alamilos Ave., Long Beach, CA 90802, Tel. 562/437 16 89, www.molaa.org

Queen Mary. Zeiten je nach Führung, 1126 Queens Highway, Long Beach, CA 90802, Tel. 877/342 07 38, www.queenmary.com

The Rancho Los Alamitos. Zeiten je nach Führung, 6400 East Bixby Hill Rd., Long Beach, CA 90815, Tel. 562 431 3541, www.rancholosalamitos.com

INFORMATION

Long Beach Area Convention & Visitors Bureau. Mo–Fr 8–17 Uhr, 301 E Ocean Blvd., Long Beach, CA 90802, Tel. 800/452 78 29, www.visitlongbeach.com

Das Casino im Art-déco-Stil

12 Venice
Wo Kalifornien am exotischsten ist

Venice liegt als südlichste der drei Haupt-attraktionen Venice, Santa Monica und Malibu in der Santa Monica Bay. Es ist zweigeteilt in das von Kanälen durch-zogene Venice (»Venedig«) als Stadtkern und Venice Beach direkt am Pazifik mit einem kilometerlangen Sandstrand.

Es war der Bauunternehmer Abbot Kinney (1850–1920), der die Vision eines amerikanischen Vene-digs realisierte. Hierfür legte er den Sumpf südlich von Santa Monica trocken, durchzog die Stadt mit Kanälen und bestückte diese mit originalen vene-zianischen Gondeln und Gondolieres. Das Ergebnis – »Coney Island of the Pacific« nach dem Freizeit-park nahe New York City benannt – wurde am 4. Juli 1905 eröffnet. Das bunte Treiben währte al-lerdings nicht lange – im Jahr 1920 zerstörte ein Feuer die meisten Bauwerke. Heute erinnert der Abbot Kinney Boulevard an den Visionär. Das Er-scheinungsbild mit der prachtvollen Straße hat sich jedoch nicht immer so gezeigt. Als die Straße

Mitte: Das macht Laune – auf In-lineskates den Ocean Front Walk entlangbrettern
Unten: Ein Surfer spaziert mit seinem Board auf dem Ocean Front Walk entlang

GUT ZU WISSEN

AUF DEM OCEAN FRONT WALK
Tagsüber ist der Ocean Front Walk ein lustiger Jahrmarkt – man sollte aber bei allem Staunen und Schauen nicht vergessen, gut auf Geldbeutel und Wertgegenstände achtzugeben. Bei Dunkelheit soll-te man die Strandpromenade ganz meiden. Vor allem in der zweiten und dritten Reihe hinter dem Strand wird die Gegend schnell schäbig. Parkplätze findet man übrigens überall am Rande des Board-walks relativ gut für eine Flatrate von 10 Dollar.

Auf dem Ocean Front Walk

Ⓐ Venice Fishing Pier. 1997 neu eröffneter Anglerpier, der auf den Ozean hinausführt.

Ⓑ Venice Beach Parking. Großer Parkplatz am Strand, auch für Wohnmobile geeignet.

Ⓒ The Green Doctors. Erstes von mehreren nachfolgenden Etablissements, bei denen man »medizinisches Marihuana« erhält.

Ⓓ Ride! Venice Bike Rentals & Repairs. Fahrradverleih direkt am Boardwalk und nicht weit vom Parkplatz entfernt. Sehr empfehlenswert: Per Fahrrad den Ocean Front Walk entlangradeln.

Ⓔ Muscle Beach. Hier wird's sportlich! Gewichtheben, Gymnastik, alle Ballsportarten. Wer hier seinen Sport nicht findet, will sich nicht bewegen …

Ⓕ Venice Recreation Center. Informationen rund um die Aktivitäten vor allem am Muscle Beach und zu den sportlichen Angeboten.

Ⓖ Venice Public Art Walls. Besonders schöne Fotomotive der kunstvollen Wandverzierungen.

Ⓗ Venice Skate Park. Wer sich nicht selbst auf die halsbrecherisch wirkenden Bahnen wagt, kann den Helden dabei zusehen.

Ⓘ Ocean Front Tattoo. Auftakt für zahlreich nun folgende Tattoostudios am Boardwalk.

Ⓙ Venice Beach Drum Circle. Sonntagnachmittags wird hier am Strand zu Rhythmen getanzt, die Töpfe, Glocken und Flaschen erzeugen …

Mural in Venice Beach

KURIOSES AUF DEM OCEAN FRONT WALK

Geheimtipp

Auch bekannt als Boardwalk ist der Ocean Front Walk das absolute Muss bei einem Aufenthalt in Los Angeles. Menschen aus allen Teilen der Erde flanieren hier entlang, um sich Kurioses, Verrücktes, Schönes und Unterhaltsames anzuschauen. Es sind Szenen wie im Zirkus, die sich hier abspielen – Hunde in Kinderwagen, Leute, die barfuß über Glasscherben laufen, ein Mann mit Turban und E-Gitarre auf Inlineskates, Etablissements, wo man »Medical Marihuana« beziehen kann (in Kalifornien seit einiger Zeit legal) und Botox-Behandlungen auf offener Straße sind nur einige der Merkwürdigkeiten, denen man begegnet. Und je weiter man vordringt, desto skurriler wird es – sowohl die Menschen, die hier unterwegs sind, als auch die Verkaufsstände, Kneipen und Bars. Man muss den Ocean Front Walk einmal in voller Länge entlanggegangen sein. Sonst kann man nicht mitreden.

noch West Washington Boulevard hieß, war dieser Bereich der Stadt ziemlich heruntergekommen. Ende der 1980er-Jahre erhielt die Straße mit der Umbenennung in Abbot Kinney Boulevard einen gewaltigen Aufschwung, es war der Startschuss der Restaurierung dieses Stadtbereichs.

Wer heute noch auf den ursprünglichen venezianischen Spuren wandeln möchte, kann dies im Venice Canal Historic District tun. Hier kann man die übrig gebliebenen Kanäle bewundern. Es waren ursprünglich sehr viel mehr, die meisten wurden jedoch 1929 aufgeschüttet, um wegen des zunehmenden Autoverkehrs mehr Straßen bauen zu können. Die verbliebenen Kanäle und angrenzende Häuser wurden aufwendig restauriert, 1993 neu eröffnet und in das National Register of Historic Places aufgenommen.

Der Strandbereich

Venice Beach ist das Synonym für Sonne, Strand, Meer und Exzentrik. Mittelpunkt der Szenerie ist der Ocean Front Walk. Der unglaubliche, viereinhalb Kilometer lange Sandstrand fällt dabei fast unter den Tisch. Da der Strand von Santa Monica nahezu nahtlos in den von Venice Beach übergeht, ist er in Wirklichkeit eigentlich noch viel länger.

Venice Beach ist der Inbegriff für nie endenden Sommer. Es ist außerdem ein Surfer-Eldorado, wofür hauptsächlich der ebenfalls von Abbot Kinney errichtete Wellenbrecher verantwortlich ist – dessen eigentliche Intention war es, den Vergnügungspier zu schützen. Mit Go Surf LA ist eine Surfschule vor Ort, die sowohl Anfängern als auch Fortgeschrittenen ganzjährig Surfunterricht anbietet. Eine Unterrichtsstunde dauert 90 Minuten und kostet inklusive Ausrüstung 80 Dollar.

Infos und Adressen

SEHENSWÜRDIGKEITEN

Venice Canal Historic District. Rund um die
Uhr zugänglich, Venice, CA 90292

Ocean Front Walk. Venice Beach, CA 90291,
Tel. 310/396 67 64, www.venicebeach.com

Venice Pier. Malerischer Anglerpier, der
letzte verbliebene von ehemals drei Piers.
Venice Fishing Pier, Venice, CA 90292,
Tel. 310/396 67 94,
www.seecalifornia.com/piers/venice-pier.html

Wall Murals. Fassaden und Mauern am
Boardwalk zieren zum Teil höchst kunstvolle
Wandmalereien. Rund um die Uhr zugänglich,
Ocean Front Walk, Venice, CA 90291,
www.publicartinpublicplaces.info/
venice-public-art-walls

AKTIVITÄTEN

Go Surf LA. Tgl. ganzjährig, 2030 Ocean
Front Walk, Santa Monica, CA 90405,
Tel. 310/428 98 70, www.gosurfla.com

Muscle Beach Gym. Open-Air-Fitnessstudio
am Boardwalk, in dem einst Schwarzenegger
trainierte. Mai–Sept. tgl. 8–19, Okt.–April tgl.
8–18 Uhr, 1800 Ocean Front Walk, Venice,
CA 90291, Tel. 310/399 27 75,
www.venicebeach.com/muscle-beach-gym

Venice Beach Recreation Center. Sportliche
Betätigung am Boardwalk: Handball-, Basket-
ball-, Volleyball- und Tennisplätze, Gymnastik-
bereich. Mai–Sept. tgl. 8–19, Okt.–April tgl.
8–18 Uhr, 1800 Ocean Front Walk, Venice,
CA 90291, Tel. 310/399 27 75,
www.laparks.org/reccenter/venice-beach

INFORMATION

Venice Chamber of Commerce. Mo–Fr 8.30–
17 Uhr, 313 Grand Blvd., Venice, CA 90291,
Tel. 310/822 54 25, www.venicechamber.net

Venice Beach Recreation and Park Office.
Tgl. 8–18 Uhr, 1800 Ocean Front Walk, Venice,
CA 90291, Tel. 310/399 27 75,
www.venicebeach.com/venice-rec-and-parks

Die Muscle Beach Gym wurde durch Bodybuilder wie Arnold Schwarzenegger bekannt

13 Santa Monica
Ferienparadies an der Steilküste

Die eigenständige Stadt Santa Monica mit ihren 90 000 Einwohnern ist fast so populär wie der L.A.-Stadtteil Hollywood. Santa Monica liegt im Zentrum der gleichnamigen Bay mittig zwischen Rancho Palos Verde im Süden und Malibu im Nordwesten und ist von allen Seiten – mit Ausnahme der Meeresseite – von den Ausläufern der Großstadt Los Angeles umgeben. Herausragend ist die Lage an einer Steilküste.

Ebenso wie der Nachbarort Venice (S. 90) besteht Santa Monica aus einem Stadtbereich im Landesinneren und einem Strandbereich direkt am Pazifik. Dort prägt eine spektakuläre Steilküste über die gesamte Länge des Strandes das Landschaftsbild. Nordwestlich von Santa Monica dominiert die fast auf 1000 Meter ansteigende Bergkette Santa Monica Mountains den Ausblick.

Schroffe Steilküste

Santa Monica thront regelrecht auf der Steilküste, was bedeutet, dass man sensationelle Ausblicke auf den Pazifik erwarten darf. Einer der schönsten Blicke erhascht man im Palisades Park am nördlichen Ende von Santa Monica. Auf einer Klippe, die an die Steilküste geschmiegt ist, befindet sich der schmale, palmengesäumte Park mit tropischem Ambiente: Liebevoll mit Beeten, Bäumen und Grünflächen angelegt, bietet der Palisades Park ein schönes Umfeld, um den Blick über den Strand, den Pier (siehe Nicht verpassen, S. 95) und das Meer schweifen zu lassen. Vor allem zum Sonnenuntergang ein tolles Erlebnis! Tagsüber kann man

Mitte: Eine Feriendestination für sich ist Santa Monica mit seinem Strand …
Unten: … wo man sich auch dem Freiluft-Workout hingeben kann

Vergnügen auf dem Santa Monica Pier

gut spazieren gehen und das Leben auf einer der zahlreichen Parkbänke genießen. Zum Strand hinunter gelangt man über eine lange und mitunter steile Treppe.

Beliebte Wohngegend

Das Wetter in Santa Monica ist mild und freundlich – kein Wunder, dass es schon immer ein hohes Touristenaufkommen gab. Die feinen, weißen Sandstrände haben eine erholsame Wirkung nicht nur auf Urlauber, sondern auch auf gestresste Einheimische. Nachdem Santa Monica in den Großraum von Los Angeles eingegliedert wurde, sind die Touristenzahlen gesunken. Dafür ist die Stadt heute eine der beliebtesten Wohngegenden in der Metropolregion von Los Angeles.

Berühmte Kulisse

Zahlreiche Hollywoodfilme spielen in und um Santa Monica. Vor allem der Pier musste schon für etliche Filme herhalten, beispielsweise für *Iron Man* mit Robert Downey jr., *Das Netz* mit Sandra Bullock und vor allem *Forrest Gump* mit Tom Hanks, der bei seinem dreijährigen Lauf im Film auch hier an der Pazifikküste vorbeikommt.

Nicht verpassen

PROMINENTES WAHRZEICHEN: DER PIER

Der Santa Monica Pier ist das Highlight Nummer eins der Stadt. Restaurants, Pubs und Läden befinden sich darauf, außerdem das Santa Monica Pier Aquarium. Die ungeschlagene Attraktion ist der am Ende des Piers thronende älteste Vergnügungspark Kaliforniens, der Pacific Park mit Achterbahn und Riesenrad. Weitere Fahrgeschäfte, Essensstände und Straßenkünstler verbreiten Jahrmarktstimmung. Gegen Abend und bei entsprechender Beleuchtung ist der Pier ein farbenfroher Anblick. Gleichzeitig kennzeichnet der Pier das offizielle Ende der legendären Route 66 – diese Tatsache wird jedoch relativ unspektakulär in einem Souvenirshop am Ende des Piers abgehandelt.

Santa Monica Pier. Rund um die Uhr zugänglich, 200 Santa Monica Pier, Santa Monica, CA 90401, Tel. 310/458 89 01, www.santamonicapier.org

SANTA MONICA FARMERS MARKET

Geheimtipp

Hier bieten nicht nur Farmer ihre Waren feil – neben frischem Obst und Gemüse aus der Region kann man auch mit Waffeln, Eierspeisen und Sandwiches ein leckeres, frisches Frühstück genießen. Samstags gibt es zudem Menüangebote der umliegenden Restaurants. Unzählige Sorten von biologisch angebauten Produkten, Eier und Blumen verbreiten den typischen Marktgeruch. Es gibt außerdem Kuchen und Süßes. Die angebotene Ware darf man probieren. Der Markt findet mittwochs und samstags in der Arizona Avenue in der Downtown statt und samstags auch in der Virginia Avenue, sonntags im Heritage Square in der Main Street. Jeder der Tage und jede Location hat eine eigene Besonderheit. Neben dem Verkauf lokaler Produkte werden regelmäßige Veranstaltungen wie Kochvorführungen und Livemusik geboten. Es gibt Festivals, die einen ganzen Monat lang andauern.

Santa Monica Farmers Market.
Mi und So 8.30–13.30,
Sa 8–13 Uhr, Arizona Ave.,
2200 Virginia Ave. und 2640 Main St., Santa Monica, CA 90405,
www.santamonica.com/
santa-monica-restaurants/
santa-monica-farmers-market

Im 1960er-Jahre-Diner Rae's Restaurant speisten Ben Stiller und Owen Wilson im Film *Starsky & Hutch*, außerdem Madonna in *The Next Best Thing*. Die Location kam sogar einmal als Cover zur Ehre auf Elton Johns Album *Songs from the West Coast*.

Natur

Zwischen Millionenstadt und Ferienort bieten sich die Santa Monica Mountains als Wanderparadies an. Auf einer Fläche von über 60 000 Hektar wurde eine National Recreation Area geschaffen, die unter Naturschutz steht. Dort kann man wandern, bergsteigen, reiten und angeln. Klippen, Wasserfälle, bewaldete Hügel und Schluchten erfreuen das Herz nicht nur von Naturliebhabern.

Ebenfalls gute Bedingungen zum Wandern findet man im Topanga State Park. Dort geht es durch Schluchten und zu Wasserfällen, und man kann aus der Höhe auf Strand und Pier von Santa Monica blicken. Hierzu eignet sich besonders gut der etwa fünf Kilometer lange Temescal Canyon Loop Trail. Der beschauliche Tongva Park bietet ein Amphitheater, einen Spielplatz, Picknickbereiche und einen schönen Aussichtspunkt auf Meer und Pier.

GUT ZU WISSEN

ÖFFENTLICHER NAHVERKEHR

In Santa Monica kommt man gut ohne Auto zurecht. Die Anfahrt über den staubelasteten Santa Monica Boulevard ist ohnehin nicht empfehlenswert – viele Ampeln erschweren die Anreise zusätzlich. Dank des guten Busliniennetzes Big Blue Bus braucht man im Stadtgebiet von Santa Monica kein Fahrzeug. Die Buslinie ist außerdem an den Flughafen von Los Angeles (LAX) sowie an die Downtown und die Union Station angeschlossen.

Santa Monica

Zwar eine asphaltierte Straße in der Stadt, aber dennoch einen ausgiebigen Spaziergang wert ist die Ocean Avenue. Die etwas erhöht über dem Meer verlaufende Straße ist gesäumt von Blicken über die Steilküste. Am oberen Teil der Ocean Avenue findet man zahlreiche Restaurants.

Aktivitäten und Sehenswürdigkeiten

Pier und Strand sind natürlich die Highlights bei einem Besuch. Über den bereits bei Venice genannten Ocean Front Walk ist Santa Monica mit dem populären Nachbarn verbunden. Wer den Weg lieber auf dem Drahtesel zurücklegen möchte, hat hierfür den teilweise zweispurigen Bike Path zur Verfügung. Dieser verläuft zwar am Strand entlang, jedoch nicht zusammen mit dem Ocean Front Walk, sodass sich Spaziergänger und Radfahrer nicht in die Quere kommen.

Wer Sonne, Strand und Meer überdrüssig ist, kann sich ins Shoppingvergnügen stürzen. Das ist in der Third Street Promenade möglich, einer autofreien Shoppingmeile mit Boutiquen, noblen Läden, normalen Geschäften, außerdem gibt es Kinos, Restaurants und Cafés. Gleichzeitig definiert die Third Street Promenade das Zentrum von Downtown Santa Monica. Die Fußgängerzone mündet in das Einkaufszentrum Santa Monica Place. In diesem offen angelegten Ladenkomplex sind alle bekannten Designer, Hersteller und Kaufhäuser vertreten – von Bloomingdale's über Hugo Boss bis Louis Vuitton.

Wer kein Geld ausgeben möchte, kann einfach nur über die Third Street Promenade flanieren – Straßenkünstler bereichern den Spaziergang in dieser wirklich schönen Gegend. Auch abends zum Ausgehen ist die Straße beliebt und interessant.

Oben: Eine entspannte und sonnige Runde Schach am Strand
Mitte: Vor allem am Abend ist der hell erleuchtete Pier ein attraktives Ziel
Unten: Shoppingfans kommen auf der Third Street Promenade auf ihre Kosten

Kulturträchtige Stadt

Auch in Sachen Galerien und Museen hat Santa Monica etwas zu bieten, allen voran die höchst beliebte J. Paul Getty Villa. Sie liegt etwas außerhalb von Santa Monica, in dem nördlichen Pacific Palisades, gehört aber zum Stadtgebiet von Santa Monica. Die Villa beherbergt ein Museum für die Künste und Kulturen des alten Griechenlands, Roms und der Etrusker. In über 1000 Exponaten aus dem Altertum kann man alte Bronzestatuten, antike Glaskunst oder Skulpturen aus dem Mittelalter und der Renaissance betrachten. Bereits der Außenbereich der Getty Villa ist einen Besuch wert – größtenteils die Nachbildung einer römischen Villa mitsamt Gärten, Teichen und freistehenden Skulpturen, die 1750 in einer Stadt am Golf von Neapel ausgegraben wurden. Das heutige Museum der Antike war ursprünglich ein Wohnhaus mit Galerie für die Kunstsammlung J. Paul Gettys (1892–1967). Als die Sammlung zu groß wurde, zog sie in das 1997 eröffnete Getty Center um, und die Villa wurde umfassend renoviert. Im Jahr 2006 eröffnete die Ausstellung.

Ebenfalls etwas außerhalb des Stadtbereichs befindet sich das Museum of Flight mit einigen der eindrucksvollsten Flugapparate der Geschichte. Außerdem wird die Geschichte der Luftfahrt dargestellt und wie diese sich in Südkalifornien entwickelt und ausgeweitet hat. Mit viel Hightech (zum Beispiel einem Flugsimulator) wird die Ausstellung lebendig präsentiert.

Im California Heritage Museum kann man kalifornische Museumsluft schnuppern. In dem denkmalgeschützten Gebäude aus dem späten 18. Jahrhundert erfährt man anhand von Fotos, Bildern und Möbelstücken einiges über die Vergangenheit speziell dieser Region und die Gründer der Stadt Santa Monica. Sehr gute Führungen.

Oben: Römisch-griechischen Einfluss hat nicht nur das Museum, sondern auch das Bauwerk J. Paul Getty Villa
Mitte: Der Tongva Park bietet auch schöne Rundumblicke
Unten: Ein Ausstellungsraum im Getty-Museum

Infos und Adressen

SEHENSWÜRDIGKEITEN

California Heritage Museum. Mi–Sa 11–16 Uhr, 2612 Main St., Santa Monica, CA 90405, Tel. 310/392 85 37, www.californiaheritagemuseum.org

Getty Villa. Mi–Mo 10–17 Uhr, 17985 Pacific Coast Highway, Pacific Palisades, CA 90272, Tel. 310/440 73 00, www.getty.edu

Museum of Flight. Fr–So 10–17 Uhr, 3100 Airport Ave., Santa Monica, CA 90405, Tel. 310/398 25 00, www.museumofflying.org

Santa Monica Mountains National Recreation Area. Rund um die Uhr zugänglich, der Parkplatz ist nur von 8 Uhr bis Sonnenuntergang geöffnet, 26876 Mulholland Highway, Calabasa, CA 91302, Tel. 805/370 23 01, www.nps.gov/samo

Santa Monica Pier Aquarium. Di–Fr. 14–17, Sa, So 12.30–17 Uhr, 1600 Ocean Front Walk, Santa Monica, CA 90401, Tel. 310/393 61 49, www.healthebay.org/aquarium

Tongva Park. Tgl. 8–2 Uhr, 1615 Ocean Ave., Santa Monica, CA 90401, Tel. 310/458 83 10, http://tongvapark.smgov.net

Topanga State Park. Rund um die Uhr zugänglich, 20828 Entrada Rd., Topanga, CA 90290, Tel. 310/455 24 65, www.nps.gov/samo/planyourvisit/topanga.htm

Palisades Park. Rund um die Uhr zugänglich, Ocean Ave., Santa Monica, CA 90401, Tel. 310/454 14 12, www.santamonica.com/what-to-do/palisades-park

EINKAUFEN

Santa Monica Place. Mo–Sa 10–21, So 11–20 Uhr, 395 Santa Monica Place, Santa Monica, CA 90401, Tel. 310/260 83 33, www.santamonicaplace.com

INFORMATION

Santa Monica Visitor Information Kiosk. Tgl. 9–17 Uhr, 1400 Ocean Ave., Santa Monica, CA 90401, Tel. 310/393 04 10, www.santamonica.com

Im Stadtbereich von Santa Monica ist der Highway No. 1 noch zweispurig und viel befahren

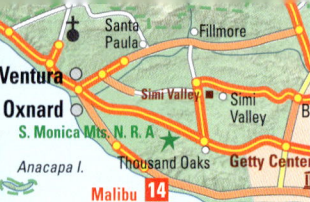

14 Malibu
Where the Mountains meet the Sea

Die weißen Sandstrände von Malibu reichen bis fast an die Santa Monica Mountains heran. Schwierig zu entscheiden, was schöner ist, der im Frühjahr von Wildblumen übersäte Bergkamm oder der endlos lange Strandabschnitt der Küstenstadt, in der sich die Hautevolee nur so tummelt. Sehenswert sind die Prachtvillen direkt am Wasser, die von prominenten Eigentümern zeugen.

Zu einigem Ruhm und vor allem einem hohen Bekanntheitsgrad gelangte Malibu durch die Fernsehserie *Baywatch*. In neun Staffeln rettete David Hasselhoff alias Mitch Buchannon als Rettungsschwimmer Menschenleben im Pazifischen Ozean bei Malibu. *Baywatch* gilt als erfolgreichste US-Fernsehserie des 20. Jahrhunderts. Natürlich darf man Malibu und dessen Strandbereich Malibu Beach nicht auf diese Serie reduzieren. Es sind die langen Strandabschnitte, die herrlichen Sonnenuntergänge und natürlich die Welt der Surfer, die diesen wunderschönen Küstenbereich zu etwas ganz Besonderem machen.

Außergewöhnliche Strände

Um dem Image von *Baywatch* und Co. gerecht zu werden, hat Malibu zwei der schönsten Strände Kaliforniens im Angebot: Zuma Beach und El Matador State Beach. Über sechs Kilometer feinster Sandstrand zieht Familien, Surfer, Sonnenanbeter und Wasserfans gleichermaßen an. Das Schönste an einem Strand dieser Größenordnung ist, dass er nie überfüllt ist, auch wenn sehr viele Menschen

Mitte: Strandhäuser direkt am Malibu Beach – hier möchte man gerne Urlaub machen!
Unten: Rettungsturm à la Baywatch am berühmten Malibu Beach

dorthin strömen. Am ganzen Strand kann man auf Annehmlichkeiten wie Sanitärräume und kalte Duschen zurückgreifen, überall sind Badeaufsichten im Einsatz. Letzteres hat durchaus seine Berechtigung, denn die Wellen hier kommen nah an den Strand und der Rücksog der Brandung ist mitunter nicht ohne.

Als »Malibu's best kept secret« wird der Strand El Matador State Beach gehandelt. Neben endlos langen Sandstrandabschnitten findet man vom Meer geschaffene Höhlen und beeindruckende Felsformationen. Der Prachtstrand befindet sich innerhalb des Robert H. Meyer Memorial State Parks. Man parkt oberhalb des Strandes und gelangt dann zunächst auf einen Felsvorsprung. Hier kann man von Picknickplätzen aus den traumhaften Blick auf den Pazifik genießen. Ein Weg führt durch Felsskulpturen und dann über eine Treppe hinab zum Strand. El Matador State Beach ist eher ein Strand für Liebhaber der schroffen Natur als für sonnenhungrige Wasserratten.

Es gibt etliche weitere schöne Strände an der Küste von Malibu – das Ganze hat sowohl einen Hauch von Karibik als auch von Mittelmeer. Manche Strände befinden sich innerhalb eines Parks.

Zahlreiche Parks

Diverse Naturparks befinden sich ebenfalls im Stadtgebiet von Malibu. Der oben genannte Robert H. Meyer Memorial State Park befindet sich am westlichen Ende von Malibu und beinhaltet neben dem beschriebenen El Matador State Beach zwei weitere Strände: El Pescador und La Piedra State Beach. Alle drei Strände bieten so ziemlich das gleiche überragende Naturspektakel aus natürlichen Felsgebilden und endlos langem Sandstrand.

Einfach gut!

MALIBU CREEK STATE PARK

Ein ganz besonderer Vertreter inmitten der Vielzahl von Parks rund um Malibu ist dieser State Park, der gefühlt inmitten der Wildnis der Santa Monica Mountains liegt. Auf gut angelegten Wanderwegen kann man die Natur genießen – das kann man noch besser bei einer Nacht auf dem Campground. Die schönsten Wandertouren führen am Flüsschen Malibu Creek entlang durch die vom Wasser geschaffene Schlucht. Der Malibu Creek zieht sich bis zum Pazifik hin, vorbei am Adamson House in der Malibu Lagoon. Es handelt sich dabei um ein mit Keramikelementen verziertes historisches Haus, früher das »Taj Mahal of Tile« (»Taj Mahal der Fliese«) genannt.

Malibu Creek State Park. Rund um die Uhr, 1925 Las Virgines Rd., Calabasas, CA 91302, Tel. 818/880 03 67, www.malibucreekstatepark.org

Es gibt auch ein Malibu abseits der Küste. Im Charmlee Wilderness Park spielt die Natur eine große Rolle mit Wanderwegen, einem Fahrradtrail, vielen Picknickmöglichkeiten und beschaulicher Landschaft. Ein kleiner Naturpark ist der Las Flores Creek Park mit Spazierwegen, einem Spielplatz, Bänken und verschiedenen Pflanzenarten. Wer ausgiebig wandern möchte, findet im Point Mugu State Park ein über 100 Kilometer langes Wandernetz. Felsige Klippen, Sanddünen und Schluchten prägen das Landschaftsbild. Im Park befinden sich zwei Campingplätze.

Wer sich einen Überblick über Malibu verschaffen möchte, tut dies am besten im Point Dume State Beach and Preserve. Den Blick auf die Santa Monica Bay und die Küste Malibus auf der einen und die Santa Monica Mountains auf der anderen Seite genießt man von einem Aussichtspunkt aus, zu dem ein Wanderweg hinaufführt. Knapp unterhalb eines Gipfels befindet sich ein Boardwalk, über den man zur Aussichtsplattform gelangt.

Auch hierbei handelt es sich lediglich um eine Auswahl. Die meisten Parks ähneln einander, da sie entweder reine Wander- bzw. Naturparks oder Beach Parks sind.

Malibu Pier

Wenn man in Malibu den Fokus auf den herrlichen Strandbereich legt, kommt die Stadt ein bisschen zu kurz. Den Malibu Pier sollte man jedoch ins Programm aufnehmen. Ausgestattet mit Läden, Restaurants und Ausblicken auf die Surfer am Surfrider Beach ist er auch Anlaufstelle für Bootsfahrten. Derzeit wird der Pier restauriert, ist aber geöffnet. In Rahmen der Restaurierung ist die Eröffnung eines Surfermuseums geplant, das die Geschichte der Surferkultur in Malibu beleuchtet.

Oben: Wandern und Mountainbiken kann man hervorragend im Point Mugu State Park
Mitte: Läden und Restaurants befinden sich auf dem Malibu Pier
Unten: Pelikane bevölkern Point Dume State Beach and Preserve

Infos und Adressen

SEHENSWÜRDIGKEITEN

Charmlee Wilderness Park. 8 Uhr bis Sonnenuntergang, 2577 Encinal Canyon Rd., Malibu, CA 90265, Tel. 310/457 72 47, www.nps.gov/samo/planyourvisit/charmleewilderness.htm

Las Flores Creek Park. 8 Uhr bis Sonnenuntergang, 3805 Las Flores Canyon Rd., Malibu, CA 90265, Tel. 310/456 24 89, www.malibucity.org/facilities/facility/details/las-flores-creek-park-9

Malibu Pier. 6.30 Uhr bis Sonnenuntergang, 2300 Malibu Pier, Malibu, CA 90265, Tel. 888/310 74 37, www.malibupier.com

Point Dume State Beach and Preserve. Sonnenauf- bis Sonnenuntergang, Cliffside Dr. und Birdview Ave., CA 90265, Tel. 310/457 81 43, www.parks.ca.gov

Point Mugu Park. 8 Uhr bis Sonnenuntergang, 900 Pacific Coast Highway, Malibu, CA 90265, Tel. 310/457 81 43, ww.parks.ca.gov

Robert H. Meyer Memorial State Beach. Rund um die Uhr zugänglich, der Parkplatz ist nur von 8 Uhr bis Sonnenuntergang geöffnet, El Matador Beach Rd., Malibu, CA 90265, Tel. 818/880 03 62, www.nps.gov/samo/planyourvisit/memorialbeaches.htm

ESSEN UND TRINKEN

Malibu Farm. Auf dem Pier gelegenes Restaurant. Gutes Frühstück, frisch zubereitete Speisen (auch vegane Gerichte). 23000 Pacific Coast Highway, Malibu, CA 90265, Tel. 310/456 11 12, www.malibu-farm.com

ÜBERNACHTEN

Calamigos Guest Ranch and Beach Club. Abseits des Rummels in den Bergen, gepflegte Anlage, Blockhäuschen mit eigener Terrasse und offenem Kamin. Latigo Canyon Rd., Malibu, CA 90265, Tel. 818/575 44 00, www.calamigosguestranch.com

INFORMATION

Malibu Chamber of Commerce. Mo–Fr 9–17 Uhr, 23805 Stuart Ranch Rd., Malibu, CA 90265, Tel. 310/456 90 25, www.malibu.org

Leckere Gerichte und Getränke werden im Restaurant Malibu Farm auf dem Pier serviert

Santa Barbara
Goleta

Santa Barbara Channel

San Miguel I.

Santa Rosa I.

Santa Cruz I.

15 Channel Islands National Park

15 Channel Islands National Park
Paradies direkt vor der Küste

Das Besondere am Channel Islands National Park ist, dass er sich komplett im Wasser befindet. Genauer gesagt auf einer Inselgruppe aus acht Inseln, von denen fünf zum Nationalpark gehören. Die Inselkette befindet sich zwölf Seemeilen vor der südkalifornischen Küste und ist Santa Barbara vorgelagert. Der Name Channel Islands (»Kanalinseln«) stammt von dem schmalen Meeresarm, der die Inseln von der Küste von Santa Barbara trennt.

Ein Besuch des Nationalparks ist ein Abenteuerausflug. Die eingeschränkte Art der Anreise – per Boot oder Flugzeug – ist Garant für etwas Besonderes. Geflogen wird mit Channel Islands Aviation ab Camarillo, einer Stadt zwischen Santa Monica und Santa Barbara. Mit Island Packer Cruise kann man Schiffstouren auf alle Nationalpark-Inseln, und thematische Trips erleben. Abfahrtsorte sind Ventura Harbor und Oxnard Harbor.

GUT ZU WISSEN

GUT VORBEREITET
Eine Nacht auf einem der Campingplätze der Inseln ist mit einem kleinen Aufwand verbunden, da man die Ausrüstung erst einmal auf die ausgewählte Insel befördern muss. Da die Boote bei den Überfahrten schneller an ihre Kapazitätsgrenzen stoßen, als die Campingplatz-Grenzen erreicht sind, sollte man die Beförderung der Campingausrüstung mit Island Packer Cruises vorab klären. Das gilt auch für einen Flug zu den Inseln. Für alle Campingplätze ist eine Reservierung erforderlich.

Mitte: Wie aus dem Bilderbuch: der historische Leuchtturm auf Anacapa Island an der Mündung des Santa Barbara Channels
Unten: Blütenpracht versus Felsklippen – Blick vom Inspiration Point auf Anacapa Island

Fünf Inseln ...

Geheimtipp

Die fünf Inseln des Nationalparks sind Anacapa Island, Santa Cruz Island, Santa Rosa Island, San Miguel Island und Santa Barbara Island. Mit dem Flugzeug gelangt man nur auf die beiden Inseln Santa Rosa Island und San Miguel Island. Ist man angekommen, endet jede Infrastruktur – und Natur pur erwartet den Besucher. Will man sich mit einem Kajak auf den Weg machen, tauchen oder schnorcheln gehen, muss man sich die hierfür notwendige Ausrüstung auf dem Festland besorgen. Es gibt kein Essen und Trinken und kein Visitor Center (diese befinden sich auf dem Festland, S. 107). Lediglich eine Nacht im Zelt auf einem Campground fernab der Zivilisation ist möglich, und zwar auf allen fünf Nationalparkinseln und das sogar ganzjährig. Die Plätze liegen abseits der Bootsanlegestellen.

Anacapa Island ist die bestgeeignete Insel für einen schnellen Überblick. Santa Cruz Island ist die größte der fünf Inseln, Santa Rosa Island die mit den tollsten Stränden. Die abgelegenste Insel ist San Miguel Island mit ungestörter Natur. Santa Barbara Island ist die Kleinste im Bunde.

... und was man erleben kann

Was gibt es zu tun in dieser Abgeschiedenheit? Wandern steht ganz oben auf dem Programm. Alle Inseln sind durchzogen von Wanderwegen, angefangen von gut gewarteten, recht eben verlaufenden Trails bis hin zu unbefestigten Bergpfaden durch die Wildnis. Ein Highlight ist der historische Leuchtturm auf Anacapa Island. Auf dieser dreigeteilten Insel gibt es nur im Ostteil Wanderwege, diese sind aber umso spektakulärer mit herrlichen Ausblicken auf die gegenüberliegende Küste. Ein zweites Highlight sind die Ausblicke von den schroffen Klippen auf Santa Barbara Island.

UNTERWEGS AUF INDIANERART

Die aufregendste Art, den Channel Islands National Park zu erkunden, ist mit einem Kajak. Dies geht im Rahmen eines geführten Ausflugs. Man kann auch ein Kajak mieten und selbstständig lospaddeln oder ein eigenes Kajak mitbringen. Die beiden ersten Möglichkeiten lassen sich mit Island Packers Cruise umsetzen. Auf den Inseln selbst kann man keine Kajaks mieten, deshalb muss man den Transport mindestens einen Tag vor dem Ausflug mit dem Anbieter besprechen. Sehr beliebt ist eine Tour zu Scorpion Anchorage auf Santa Cruz Island, da man an einigen Höhlen und Buchten vorbeischippert. Auch das kristallklare Wasser rund um Anacapa Island macht eine Tour sehr attraktiv, denn man kann viele Meter weit in die Tiefe des Ozeans blicken und das Meeresleben beobachten.

Island Packer Cruise. 1691 Spinnaker Dr., Ventura, CA 93001, Tel. 805/642 13 93, www.island packers.com/watersports

Neben Kajakfahren und Tauchen kann man auch einfach nur das Baden im Meer an einsamen Stränden genießen. Das ist besonders im Herbst eine tolle Sache, wenn die Wassertemperaturen auf 21 Grad Celsius klettern.

Wildlife und Natur

So manche Teile der Inseln sind gesperrt, nach San Miguel Island darf man sogar nur, wenn Mitarbeiter des National Park Services anwesend sind. Dessen ungeachtet ist eine Erlaubnis nötig, die Insel betreten zu dürfen – diese erhält man bei einem der beiden Transportunternehmen. Aber auch jenseits der Absperrungen bekommt man natürlich sowohl die Pflanzenwelt als auch die Wildtiere zu Gesicht. Über 200 Tier- und Pflanzenarten gibt es auf den Kanalinseln.

Auf Santa Rosa Island lassen sich fast 200 Vogelarten, Robben und Seelöwen beobachten. Da man auf dieser Insel auch dem Graufuchs über den Weg laufen kann, ist diese die attraktivste, wenn es um die Flora und Fauna geht.

Die wilde Schönheit ist der Besuchermagnet der Kanalinseln. Eine raue See und eine schroffe Steilküste – jeder Naturliebhaber muss einen Abstecher hierher unternehmen. Der Leuchtturm und der »Arch Rock«, ein bogenförmiger Felsen an der Küste, sind beliebte Postkartenmotive.

Oben: Der Felsbogen Arch Rock
Mitte: Da es für die Seemöwen auf den hügeligen Kanalinseln keine natürlichen Feinde gibt, sieht man sie im Frühjahr häufig
Unten: An der Küste der Insel Santa Rosa trifft der Ozean direkt auf die steilen Felsklippen

Infos und Adressen

ESSEN UND TRINKEN
Beach House Tacos. Gute, frisch zubereitete Tacos, auch mit Fisch und Meerestieren! Tolle Lage mit Blick auf den Strand. 668 Harbor Blvd., Ventura, CA 93001, Tel. 805/648 31 77, www.beach-house-tacos.com

ÜBERNACHTEN
Holiday Inn Express Ventura Harbor. Direkt am Hafen und deshalb günstige Lage zu den Schiffsabfahrten auf die Kanalinseln. 1080 Navigator Dr., Ventura, CA 93001, Tel. 805/856 95 33, www.ihg.com

AKTIVITÄTEN
Channel Islands Aviation. Ganzjährig, Camarillo Airport, 305 Durley Ave., Camarillo, CA 93010, Tel. 805/987 13 01, www.flycia.com

Island Packer Cruise. Ganzjährig, 1691 Spinnaker Dr., Ventura, CA 93001, Tel. 805/642 13 93, www.islandpackers.com

Truth Aquatics. Tauchkurse, Kajaktouren und Stand-up-Paddling. 301 W Cabrillo Blvd., Santa Barbara, CA 93101, Tel. 805/962 11 27, www.truthaquatics.net

INFORMATION
Outdoors Santa Barbara Visitor Center. Im Visitor Center gibt es nicht nur Informationen über die Channel Islands, sondern auch über Santa Barbara. Do–Di 10–17 Uhr, 113 Harbor Way, Santa Barbara, CA 93109, Tel. 805/884 14 75, http://outdoorsb.sbmm.org

The Robert J. Langomarsino Visitor Center at Channel Islands National Park. Mit kleiner Ausstellung über die Channel Islands und mehrfach täglich laufendem Film *A Treasure in the Sea* (25 Min.) im Auditorium. Buchladen. Tgl. 8.30–17 Uhr, 1901 Spinnaker Dr., Ventura, CA 93001, Tel. 805/658 57 30, www.nps.gov/chis

Auf San Miguel Island tummeln sich zahlreiche Seelöwen und See-Elefanten

16 Santa Barbara
Hauptstadt der »American Riviera«

Aus vielerlei Gründen hat sich Santa Barbara einen spanisch-kolonialen, nahezu mediterranen Charakter bewahrt. Dazu tragen nicht nur die roten Ziegeldächer im Kontrast zu den weiß getünchten Fassaden der Häuser im Stadtkern bei. Sondern vor allem die üppige Vegetation, das milde Klima und die vielen Strände, die pulsierende Innenstadt und die Lage zwischen den Santa Ynez Mountains und dem Pazifischen Ozean.

Im Jahr 1786 wurde Santa Barbara als Mission gegründet (S. 109). Der aus dem Baskenland stammende Pater Fermin Lasuén (1736–1803) war ein Missionar des Franziskanerordens. Als Gründer von neun der insgesamt 21 kalifornischen Missionen war er federführend an der Grundsteinlegung der heutigen Stadt Santa Barbara mit ihren teilweise recht wohlhabenden Bewohnern und zahlreichen Touristen beteiligt.

Magische Anziehung

Wenig Jahresniederschlag, prima Wetter, Palmen, wohin man schaut und die gepflegte Innenstadt sorgen für Lebensfreude pur. An den Stränden kann man vorbeiziehende Blau- und Grauwale beobachten, und am Stearns Wharf kann man sich vor Pelikanen kaum retten. Die Kultur wird für amerikanische Verhältnisse großgeschrieben, das schlägt sich vor allem in der für eine Stadt dieser Größenordnung (knapp 100 000 Einwohner) ungewöhnlich hohen Zahl an qualitativ hochwertigen Museen nieder.

Mitte: Das Badeleben pulsiert an den Stränden von Santa Barbara
Unten: Die gepflegten weißen Fassaden mit den roten Ziegeldächern prägen das Stadtbild von Santa Barbara

Museen

Die erwähnenswerten Museen sind das Historical Museum, das Santa Barbara Museum of Art und das Santa Barbara Museum of Natural History. Das Santa Barbara Historical Museum ist schon rein vom Gebäude her sehenswert – das Museum schmiegt sich um einen romantischen Innenhof mit Kreuzgang. Es ist ein überschaubar großes Museum, zeigt aber sehr schön die Essenz der Geschichte der Stadt anhand lokaler Artefakte. Vor allem die Einflüsse Spaniens auf Kalifornien werden sehr gut verdeutlicht.

Das Santa Barbara Museum of Art beinhaltet Kunstwerke, die von der Antike bis zur modernen Kunst der Gegenwart reichen. Auch dieses Museum ist zwar klein, aber fein mit ganz besonderen Exponaten auch hochrangiger Künstler wie Dalí und Picasso. Im Santa Barbara Museum of Natural History geht es um die naturkundliche Betrachtung der Stadt und ihrer Umgebung mitsamt der Pazifikküste und den vorgelagerten Kanalinseln (S. 104). Das ebenfalls kleine Museum bietet ein breites Spektrum an Exponaten wie fluoreszierende Kristalle und ausgestopfte Vogelarten der Region. Es ist vor allem für den Besuch mit Kindern gut geeignet. Ein Ableger des Museums ist das Sea Center am Stearns Wharf, in dem anhand interaktiver Darstellungen das Leben der Meeresbewohner rund um Santa Barbara beleuchtet wird – die Berührung eines Hais im Haifischbecken inklusive.

Bauwerke

Eins der prachtvollsten Gebäude der Stadt ist das Gerichtshaus des Santa Barbara County. Es ist im spanisch-maurischen Stil errichtet und beeindruckt mit feiner Wand- und Deckenmalerei und spanischen Fliesen im Innenbereich sowie den vier blendendweiß getünchten Gebäudeflügeln. Im Jail

Nicht verpassen

DIE »KÖNIGIN DER MISSIONEN«

Erhaben thront die Mission, auch »Queen of the Missions« (»Königin der Missionen«) genannt, auf einem Hügel am Ende der Los Olivos/Laguna Street. Nicht nur das Gebäude im spanischen Stil, sondern auch die umgebenden Gartenanlagen sind ein absolutes Muss bei einem Besuch in Santa Barbara. Die Missionsstation wurde von Franziskanern 1786 errichtet. Heute dient sie dem Franziskanerorden als Kloster. Außerdem ist sie als Gemeindekirche und Museum in Betrieb. Sehenswert: der Gebäudekomplex mit Kunstwerken der Chumash-Indianer, die Kreuzgänge, die beiden Glockentürme und der Friedhof.

Mission Santa Barbara.
Tgl. 9–17 Uhr, 2201 Laguna St., Santa Barbara, CA 93105, Tel. 805/682 47 13, www.santabarbaramission.org

Wing, dem ehemaligen Gefängnisflügel, befindet sich ein Glockenturm, den man besteigen kann. Von oben bieten sich freie Panoramablicke bis zum Ozean und in die Berge. Die hübschen Häuser mit ihren roten Ziegeldächern wirken aus der Vogelperspektive noch malerischer.

Neben diesem Highlight ist das historische Missionsgebäude ein Besuchermagnet (S. 109). Aber auch das königliche Fort El Presidio, ehemaliger Siedlungskern der Stadt, ist einen Besuch wert. Es befindet sich innerhalb des El Presidio de Santa Barbara State Historic Park.

Parks

Der letzte der ehemals vier militärischen Außenposten der Spanier bildet das Zentrum des State Historic Park. Zwei Gebäude wurden restauriert, andere rekonstruiert. So ergibt sich ein gutes Bild der Vergangenheit inmitten der heutigen Stadt. Das Fort wurde 1782 während des Amerikanischen Bürgerkriegs errichtet. Es schützte die Mission und die Siedler zur Zeit der spanischen Besatzung Kaliforniens vor Angriffen, schuf einen Sitz für die Regierung und hielt Überfälle ab. Besonders sehenswert ist die aufwendig restaurierte Kapelle mit ihrer Farbenpracht im Inneren.

GUT ZU WISSEN

LIL' TOOT
Entlang der Waterfront von Santa Barbara verkehrt halbstündlich ein Shuttle-Boot namens Lil' Toot. An Bord des gelben Wassertaxis kann man in einer 15-minütgen Fahrt am Hafen entlang nicht nur die Stadt vom Wasser aus betrachten, sondern erhält auch allerhand Informationen über Santa Barbara. Los geht es alle halbe Stunde, die Fahrt verbindet den Hafen von Santa Barbara mit Stearns Wharf.

Oben: Die Gartenanlagen der Mission Santa Barbara sind einen Besuch wert
Unten: Diese farbenfrohen Papageien lassen es sich im Zoo von Santa Barbara gut gehen

Ein Wal in freier Wildbahn

Zum Innehalten und Erfreuen ist der Santa Barbara Botanic Garden. Auf dem 26 Hektar großen Gelände kann man über 1000 Arten seltener einheimischer Pflanzen bewundern. Hierfür steht ein Netz von fast zehn Kilometern Wanderwegen zur Verfügung. Wildblumen und Kakteen im Vordergrund und die Berge im Hintergrund, zwischendrin blitzt immer wieder der Ozean auf.

Etwas außerhalb, aber absolut sehenswert ist der El Capitan Beach State Park. Der traumhafte Strand ist das Markenzeichen des Parks, in dem man auch campen kann. Der Platz befindet sich auf einer Klippe über dem Meer.

Die Innenstadt

Wer Santa Barbara auf die Schnelle kennenlernen möchte, kann dies auf dem Scenic Drive tun. Dabei fährt man lange Zeit an der Waterfront entlang, passiert Stearns Wharf, das Santa Barbara City College, den Shoreline Park und den Arroyo Burro Beach County Park. Bald geht es über den Las Palmas Drive landeinwärts vorbei an der Hope Ranch und der Laguna Blanca bis zur querenden State Street. Über diese erreicht man die Mission,

Einfach gut!

DEN WALEN AUF DER SPUR

An der Westküste gibt es viele Möglichkeiten der Walbeobachtung. Warum aber ist Santa Barbara ein besonders privilegierter Ort dafür? Es sind die nährstoffreichen Gewässer dieser Gegend, in denen eine vielfältige Meeresflora und -fauna beheimatet ist. Auch viele verschiedene Arten von Meeresvögeln haben hier ihren Lebensraum. Die Chancen, einen Blick auf die gewaltigen Meeressäugetiere zu erhaschen, sind ganzjährig gut: Vom späten Frühling bis Herbst ziehen Buckel- und Blauwale durch den Santa Barbara Channel. Von November bis April sind die Pazifischen Grauwale unterwegs Richtung Süden zu den warmen Lagunen. Im Frühsommer kehren sie zurück auf der Durchreise nach Alaska.

Condor Express Whale Watching. Tgl. 7.30–18 Uhr, ca. 4,5 Std., 301 W Cabrillo Blvd., Santa Barbara, CA 93101, Tel. 805/882 00 88, www.condorexpress.com

danach geht es weiter Richtung Osten, bevor sich die Schleife über den Santa Barbara Zoo zurück Richtung Meer wieder schließt.

Wer es ruhig angehen will, erlebt Santa Barbara auf einem Bummel durch die Altstadt. Bei einer Pause im Straßencafé oder in einer Shoppingmall kann man die besondere Atmosphäre der »American Riviera« sehr schön aufnehmen.

An der Waterfront

Schon mehrfach war die Rede von der Waterfront, also die Kaianlage rund um den Pier Stearns Wharf als Zentrum. Es ist ein Synonym für die Postkartenansichten der Stadt, der berühmten, von Palmen gesäumten Küste dieser Region und die Santa Ynez Mountains im Hintergrund. Die Hafenanlage wurde 1872 errichtet und ist heute die älteste an der ganzen Westküste, die seitdem ununterbrochen in Betrieb war.

Die meisten Aktivitäten zu Wasser starten an der Waterfront beziehungsweise am Pier. Sowohl die Abfahrt für die Walbeobachtungstouren als auch luxuriöse Jachtausfahrten oder einfaches Sightseeing stehen hier auf dem Programm. Auf dem Pier selbst laden die obligatorischen Läden und Restaurants die Besucher ein. Am Jachthafen beim Pier gibt es noch ein kleines Museum, das Santa Barbara Maritime Museum. Anhand von Artefakten aus der Seemannsvergangenheit wird die maritime Geschichte der Stadt dargestellt.

Oben: Joggend, radelnd und spazieren gehend ist man unterwegs auf der Strandpromenade
Mitte: Auf dem Santa Barbara Pier kann man sich auch aus der Hand lesen lassen
Unten: Träge schaukeln schicke Boote im Jachthafen

Direkt am Stearns Wharf beginnt der East Beach, der größte und beliebteste Strand von Santa Barbara. In die andere Richtung, zwischen dem Pier und dem Hafen, ist der West Beach. Die Pieranlage teilt den Pazifikstrand also sozusagen in einen Ost- und einen Westbereich.

Infos und Adressen

SEHENSWÜRDIGKEITEN

El Capitan Beach State Park. Sonnenauf-
bis Sonnenuntergang, 10 Refugio Beach Rd.,
Goleta, CA 93117, Tel. 805/968 10 33,
www.parks.ca.gov

**El Presidio de Santa Barbara State Historic
Park.** Tgl. 10.30–16.30 Uhr, Tel. 805/965 00 93,
www.parks.ca.gov

Santa Barbara Botanic Garden. Tgl. 9–17 Uhr,
1212 Mission Canyon Rd., Santa Barbara,
CA 93105, Tel. 805/682 47 26, www.sbbg.org

Santa Barbara County Courthouse. Mo–Fr
8–15 Uhr, 1100 Anacapa St., Santa Barbara, CA
93101, Tel. 805/882 45 20, www.sbcourts.org

Santa Barbara Historical Museum. Di–Sa
10–17, So 12–17 Uhr, 136 E De La Guerra St.,
Santa Barbara, CA 93101, Tel. 805/966 16 01,
www.sbhistorical.org

Santa Barbara Museum of Art. Di–So 11–17,
Do bis 20 Uhr, 1130 State St., Santa Barbara,
CA 93101, Tel. 805/963 43 64, www.sbma.net

Santa Barbara Museum of Natural History.
Tgl. 10–17 Uhr, 2559 Puesta Del Sol, Santa
Barbara, CA 93105, Tel. 805/682 47 11,
www.sbnature.org

Sea Center. Tgl. 10–17 Uhr, 211 Stearns
Wharf, Santa Barbara, CA 93101,
Tel. 805/962 25 26,
www.sbnature.org/twsc/2.html

Stearns Wharf. Rund um die Uhr zugänglich,
217 Stearns Wharf, Santa Barbara, CA 93109,
Tel. 805/564 55 30, www.stearnswharf.org

ÜBERNACHTEN

Ramada Santa Barbara. Gute Lage, Pool,
schöne Gartenanlage, saubere Zimmer.
4770 Calle Real, Santa Barbara, CA 93110,
Tel. 805/964 35 11, www.sbramada.com

INFORMATION

Santa Barbara Visitor Center. Mo–Sa 9–17,
So 10–17 Uhr, 1 Garden St., Santa Barbara,
CA 93101, Tel. 805/965 30 21,
www.santabarbaraca.com

Das Shoppingcenter Paseo Nuevo in der State Street liegt in Santa Barbaras Downtown

HIGHWAY NO. 1

17 Solvang
Dänische Hauptstadt Amerikas

Solvang liegt eingebettet in das Santa Ynez Valley, ein bekanntes Weinbaugebiet. Durch und durch dänisch beeinflusst mit Häusern im dänischen Fachwerkhausstil, dänischen Läden, Bäckereien und Restaurants deutet zunächst nichts darauf hin, dass dies ehemals spanisches Missionsgebiet war. Bis 1911 die Dänen mit der Einrichtung von Institutionen zur Bewahrung der dänischen Volkskunst begannen.

Dass Solvang die »Dänische Hauptstadt von Amerika« genannt wird, überrascht nicht, da in den USA kein anderes Städtchen seinem europäischen Vorbild so nahekommt. Das liegt nicht nur an den liebevoll restaurierten Fachwerkhäusern und den imposanten Windmühlen, sondern am Gesamtkonzept bis hin zu dänischem Essen und Schmuck.

Was geboten wird

Neben einem Bummel durch die Hauptstraße, vorbei an dänischen Häuserfassaden, dem roten Glockenturm und dem etwas kitschigen Brunnen »The Little Mermaid Fountain« gibt es typisch dänisches Süßgebäck in den Bäckereien, ausgefallene Kleidung in den Boutique-Shops und Weinproben.

Besonders zwei Museen in Solvang sind sehenswert: das Elverhoj Museum of History & Art und die Old Mission Santa Inés. Im Elverhoj Museum wird zum einen das dänische Leben in der Region dargestellt, zum anderen beherbergt das Haus Kunstausstellungen. Hier lässt sich schön nachvollziehen, wie 1911 drei dänische Einwanderer,

Seite 114/115: Bixby Bridge
Mitte: Fachwerkhäuser in Solvang mit authentisch dänischem Einschlag
Unten: Auch in Solvang gibt es eine Mission, sie ähnelt in ihrem spanisch-maurischen Baustil der von Santa Barbara

Infos und Adressen

zwei Geistliche und ein Professor, ihren Traum von einer dänisch-amerikanischen Kolonie verwirklichten. Ihr Konzept mit dem Ortsnamen (übersetzt heißt Solvang »sonniges Feld«) bewarben die Pioniere in dänischen Zeitungen, sodass bald Landsleute kamen und Grund kauften. Es folgten die Eröffnung des ersten Ladens und des ersten Hotels, einer Bank und eines Metzgers, die kleine Gemeinde begann zu wachsen.

Die Old Mission Santa Inés, die 1804 von Franziskanermönch Estévan Tapis gegründet wurde, dient heute sowohl als Museum als auch als Gemeindekirche des Erzbistums Los Angeles. Um die Mission herum wurde im frühen 20. Jahrhundert die heutige Stadt Solvang errichtet. Ein Besuch in der altehrwürdigen Mission ist inmitten des nur wenige Schritte entfernten touristischen Trubels von Solvang ein sehr angenehmer Ausflug. Die schönen Gartenanlagen tragen ihren Teil dazu bei.

Besondere Erlebnisse

Den Hans Christian Andersen Park betritt man durch ein majestätisches Tor. Es folgen Skateranlagen und ein Kinderspielplatz für kleinere und einer für ältere Kids. Hinzu kommen wunderschöne Picknickplätze und schattige Spazierwege über idyllische Brückchen und ein Flussbett. Man kann den Park zu Fuß betreten, aber auch mit dem Auto hineinfahren. Der Eintritt ist kostenlos.

Eine besondere Art, den Ort kennenzulernen, ist mit einem Segway. Nachdem man sich eine halbe Stunde lang mit dem ungewohnten Gefährt vertraut machen kann, »erfährt« man in einer einstündigen Tour die schönsten Sehenswürdigkeiten. Nicht nur die Attraktionen im Stadtgebiet, sondern auch die Mission und die Umgebung des Ortes stehen auf dem Programm.

SEHENSWÜRDIGKEITEN
Elverhoj Museum of History & Art. Mi–So 11–16 Uhr, 1624 Elverhoj Way, Solvang, CA 93463, Tel. 805/686 12 11, www.elverhoj.org

Hans Christian Andersen Park. Tgl. 6–20 Uhr, 775 Atterdag Rd., Solvang, CA 93463, www.solvangusa.com/directory/hans-christian-andersen-park

Old Mission Santa Inés. Tgl. 9–17 Uhr, 1760 Mission Dr., Solvang, CA 93463, Tel. 805/688 48 15, www.missionsantaines.org

ESSEN UND TRINKEN
Paula's Pancake House. Große Frühstücksauswahl. Tgl. 6–15 Uhr, 1531 Mission Dr., Solvang, CA 93463, Tel. 805/688 28 67, www.paulaspancakehouse.com

AKTIVITÄTEN
Segway Tours in Solvang. Tgl. 9–17 Uhr, 453 Atterdag Rd., Solvang, CA 93463, Tel. 805/688 88 99, www.advoutwest.com/ca-tours/ca-segway.html, 85 Dollar/Person, Mindestalter 14 Jahre

INFORMATION
Solvang Visitor Information Center – Solvang CVB. Tgl. 9–17 Uhr, 1639 Copenhagen Dr., Solvang, CA 93463, Tel. 805/688 61 44, www.solvangusa.com

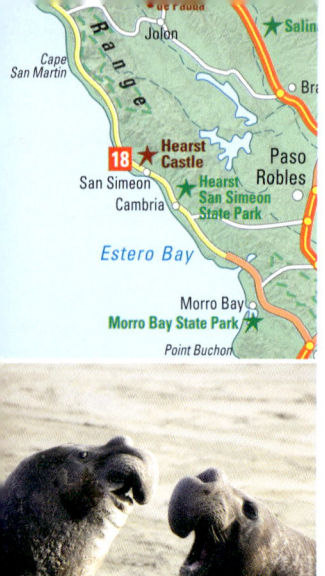

18 San Simeon
Im Dunstkreis des Märchenschlosses

Die Liste an Sehenswürdigkeiten an der in den Norden vordringenden Küste im Allgemeinen und San Simeon im Besonderen ist lang. Über den legendären Highway No. 1 sowohl von Norden als auch von Süden aus erreichbar, liegt San Simeon mittig zwischen Los Angeles und San Francisco in der San Simeon Bay. Hervorgegangen ist der Ort aus einem ehemaligen Seehafen, heute legen Segel- und Fischerboote an.

Seit der Entstehung des Ortes 1852 als Walfangstation hat sich die Bevölkerung von San Simeon alles andere als rasant entwickelt – der Ort zählt nicht einmal 500 Einwohner. Umso erstaunlicher ist es, dass San Simeon eine derart berühmte Attraktion wie das Hearst Castle vorzuweisen hat.

Top-Highlight Hearst Castle

Die meisten Besucher legen ungeachtet der herrlichen Umgebung nur für dieses »Schloss« einen Stopp ein. Genaugenommen handelt es sich nicht um ein Schloss, sondern um ein herrschaftliches Anwesen, das von dem Zeitungsverleger William Randolph Hearst (1863–1951) in den 1920er-Jahren erbaut wurde. Ursprünglich als Bungalow für sich und seine Lebensgefährtin gedacht, verwandelte Hearst die ehemalige Familienfarm in ein Märchenschloss mit 165 Zimmern. Um das Haupthaus Casa Grande (»Großes Haus«) gruppieren sich Gästebungalows, das gesamte Arrangement wird aufgrund der Lage auf einer Anhöhe und des sagenhaften Blickes über den Ozean La Cuesta Encantada (»der verzauberte Hügel«) genannt.

Mitte: Erwachsene männliche See-Elefanten haben rüsselartig vergrößerte Nasen
Unten: Herrschaftliches Schloss des Zeitungsverlegers William Randolph Hearst

Bezaubernd schön ist auch der Neptune Pool, ein Schwimmbad aus Marmor im Stil der griechischen Antike, eingerahmt von einer italienischen Tempelfassade und einer klassizistischen Kolonnade. Komplettiert wird das Anwesen von 127 Hektar Gartenanlagen inklusive Teichen und Springbrunnen, einem kleinen Kino und einem privaten Zoo mit Zebras.

Eine Besichtigung des Schlosses ist ein absolutes Muss. Allerdings ist dies nur im Rahmen einer Führung möglich, die man reservieren sollte (insbesondere in den Sommermonaten und an Wochenenden). Hearst Castle gehört heute dem Staat Kalifornien und hat den Status eines State Historic Monuments. Die vier Hauptführungen starten im Visitor Center unterhalb des Anwesens, von wo aus Shuttlebusse hinauf auf den Hügel fahren.

See-Elefanten und Naturschauspiele

Auch der »Rest« von San Simeon kann sich durchaus sehen lassen. Hier ist vor allem die Kolonie an See-Elefanten zu nennen, die sich seit einiger Zeit am Leuchtturm Piedras Blancas Light Station angesiedelt hat. Wer die zwei Tonnen schweren Säugetiere beim Chillen beobachtet, vergisst leicht, dass es sich um wilde Tiere handelt, zu denen man eine gesunde Distanz wahren sollte. Meist sind Angehörige der Friends of the Elephant Seal anwesend, um Fragen der Besucher zu beantworten, aber auch um darauf zu achten, dass genügend Abstand zu den Tieren eingehalten wird.

Die riesigen Säugetiere verbringen acht bis zehn Monate des Jahres im offenen Ozean und kommen von November bis Dezember hierher an den Strand, um in den folgenden Monaten ihre Jungen zur Welt zu bringen, sie großzuziehen und

Geheimtipp

KLEINE »JUWELEN« AM STRAND

Strände gibt es an der kalifornischen Meeresküste wie Sand am Meer. Da ist es schon mal ein Highlight, wenn es Steine sind, statt Sand – besondere Steine. In allen Farben und Größen funkeln die prächtigen Steine, die fast wie Edelsteine aussehen. Manchmal muss man ein wenig suchen, bis man eine geeignete Stelle gefunden hat. Wenn man mal mit dem Sammeln beginnt, kann man kaum mehr damit aufhören …
Selbst wenn man beim Sammeln nicht erfolgreich ist, kann man den herrlichen Naturstrand genießen, denn er ist alles andere als überlaufen. Oberhalb des Strandes führt ein Boardwalk auf eineinhalb Kilometern Länge durch die Heidelandschaft. Er startet am nördlichen Ende von Cambria und führt nach Leffingwell Landing.

Moonstone Beach. 6216 Moonstone Beach Dr., Cambria, CA 93428, www.visitcambriaca.com/attractions-california/natural-wonders/moonstone-beach

anschließend auf Nahrungssuche zu gehen. Zwischen Juni und Oktober kehren die See-Elefanten aller Altersstufen zum Fellwechsel zurück.

Der 1875 errichtete Leuchtturm Piedras Blancas ragt imposant auf einem felsigen Hügel über die Küste. Er ist einer der höchsten an der amerikanischen Westküste. Dienstags, donnerstags und samstags kann man an kostenlosen Führungen teilnehmen (Spenden erwünscht), von Mitte Juni bis Ende August sogar täglich außer sonntags und mittwochs. Treffpunkt ist am früheren Piedras Blancas Motel, etwa zweieinhalb Kilometer nördlich vom Leuchtturm um 9.45 Uhr.

Direkt gegenüber vom Eingang zum Hearst Castle befindet sich der William Randolph Hearst Memorial State Beach, eine kleine Bucht mit Sandstrand (mit Picknickplätzen) und malerischem Pier, von dessen Ende aus man einen schönen Blick auf die ganze Bucht genießen kann.

Nahe dem Pier gelangt man zum Coastal Discovery Center mit informativen und interaktiven Ausstellungen über die für die Gegend typische Verbindung von Land und Meer. Während sich die Kinder am direkten Kontakt mit den Meeresbewohnern erfreuen, erhalten Erwachsene Informationen über das Ökosystem des Meeres und die See-Elefanten.

Der Ort

Tatsächlich gibt es trotz der geringen Einwohnerzahl auch einen Ort San Simeon, der jedoch eher unspektakulär ist. Er liegt ein paar Kilometer südlich der alten Walfangstation. Übernachten kann man auf dem San Simeon Creek Campground im Hearst San Simeon State Park oder dem einfachen Washburn im benachbarten Cambria (beide liegen sechs Kilometer südlich von San Simeon).

Oben: Malerisch thront der Leuchtturm Piedras Blancas auf einem Hügel, er ist über einen Fußweg erreichbar
Unten: Der Pier von San Simeon ist einen Fotostopp wert

Infos und Adressen

SEHENSWÜRDIGKEITEN

Coastal Discovery Center. Am Wochenende und an Feiertag-Montagen 11–17 Uhr, 750 Hearst Castle Rd., San Simeon, CA 93452, Tel. 805/927 21 45, www.coastaldiscoverycentre.ca

Hearst Castle. Touren: tgl. 8.20–16 Uhr, danach Abendtouren, 750 Hearst Castle Rd., San Simeon, CA 93452, Tel. für Reservierungen 800/444 44 45, www.hearstcastle.org

Piedras Blancas Elephant Seal Rookery. Plaza del Cavalier, 250 San Simeon Ave., San Simeon, CA 93452, Tel. 805/924 16 28, www.elephantseal.org

Piedras Blancas Light Station. Touren Di, Do, Sa, Mitte Juni–Ende August auch Mo und Fr, 15950 Cabrillo Highway, San Simeon, CA 93452, Tel. 805/927 73 61, www.piedrasblancas.org

William Randolph Hearst Memorial Beach. Sonnenaufgang bis -untergang, 750 Hearst Castle Rd., San Simeon, CA 93452, Tel. 805/927 20 20, www.parks.ca.gov

ÜBERNACHTEN

Cavalier Oceanfront Resort. Direkt am Ozean, gut geeignet für einen Zwischenstopp auf dem Weg von L. A. nach San Francisco. Saubere, geräumige Zimmer. 9415 Hearst Dr., San Simeon, CA 93452-9724, Tel. 805/927 46 88, www.cavalierresort.com

San Simeon Creek Campground. 500 San Simeon-Monterey Creek Rd., Cambria, CA 93428, Tel. 805/927 20 35, www.parks.ca.gov

Washburn Campground. Vangordon at San Simeon Creek, Cambria, CA 93428, Tel. 805/927 20 35, www.parks.ca.gov

INFORMATION

Friends of the Elephant Seal. 250 San Simeon Ave., San Simeon, CA 93452, Tel. 805/924 16 28, www.elephantseal.org

San Simeon Chamber of Commerce. Tgl. 10–16 Uhr, 250 San Simeon Ave., San Simeon, CA 93452, Tel. 805/927 35 00, http://sansimeonchamber.org

Der marmorne Neptune Pool im griechischen Stil des Hearst Castle ist ein kleines Juwel

19 Big Sur
Rau, zerklüftet, wild, wunderschön

Zwischen San Simeon und Carmel gibt der Highway No. 1 alles. So hat man zumindest den Eindruck angesichts der schroffen Schönheit der Natur, die sich rechts und links des Highways präsentiert. Big Sur heißt der Küstenabschnitt mit einigen Sehenswürdigkeiten und so manchen Stopps – ein Augenschmaus für die reine Durchreise ist die etwa 100 Kilometer lange Küstenfahrt allemal.

Nicht nur der ungestüme Ozean mit seiner beeindruckenden Brandung auf der einen Seite, auch die steil hinter der Küste aufragenden Berge der Santa Lucia Range auf der anderen Seite bereichern die Fahrt entlang dieses Naturspektakels. Es gibt keine zentrale Stadt in diesem Bereich, Big Sur bezeichnet tatsächlich »nur« einen Landstrich – der maßgeblich geprägt wird von einigen State Parks – es sind so viele, dass die Nennung aller Parks jeden Rahmen sprengen würde – und einer spektakulären Brücke.

GUT ZU WISSEN

VIER PARKS MIT EINEM TICKET BESUCHEN

In der nördlichen und zentralen Region von Big Sur gibt es vier State Parks: Point Lobos State Reserve, Andrew Molera State Park, Pfeiffer Big Sur State Park und Julia Pfeiffer Burns State Park. Wenn man alle vier am selben Tag besucht, muss man nur einmal Eintritt bezahlen. Man behält einfach das Eintrittsticket des ersten Parks, den man an dem Tag angesteuert hat, als Nachweis und zeigt es in den anderen Parks.

Ein Postkartenmotiv erster Güte ist der McWay-Wasserfall

Julia Pfeiffer Burns State Park

Im Süden beginnend ist der Julia Pfeiffer Burns State Park der erste Vertreter der Parks im Bereich Big Sur. Hauptattraktion ist der McWay Waterfall, der über den 500 Meter langen Waterfall Trail erreicht wird. Der State Park erstreckt sich zu beiden Seiten des Highways No. 1 mit Picknickplätzen auf der östlichen Seite am McWay Creek. Schnürt man die Wanderschuhe, kann man auf dem etwas mehr als sieben Kilometer langen Ewoldson Trail sowohl auf den Pazifik als auch auf die Bergwelt der Santa Lucia Range blicken. Dabei werden mehrfach die Flüsschen des Parks überquert und Haine mit über 3500 Jahre alten Küsten-Redwoods erreicht. Auf der anderen Highway-Seite befindet sich der berühmte Wasserfall. Nach einem Erdrutsch ist der Zugang zum Strand hinunter inzwischen leider gesperrt. Zwischen Dezember und April sollte man am Aussichtspunkt verharren, um mit etwas Glück vorbeiziehende Grauwale beobachten zu können.

Pfeiffer Big Sur State Park

Er gilt als eine der größten Attraktionen des Big Sur. Ein weitläufiges Netz an Wanderwegen führt in die Natur, sowohl hinein in die Wildnis als auch ins Flusstal des Big Sur River, das mit Mammutbäumen bewaldet ist. Neben diesem Highlight sind die Pfeiffer Falls ein sehr schönes Ziel. Über einen etwas mehr als zwei Kilometer langen Weg gelangt man zu dem mitten im Wald versteckten, 18 Meter hohen Wasserfall, der allerdings nur zwischen Dezember und Mai zuverlässig Wasser führt. Der Park hat seiner Größe entsprechend auch eine Infrastruktur: Neben der Big Sur Lodge mit Restaurant und einem Gemischtwarenladen ist auch ein Campingplatz vorhanden. Vor allem im Sommer sollten Stellplätze reserviert werden.

Geheimtipp

POSTKARTEN-MOTIV NUMMER 1

Über einen knapp einen Kilometer langen Wanderweg ist der Aussichtspunkt auf ein Fotomotiv erreicht, das sinnbildlich für die nördliche Küste Kaliforniens steht: Es handelt sich um den McWay Waterfall innerhalb des Julia Pfeiffer Burns State Park, der sich aus 24 Metern Höhe in den Ozean stürzt (oder bei Ebbe auf den Strand). Von der erhöhten Position aus sieht er nur wie ein dünner Wasserstrahl aus, aber eingeschmiegt in eine Bucht mit smaragdgrünem Wasser, einem goldenen Sandstrand und von Felsen umrandet, ist die Szene ein malerisches Gesamtbild, das zu Recht so manche Postkarte ziert. Um den Aussichtspunkt zu erreichen, parkt man östlich des Highways, folgt der Beschilderung »Overlook/Waterfall Trail/Pelton Wheel« und geht durch eine Unterführung unter dem Highway hindurch. Ein bequemer Pfad führt anschließend zum Aussichtspunkt.

Monterey-Zypressen wachsen im Point Lobos State Reserve

Point Sur State Historic Park

Auf den ersten Blick denkt man, es sei eine Insel, die aus dem Ozean ragt. Tatsächlich ist es aber ein vulkanischer Felsen, der über eine Sandbank mit dem Festland verbunden ist. Und obendrauf thront ein Leuchtturm. Bis 1974 in Betrieb, erfüllt das moderne Leuchtfeuer des Turms auch heute noch die Funktion, Schiffe an der heimtückischen zentralkalifornischen Küste entlangzulotsen. Zudem ist das Point Sur Lighthouse im Rahmen von Führungen zugänglich (Sa 10 und 14, So 10 Uhr). Empfehlenswert sind die Mondschein-Touren, die zwischen April und Oktober stattfinden.

Bixby Bridge

Etliche Brücken bereichern zwischen San Simeon und Carmel (S. 128) das Fahrerlebnis – aber keine ist auch nur annähernd so beeindruckend wie die Bixby Bridge, eine über 200 Meter lange Stahlbeton-Bogenbrücke, die sich 79 Meter über der Schlucht des Bixby Creek in die kurvenreiche Streckenführung des Highway No. 1 einbettet. Es ist ein beliebtes und berühmtes Fotomotiv, ein guter Platz zum Ablichten des legendären Bauwerkes befindet sich nördlich der Brücke.

Point Lobos State Reserve

Im Point Lobos State Reserve weiß man gar nicht, was grandioser ist: der zerklüftete Küstenabschnitt an der steilen Felsküste oder die außergewöhnliche Pflanzen- und vor allem Tierwelt, allen voran die Seelöwen-Population, für die das State Reserve berühmt ist. Die Seelöwen sind auch für die Namensgebung des Parks verantwortlich – die Spanier nannten das Gebiet Punta de los Lobos (»Platz der Seelöwen«). Es gibt mehrere schöne Strände und in der historischen Whalers Cabin (»Walfängerhütte«) auch ein kleines Museum.

Oben: Die Szenerie wird deutlich rauer, hier rund um den Point-Sur-Leuchtturm
Mitte: Oft brauen sich Unwetter über der Bixby Bridge zusammen
Unten: Seelöwen im Point Lobos State Reserve

Infos und Adressen

SEHENSWÜRDIGKEITEN

Julia Pfeiffer Burns State Park. 30 Min. vor Sonnenaufgang bis 30 Min. nach Sonnenuntergang, 52801 Cabrillo Highway, Big Sur, CA 93920, Tel. 831/667 23 15, www.parks.ca.gov

Pfeiffer Big Sur State Park. 30 Min. vor Sonnenaufgang bis 30 Min. nach Sonnenuntergang, Los Padres National Forest, Cabrillo Highway, Big Sur, CA 93920, Tel. 831/667 23 15, www.parks.ca.gov

Point Lobos State Reserve. Tgl. 8–19 Uhr, 62 Cabrillo Highway, Big Sur, CA 93923, Tel. 831/624 49 09, www.parks.ca.gov

Point Sur State Historic Park & Lighthouse. 30 Min. vor Sonnenaufgang bis 30 Min. nach Sonnenuntergang, Cabrillo Highway, Big Sur, CA 93940, Tel. 831/625 44 19, www.parks.ca. gov, Leuchtturm-Führungen: www.pointsur.org

ESSEN UND TRINKEN

Nepenthe Restaurant. Geniale Lage auf einer Klippe, toller Ausblick aufs Meer, vor allem bei Sonnenuntergang. Dafür ist allerdings das Essen etwas teurer. 48510 Cabrillo Highway, Big Sur, CA 93920, Tel. 831/667 23 45, www.nepenthebigsur.com

ÜBERNACHTEN

Big Sur Lodge. 47225 Cabrillo Highway, Big Sur, CA 93920, Tel. 800/424 47 87, www.bigsurlodge.com

Pfeiffer Big Sur State Park Campground. Los Padres National Forest, Cabrillo Highway, Big Sur, CA 93920, Tel. 831/667 23 15, www.parks.ca.gov

INFORMATION

Big Sur Chamber of Commerce. Mo, Mi und Fr 9–13 Uhr, Big Sur, CA 93920, Tel. 831/667 21 00, www.bigsurcalifornia.org

Schäumend brechen sich die Wellen des Pazifiks an den Felsen, die Bixby Bridge im Hintergrund

HIGHWAY NO. 1
Traumhafte Küstenstraße

Die Fahrt auf dem Highway No. 1 ist eine Genussfahrt, vor allem im Bereich Big Sur

Eigentlich hat der schroffe Küstenstrich schon immer sein Bestes gegeben, Eindringlinge abzuwehren. Sogar die Spanier ließen ihn zunächst links liegen. Und auch Jahrhunderte später gab es immer noch keine Straße durch das Gebiet, das die Spanier *El país grande del sur* (»Das große Land im Süden«) genannt haben. Schließlich wurde aber doch der heute am meisten bewunderte Streckenabschnitt des Highways No. 1 erbaut.

In ein paar Stunden Autofahrt können die Besucher den 100 Kilometer langen, atemberaubenden Küstenabschnitt zurücklegen – jedoch sollte niemand den Weg in dieser Geschwindigkeit zurücklegen. Vielmehr ist es sinnvoll, einen ganzen Tag einzuplanen, immer wieder auszusteigen, zu schauen, zu genießen.

Ein Überblick

In spanischer und mexikanischer Zeit war das Gebiet komplett unerschlossen. Trotz des Highways wirkt es auch heute noch so, maßgeblich verantwortlich dafür sind die schroffe Felsküste, die hohen Berge und die geringe Siedlungsdichte. Neben der unberührten Natur und der abwechslungsreichen Flora gibt es eine faszinierende Tierwelt. Die kalifornischen Seelöwen und Seeottern sind hier heimisch, ebenso Grauwale. Die vom Los Padres National Forest überzogenen Berge beheimaten das Naturschutzgebiet Ventana Wilderness, in dem Kalifornische Kondore ausgewildert werden.

Im Frühjahr 2017 haben unwetterartige Regenfälle in Kalifornien für Chaos gesorgt. Stark betroffen war Big Sur durch Erdrutsche, der Highway und manche State Parks waren in diesem Bereich für Wochen und Monate gesperrt. Bereits 2008 machten erhebliche Waldbrände und Buschfeuer weite Teile von Big Sur

unpassierbar. Die dadurch angerichteten Schäden erkennt man heute noch gut.

Bau des Highways No. 1

Von 1919 bis 1937 wurde dieser Teil als der heute charakteristischste der ganzen Küstenstraße Highway No. 1 gebaut. Damit wurde das Gebiet erstmals erschlossen. Auflagen sorgten dafür, dass die Natur weitgehend in ihrem ursprünglichen Erscheinungsbild erhalten blieb. Vor allem die Baunutzungsverordnung, dass kein Gebäude errichtet werden durfte, das von der Straße aus sichtbar ist, trug dazu bei, dass die Landschaft weitgehend in ihrem natürlichen Zustand verbleiben konnte.

Beliebtheit

Für Touristen steht Big Sur auf der Liste der Orte, die man unbedingt gesehen haben muss. Bevor der Küstenabschnitt zu dieser Popularität gelangte, nutzten Künstler in den 1950er- und 1960er-Jahren Big Sur als Refugium; heute sind es eher Späthippies und Exzentriker, die sich hier niederlassen.

Natürlich hat auch die Filmindustrie Kapital aus dem Gebiet geschlagen. Big Sur war Drehort für den ersten *Lassie*-Film, für *… die alles begehren* und für *Basic Instinct*.

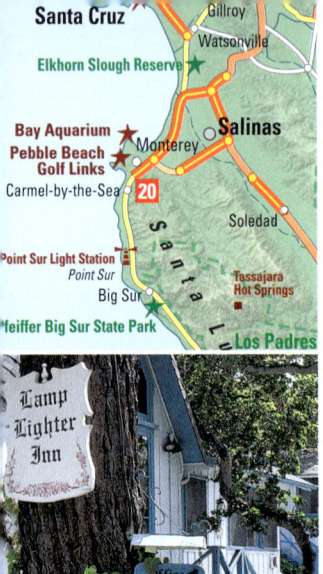

20 Carmel-by-the-Sea
Schräger, millionenschwerer Küstenort

Welcher Ort kann sich schon damit rühmen, einen Filmschauspieler als Bürgermeister zu haben? Die 4000-Einwohner-Stadt Carmel wurde von 1986 bis 1988 von Clint Eastwood (geb. 1930) regiert, der in Carmel die Hotelanlage Mission Ranch besitzt. In dem wohlhabenden Städtchen mischen sich Historie, Kultur und Natur so wunderbar wie kaum in einem anderen Ort an der Westküste.

Carmel-by-the-Sea (zu unterscheiden von Carmel im Landesinneren) wurde in den 1880er-Jahren als Küsten-Ferienort gegründet. Anfangs zog vor allem die berauschende Natur Carmels bekannte Schriftsteller wie Ernest Hemingway (1898–1961) oder Jack London (1876–1916) sowie Künstler an. Letztere haben ihre Spuren hinterlassen – über 100 Galerien zieren die Straßen der Ortschaft mit den exorbitant hohen Grundstückspreisen.

Zunächst das Kuriose ...

In Carmel gibt es weder Hausnummern noch Briefkästen. Die Einwohner holen ihre Post aus dem Postfach ab. Seit einigen Jahren können sie sich ihre Briefe zwar auch liefern lassen, greifen aber kaum darauf zurück. Außerdem gibt es weder Straßenlaternen, Fußgängerwege und Parkuhren, noch Leuchtreklame oder Geschäfte direkt an der Küste. Mülltonnen und Zeitungsautomaten sind mit Schindeln »verkleidet«. Laut Verordnung müssen neue Gebäude um Bäume herum gebaut werden und für das Tragen von High-Heels braucht man eine Genehmigung vom Ordnungsamt ...

Mitte: Alles ist etwas beschaulicher und weniger kommerziell in dem Ort, in dem es auch schnuckelige kleine B&Bs gibt
Unten: Auf dem 17-Miles-Drive kann man schauen, wie die Promis leben

... dann alles andere!

Das muntere Treiben spielt sich auf der Ocean Avenue ab, wo sich die Touristeninformation befindet (dort gibt es Ortspläne). Die Straße läuft direkt auf den Strand zu und ist vor allem vom kommerziellen Leben bestimmt. Ruhiger wird es bei der Mission San Carlos Borroméo de Carmelo, der ersten Mission Montereys, die zwei Jahre nach ihrer Gründung 1772 nach Carmel verlegt wurde. Die Mission inmitten eines herrlichen Blumengartens ist eine der schönsten Kaliforniens und kann besichtigt werden – Touren führen über den Klosterhof, in die Basilika, auf den indianischen Friedhof und zum Museum.

Wenn es um sehenswerte Häuser inmitten der bunten Mischung aus Hexenhäusern in der Innenstadt und um herrschaftliche Anwesen an den Stränden und Buchten geht, ist eine Stadtführung der Carmel Heritage Society empfehlenswert. 90 Minuten lang spazieren Besucher unter der Leitung von Experten durch die Stadt und bekommen historische Ausstellungen, ungewöhnliche Häuser und Bauwerke gezeigt. Startpunkt ist das Murphy House, der Sitz der Carmel Heritage Society.

17-Miles-Drive

Mehr als nur einen groben Überblick verschafft diese Rundfahrt, eine zum Teil enge Straße, die in einem malerischen Verlauf das Wohngebiet Pebble Beach mit dem Zypressenwald Del Monte Forest verbindet. Vorbei geht es an millionenschweren Anwesen Prominenter, an Golfplätzen und Villen, aber auch an herrlichen Aussichtspunkten und Fotomotiven sowie an den Klippen entlang. Die Rundfahrt ist kostenpflichtig (zehn Dollar pro Fahrzeug), Radfahrer und Fußgänger sind kostenlos, Motorräder verboten. Bei der Einfahrt erhält man eine Karte mit den Haltepunkten.

Infos und Adressen

SEHENSWÜRDIGKEITEN
Mission San Carlos Borroméo de Carmelo. Ende Mai–Anfang Sept. tgl. 9.30–19 Uhr, sonst kürzer (siehe Website), 3080 Rio Rd., Carmel-by-the-Sea, CA 93923, Tel. 831/624 12 71, www.carmelmission.org

ÜBERNACHTEN
Mission Ranch Hotel. Große Hotelanlage im Besitz von Clint Eastwood. 26270 Dolores St., Carmel-by-the-Sea, CA 93923, Tel. 831/624 64 36, www.missionranchcarmel.com

VERANSTALTUNGEN
Carmel Bach Festival. Klassisches Musikfestival. Juli und Aug., www.bachfestival.org

AKTIVITÄTEN
17-Miles-Drive. Einstieg am besten am Pacific Grove Gate am Sunset Dr., www.visitcalifornia.com/de/attraction/17-mile-drive

Führungen der Carmel Heritage Society. Je nach Tour, Lincoln St., Carmel-by-the-Sea, CA 93921, Tel. 831/624 44 47, www.carmelheritage.org

INFORMATION
Carmel Visitor Information Center. Mo–Sa 10–18, So 11–17 Uhr, Ocean Ave, Carmel-by-the-Sea, CA 93923, Tel. 831/624 25 22, www.carmelchamber.org

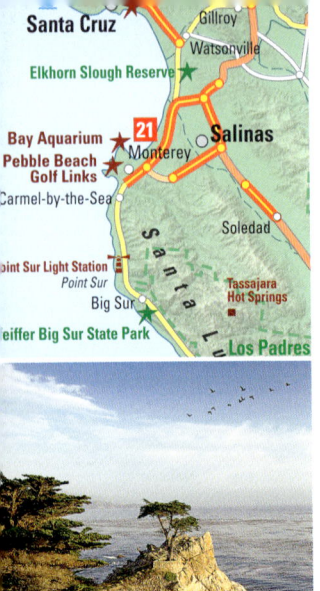

21 Monterey
Ölsardinen, Meerestiere und Wale

Mit Monterey ist meist die Monterey Peninsula gemeint, die die Stadt zusammen mit den beiden Nachbarorten Carmel und Pacific Grove bildet. Meist gelten die ersten beiden Gedanken, die man mit der Stadt verbindet, ihren Hauptattraktionen: dem touristischen Zentrum rund um die Cannery Row und den Highlights rund um das Meer wie Whale Watching, das berühmte Aquarium und das Meeresschutzgebiet.

Als Halbinsel ist Monterey rundherum von Wasser umgeben. Daher liegt es nahe, dass der Schwerpunkt aller Attraktionen und Aktivitäten auf dem Wasser liegt. Eingebettet in das südliche Ende der Monterey Bay ergeben sich auch einige herausragende Bademöglichkeiten an Sandstränden aller Größe in versteckten Buchten.

Orientierung

Das touristische Herz schlägt in der Cannery Row (»Straße der Ölsardinen«), der Küstenstraße Montereys. Wie der Name schon sagt, handelt es sich hierbei um die ehemalige Straße der Ölsardinen-Industrie. Zwischen 1895 und 1950 reihte sich an der Straße eine Ölsardinenfabrik an die andere, zu der Zeit hieß sie noch Ocean View Avenue. Nach dem Untergang der Sardinenfischerei wurde der Spitzname der Straße zum offiziellen Straßennamen, und es begann die Umwandlung in ein gepflegtes Tourismusviertel mit zahlreichen Geschäften und Restaurants mit Blick auf die Monterey Bay.

Mitte: Ein Motiv mit hohem Wiedererkennungseffekt ist die einsame Zypresse auf einer Felsklippe in Pebble Beach
Unten: Der Pier Old Fisherman's Wharf: touristische Anlaufstelle und Abfahrtsort für Whale-Watching-Touren

Montereys berühmte Cannery Row

Deutlich mehr historisches Flair versprüht die Altstadt Old Monterey. Sie erstreckt sich auf dem Gebiet zwischen dem Portola Plaza und dem Custom House Plaza rund um die Alvarado Street. Restaurierte Häuser im Adobe-Stil in spanischer und mexikanischer Bauweise sind die Sehenswürdigkeiten in diesem Bereich. Die Backsteingebäude sind im Monterey State Historic Park zusammengefasst. Im Rahmen eines selbst geführten Spazierganges – der etwa 3,2 Kilometer lange »Path of History« ist mit gelben Fliesen in den Pflastersteinen gekennzeichnet – kann man die Fassaden der Häuser bewundern, die Besichtigung des Inneren der Häuser ist jedoch nur mit einer Führung möglich. Diese kann man beim Pacific House Museum vereinbaren.

Old Fisherman's Wharf schließt südlich an die Custom House Plaza an. Er ist ein historischer Pier, der in den 1960er-Jahren als großer Fischmarkt genutzt wurde, heute aber wie die meisten kalifornischen Piers überhäuft ist mit Restaurants, Bars und Souvenirläden. Am Ende von Fisherman's Wharf starten die berühmten Walbeobachtungstouren (siehe Nicht verpassen, S. 131). Östlich des historischen Piers befindet sich der Municipal Wharf 2, der viel authentischere und beschauli-

Nicht verpassen

WHALE WATCHING
Das Beobachten von Walen hat in Monterey eine ganz besondere Bedeutung. In Küstennähe gibt es einen Canyon unter dem Meeresspiegel, aus dessen Tiefen im Sommer Strömungen kalten Wassers wirbeln. Dadurch gelangen Nährstoffe bis an die Wasseroberfläche, worüber sich die diversen tierischen Bewohner der Bucht freuen. Von April bis November ist die Chance, bei einer Whale-Watching-Tour einen Buckelwal zu sehen, sehr hoch, von Dezember bis April sieht man eher Grauwale. Highlights sind natürlich Killerwale, die ihre »Saison« im April/Mai haben. Die meisten Trips werden von Meeresbiologen begleitet.

Monterey Bay Whale Watch.
April–Dez. tgl. 9, im Sommer auch 5.30 und 14 Uhr, 84 Fisherman's Wharf, Monterey, CA 93940, Tel. 831/375 46 58, www.montereybaywhalewatch.com

Geheimtipp

PINNACLES NATIONAL PARK

Eine kleine, wenig beachtete Perle befindet sich eine Fahrstunde entfernt östlich der Monterey-Halbinsel. Vulkanische Formationen aus unterschiedlichen Erdzeitaltern haben das Naherholungsgebiet innerhalb der Gabilan Mountains erschaffen, das von Felswänden, Klippen und Höhlen geprägt ist. Für Liebhaber einsamer Landschaften, naturkundlich Interessierte und auch Freikletterer ist ein Besuch des Nationalparks ein Muss. Im Frühjahr ist der ganze Park von Wildblumen überzogen, was man besonders vom High Peaks Loop, dem Balconies Trail und dem Juniper Canyon Trail aus bewundern kann. Der Pinnacles National Park ist der jüngste Nationalpark Kaliforniens. Er ist in einen Ost- und einen Westbereich unterteilt, wobei man nur zu Fuß auf einer acht Kilometer langen Wanderung vom einen in den anderen Parkteil gelangt. In beiden Teilen gibt es ein Besucherzentrum, im Osten auch einen Campingplatz.

Pinnacles National Park. East Entrance: rund um die Uhr, West-Entrance: tgl. 7.30–20 Uhr, 5000 Highway 146, Paicines, CA 95043, Tel. 831/389 44 86, www.nps.gov/pinn

chere Handelspier der Stadt. Fischerboote schaukeln im Wasser und Fischverkäufer bieten den frischen Fang zum Verkauf an. Noch weiter östlich findet man weitläufige Strände mit Parks im Hintergrund.

Meer, wohin man schaut

Davon abgesehen, dass rund um die Stadt Monterey die Wellen des Pazifiks an die Küste der Stadt branden, drehen sich auch die populärsten Highlights um das Thema Meer. Zuvorderst ist das Monterey Bay Aquarium zu nennen, eines der größten Schauaquarien der Welt. Es befindet sich auf dem Gelände einer ehemaligen Fischfabrik an der Cannery Row. Neben der unendlich großen Vielfalt an Meeresgetier gibt es täglich sehr informative Schaufütterungen. Mit den Zeiten sollte man sich rechtzeitig über die Website vertraut machen. Insbesondere für Kinder sind die Streichelbecken und das interaktive Museumsprogramm besonders anziehend. Für den Besuch des Aquariums sollte man einen ganzen Tag einplanen und nach Möglichkeit auch an einer der geführten Touren teilnehmen, zum Beispiel eine mit Blick hinter die Kulissen.

Bei Monterey Bay Kayaks kann man nicht nur Indianerboote und die dazugehörige Ausrüstung mieten, sondern auch an Kursen und naturkundlichen Touren teilnehmen. Sonnenaufgangspaddeln ist ein besonders empfehlenswertes Erlebnis.

Das Strandleben rund um die Halbinsel Monterey kann sich ebenfalls sehen lassen. Vom kleinen Sandstrand in der versteckten Bucht bis hin zu endlos breiten und langen Sandstränden hat die Stadt einiges zu bieten. Erreichbar sind die Strände beispielsweise über den Monterey Bay Coastal Recreation Trail, einen asphaltierten Küstenwan-

Monterey entdecken

Ⓐ Del Monte Beach. Weißer Sandstrand, sauber und nicht überlaufen, schöne Spaziergänge zu den Piers.

Ⓑ Municipal Wharf 2. Schöner Pier ohne Touristentrubel. Fischerboote, Fischverkäufer und Robben sorgen für eine entspannte Atmosphäre.

Ⓒ Old Fisherman's Wharf. Kontrastprogramm zum Nachbarpier. Touristisch erschlossen mit Restaurants, Shops und Bars.

Ⓓ Cannery Row. Tourismusviertel von Monterey, früher standen hier die Fabriken der Ölsardinen-Industrie. Ein paar alte Gebäude sind noch übrig. Ansonsten Kneipen, Läden und traumhafte Lage am Pazifik.

Ⓔ Monterey Bay Aquarium. Aufwendig gestaltetes, berühmtes, sehr empfehlenswertes Schau-Aquarium mit vielen Angeboten.

Ⓕ Monterey Museum of Art – Pacific Street. Museum mit acht Galerien für amerikanische und kalifornische Malerei und Fotografie.

Ⓖ Alvarado Street. Die Hauptstraße der Altstadt, in der sich Geschichte und Gegenwart der Stadt vermischen. Es grenzen historische Gebäude an, zum Beispiel Colton Hall, The Larkin House, The Cooper Molera Adobe, The Stevenson House, The Custom House und das California's First Theatre.

Ⓗ Custom House Plaza. Hier findet man die Monterey History Museum & Art Association, den Monterey State Historic Park und das Pacific House Museum.

Fischerboot in der Bucht von Monterey

derweg, von dem aus sich auch die Tierwelt der Region (Pelikane, Seelöwen und Robben) gut betrachten lässt.

Das kulturelle Angebot

Auch im Museum wird das Meer als Thema noch einmal aufgegriffen, und zwar im Monterey History Museum & Art Association. Hier wird nicht nur die Kulturgeschichte Montereys bewahrt, sondern auch die historische Bedeutung der Seefahrt betrachtet. Ausstellungsstücke aus der Zeit der Sardinenindustrie bringen den Besuchern diesen Teil der Vergangenheit näher. Das nur wenige Schritte entfernte Pacific House Museum ist im Adobe-Stil erbaut. Hier wird die kalifornische Geschichte von den Ureinwohnern bis zur spanischen, mexikanischen und schließlich amerikanischen Regierung thematisiert, es gibt unter anderem eine Ausstellung indianischer Artefakte.

Ein angesehenes Kunstmuseum ist das Monterey Museum of Art. In einem kleinen Cottage untergebracht, widmet sich das Museum der zeitgenössischen kalifornischen Kunst sowie der modernen Landschaftsmalerei und Fotografie. Es gibt zwei Standorte dieses Museums: einen in der Pacific Street in oben genanntem Cottage und einen in der Via Mirada in einer Villa, die inmitten schön angelegter Gärten liegt. In Letzterem ist der Ausstellungsschwerpunkt die ostasiatische Kunst.

Oben: Robben bevölkern den Hafenbereich, v.a. den Bay Coastal Recreation Trail
Mitte: Das Monument an der Steinbeck Plaza huldigt dem Schriftsteller John Steinbeck
Unten: Das Monterey Aquarium ist ein populäres Schau-Aquarium

Infos und Adressen

SEHENSWÜRDIGKEITEN

Monterey Bay Aquarium. Tgl. 10–17 Uhr, 886 Cannery Row, Monterey, CA 93940, Tel. 831/648 48 00, www.montereybayaquarium.org

Monterey History Museum & Art Association. Mi–Sa 11–17, So 12–17 Uhr, 5 Custom Plaza, Monterey, CA 93940, Tel. 831/372 26 08, www.museumofmonterey.org

Monterey Museum of Art – La Mirada. Nur zu speziellen Events geöffnet, 720 Via Mirada, Monterey, CA 93940, Tel. 831/372 36 89, www.montereyart.org

Monterey Museum of Art – Pacific Street. Do–Mo 11–17 Uhr, 559 Pacific St., Monterey, CA 93940, Tel. 831/372 54 77, www.montereyart.org

Monterey State Historic Park. 20 Custom House Plaza, Monterey, CA 93940, Tel. 831/649 71 18, www.parks.ca.gov

Pacific House Museum. Do–So 10–16 Uhr, 10 Custom House Plaza, Monterey, CA 93940, Tel. 831/649 71 18, www.mshpa.org/pacific-house

EINKAUFEN

Farmer's Market. Historischer Bauernmarkt. Di 14–19 Uhr, Alvarado St, Monterey, CA 93940, Tel. 831/655 26 07, www.oldmonterey.org/oldmonterey/farmers-market-old-monterey-marketplace

AKTIVITÄTEN

Monterey Bay Kayaks. Verschiedene Kajak-Touren. Tgl. 8.30–18 Uhr, 693 Del Monte Ave., Monterey, CA 93940, Tel. 831 373 5357, www.montereybaykayaks.com

INFORMATION

Monterey County Visitors Bureau. Sommer Mo–Sa 9–18, So 9–17, Winter tgl. 9–17 Uhr, 787 Munras Ave, Monterey, CA 93940, Tel. 888/221 10 10, www.seemonterey.com

Auf dem Farmer's Market in Monterey werden frisches Obst und Gemüse feilgeboten

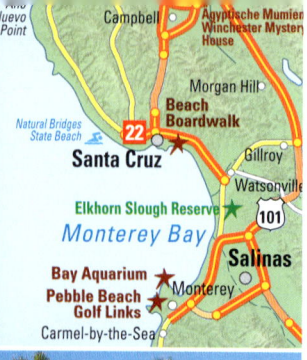

22 Santa Cruz
Ferien- und Studienort, Surfspot

Allein mit Schauen, Shoppen und Schlendern durch die zentrale Hauptstraße Pacific Avenues kann man einen unterhaltsamen halben Tag in Santa Cruz verbringen. Wenn man zusätzlich noch einen der Sandstrände ins Programm aufnimmt, um dort das sonnenverwöhnte Klima zu genießen oder sich auf ein Surfbrett zu wagen und/oder ein Museum besucht, erlebt man ganz schnell einen ganzen, erlebnisreichen Urlaubstag.

Wie so oft an der Küste Kaliforniens lockt auch in Santa Cruz ein Vergnügungspark am Strand die Besucher an. Zum (geistigen) Ausgleich gibt es Museen zu besichtigen und den Sitz der noch jungen University of California, Santa Cruz (UCSC, 1965 gegründet). Der ländlich anmutende Campus beherbergt außerdem Museen und ein Arboretum.

Santa Cruz Beach Boardwalk

Im Gegensatz zu den südlicheren Vergnügungsparks am Strand ist der Beach Boardwalk nicht auf einem Pier angesiedelt, sondern auf einem parallel zum Strand verlaufenden Boardwalk. Zu den Attraktionen zählen die historische Holzachterbahn Giant Dipper (aus dem Jahr 1924 und damit ein National Historic Landmark), das mit handgeschnitzten Pferdchen bestückte, ebenfalls antike Karussell (auch mit historischem Status) sowie einige topmoderne Nervenkitzel. Neben den Fahrgeschäften stehen einige ganzjährig geöffnete Indoor-Aktivitäten zur Verfügung wie Minigolf, Lasertag und Bowling.

Mitte: Auf dem Santa Cruz Boardwalk gibt es moderne Fahrgeschäfte und eine antike Achterbahn
Unten: Egal, ob man es lernen will oder nur zuschauen möchte – Surfen ist etwas Besonderes in Santa Cruz

Surf City USA

Gesurft wird überall an der Westküste, aber Santa Cruz ist doch noch einmal herauszuheben, weil hier 1885 zum ersten Mal in Kalifornien gesurft wurde. Die beliebtesten Surfspots sind Steamers Lane am West Cliff Drive, der Pleasure Point Beach am East Cliff Drive und der Manresa State Beach. Beim Cowell's Beach Surf Shop kann man Ausrüstung entleihen. Surfen lernen kann man sowohl dort als auch in der Santa Cruz Surf School oder in der Richard Schmidt Surf School.

In der Innenstadt

Der Municipal Wharf ist eine Anlegestelle im Stadtbereich, der auf seiner ganzen Länge mit dem Auto befahrbar ist. Es reihen sich Restaurants und Souvenirläden aneinander, für die akustische Untermalung sorgen zahlreiche Seelöwen. Der Pier bietet wunderbare Ausblicke auf Stadt und Bucht.

Der West Cliff Drive führt südwestlich der Anlegestellen an den Klippen entlang. Neben der Fahrbahn sind auch Wander- und Radwege angelegt. Vom Lighthouse Point mit dem Leuchtturm Mark Abbott Memorial Lighthouse und dem kleinen Santa Cruz Surfing Museum hat man einen tollen Blick auf den Surferstrand Steamer Lane. Am Ende der Panoramastraße kann man am Natural Bridges State Beach den Tag ausklingen lassen.

Die Umgebung

Wenige Kilometer außerhalb von Santa Cruz kann man sich beim Wandern im Henry Cowell Redwoods State Park austoben und »nebenbei« die riesigen Redwoods bestaunen. Oder die fabelhafte Aussicht vom Observation Deck, dem höchsten Punkt des State Park, auf die Monterey Bay und Santa Cruz genießen.

Infos und Adressen

SEHENSWÜRDIGKEITEN

Henry Cowell Redwoods State Park. Sonnenaufgang bis -untergang, 101 N Big Trees Park Rd., Felton, CA 95018, Tel. 831/ 335 70 77, www.parks.ca.gov

Santa Cruz Beach Boardwalk. Je nach Saison, Fahrgeschäfte Mai–Aug. tgl. geöffnet, 400 Beach St., Santa Cruz, CA 95060, Tel. 831/423 55 90, www.beachboardwalk.com

Santa Cruz Surfing Museum. Im Mark Abbott Memorial Lighthouse. Do–Mo 12–16 Uhr, 701 Westcliff Dr., Santa Cruz, CA 95060, Tel. 831/429 62 89, www.californiabeaches.com/ attraction/santa-cruz-surfing-museum

AKTIVITÄTEN

Cowell's Beach Surf Shop. Sommer tgl. 8–18, Winter 8–17 Uhr (nach Wetter), Surfstunden nach Vereinbarung, 30 Front St., Santa Cruz, CA 95060, Tel. 831/427 23 55, www.cowellssurfshop.com

INFORMATION

Santa Cruz Visitor Information. Mo–Fr 9–16, Sa und So 11–15 Uhr, 303 Water St., Santa Cruz, CA 95060, Tel. 831/425 12 34, www.santacruz.org

SAN FRANCISCO / DER NORDEN

23 San Francisco Bay Area
Highlight: City of San Francisco

Wenn die Küste im Norden Kaliforniens einen deutlichen Knick beschreibt, hat man die San Francisco Bay Area erreicht – für viele Urlauber das Traumziel ihrer Kalifornien-Reise. Dies liegt nicht nur an der legendären, atemberaubenden und kaum mit Worten zu beschreibenden Weltstadt San Francisco, sondern an den Städtchen, Regionen und Sehenswürdigkeiten, die zusammengenommen die Bay Area ausmachen.

San Francisco ist das kulturelle, historische und touristische Zentrum der San Francisco Bay Area, kurz Bay Area genannt. Das Gebiet umfasst darüber hinaus aber auch Palo Alto im Südwesten, San José im Süden, Berkeley im Südosten und Oakland im Osten sowie das jeweilige Umland der Städte. Im Norden geht die lang gezogene Bucht von San Francisco unmittelbar in die San Pablo Bay über, am südlichen Ende sitzt das techniklastige Silicon Valley. Hier haben Apple, Facebook, Google und Co. ihre Firmensitze.

Herzstück San Francisco

Der besondere Zauber, der von der *City by the Bay* (»Stadt an der Bucht«) ausgeht, ist schwierig in wenige Worte zu fassen. Er ist ein Zusammenwirken der unterschiedlichen Ausstrahlungen der viktorianischen Häuser, der museumsreifen Cable Cars, der rot leuchtenden Golden Gate Bridge, den Nebelschwaden über der Stadt, dem quirligen Fisherman's Wharf …

Seite 138/139: Ein Wahrzeichen: die Golden Gate Bridge
Mitte: Die Powell-Mason-Line verkehrt in der Mason Street und bewältigt zahlreiche Hügel
Unten: Portal zum Friedhof Mission Dolores

Blick über die Skyline von San Francisco

In San Francisco kann – und sollte – man alles zu Fuß ablaufen. Die Stadt bildet die Spitze der 48 Kilometer langen Landzunge zwischen dem Pazifik und der San Francisco Bay auf der anderen Seite. Viel Platz ist da nicht, was man an der Stadtfläche von »nur« 121 Quadratkilometern sehen kann.

Die Stadtteile

Multikulturellen Charme versprühen das japanische, das russische, das italienische (North Beach) und das französische Viertel. Chinatown (S. 164) ist eins der berühmtesten chinesischen Stadtteile der gesamten USA. Einkaufsmöglichkeiten und Museen findet man im Stadtteil South of Market (SoMa), Boutiquen, Juweliere und Kaufhäuser vor allem rund um den Union Square, von den Zwillingshügeln Twin Peaks kann man die ganze Stadt überblicken, und im Stadtteil Russian Hill befindet sich die weltberühmte Lombard Street. Die enge, kurvenreiche Straße hat man in Filmen schon unzählige Male gesehen.

Der südlichste Stadtteil San Franciscos ist South of Market mit Museen, Restaurants, Galerien und Clubs. Westlich davon befindet sich mit Civic Cen-

Geheimtipp

MISSION DOLORES CEMETERY

Im Mission District befindet sich dieser altehrwürdige Friedhof. Die Mission, aus der San Francisco entstanden ist, wurde von Franziskanermönchen 1776 gegründet. Den Friedhof gibt es seit 1889. Die Statue einer Mohawk-Indianerin erinnert an die etwa 5000 Ureinwohner, die Muwekma-Ohlone-Indianer, die hier beerdigt sind. Die Bepflanzung dieses Friedhofteils entspricht der der Ureinwohner, ein Schilfhaus zeigt die ursprüngliche Lebensweise der Indianer. Der erste mexikanische Gouverneur Alta Californias hat hier ebenso seine letzte Ruhestätte gefunden wie der erste Bürgermeister San Franciscos. Man findet Gräber von Mördern, Opfern von Kreuzzügen und Hingerichteten neben denen namhafter Bürger.

Mission Dolores Cemetery. 3321 16th St., San Francisco, CA 94110. Tel. 415/621 82 03, www.atlasobscura.com/places/mission-dolores-cemetery

ter das kommunale Zentrum der Stadt mit der Market Street als Längsachse. Die berühmten viktorianischen Häuser, die wie in einer Filmkulisse aneinandergereiht sind, findet man in Pacific Heights, wo es auch Nobel-Boutiquen und Parks gibt. The Presidio in unmittelbarer Nachbarschaft zur Golden Gate Bridge ist ein ehemaliger spanischer Militärposten und fungiert heute als große Parkanlage innerhalb der Golden Gate Area.

Das Latino-Viertel San Franciscos ist der Mission District. Bei einem Spaziergang lassen sich die viktorianischen Häuser bewundern, aber vor allem die kunstvollen Murals (»Wandmalereien«), die lateinamerikanischen Hintergründe haben. Eine hohe Konzentration findet man in der Balm Street, der Clarion Alley und in der 18th Street – hier befindet sich auch in Hausnummer 3543 das Women's Building, mit einer von sieben Künstlerinnen gestalteten Hausfassade.

Highlights San Francisco

Neben den Touristenmagneten Fisherman's Wharf (S. 146), Golden Gate Bridge (S. 152), den Cable Cars (S. 160) und Chinatown (S. 164) hat San

Oben: Die Häuser in Haight Ashbury sind typisch für die viktorianische Architektur der Stadt
Unten: Im Mission District findet man kunstvolle Murals

GUT ZU WISSEN

THE CITY

Man kann sich in San Francisco allein bei der Benennung der Stadt leicht als Nicht-Einheimischer outen, indem man die Stadt »Frisco« oder »The Golden City« nennt – es gibt nur eine Insider-Bezeichnung und die ist »The City« (»Die Stadt«). Damit ist eigentlich alles gesagt, denn für die Einwohner San Franciscos gibt es neben ihrer Stadt weit und breit keine andere ernst zu nehmende Stadt, sodass jeder in der ganzen Bay Area weiß, wovon bei »The City« die Rede ist …

San Francisco Bay Area

Francisco weitere sehr schöne Plätze und Sehenswürdigkeiten. Will man eine Auszeit im Park nehmen, kann man dies im Golden Gate Park tun, einer Freizeitoase mitten in der City mit einem Karussell, einem Japanischen Garten, dem DeYoung Museum und der Academy of Science. Das M. H. de Young Memorial Museum ist ein Kunstmuseum mit Gemälden und Skulpturen in einem äußerst attraktiven Gebäude. Die California Academy of Science beinhaltet ein Museum für Naturgeschichte, ein Planetarium, ein Aquarium und eine vierstöckige Kuppel mit einem künstlichen Regenwald.

Vom Aussichtsturm Coit Tower auf dem Telegraph Hill hat man einen guten Blick auf die Stadt inklusive Golden Gate Bridge, im Turm gibt es eine kleine Ausstellung. Rund um die San Francisco Bay erstreckt sich die Golden Gate National Recreation Area mit einer Fläche, die zweieinhalbmal so groß ist wie die Stadt und über 90 Kilometer Küstenlinie verfügt. Besonders für einen Blick auf die Golden Gate Bridge lohnt sich der Besuch, aber auch zum Radfahren und Wandern. Teile des südlichen Stadtgebiets San Franciscos gehören zu dem vom National Park Service verwalteten Gebiet, der einige Visitor Centers unterhält.

Palo Alto

Es ist in erster Linie eine Collegestadt im Santa Clara Valley und die renommierte Stanford University hat hier ihren Sitz. Bei einem Besuch des Campus der Elite-Universität nimmt man auch als Besucher den Hauch des Ehrwürdigen wahr. Das Gelände ist riesig, auf Parkbänken oder in einem Café kann man die Szenerie auf sich wirken lassen. Es gibt neben Museen und dem eigenen Stadion eine kleine, konfessionsunabhängige Kirche, die symbolisch auf das Zusammenleben aller in-

Einfach gut !

LAND'S END

Dies ist nicht etwa die Bezeichnung vom Ende der Welt, sondern die eines Parks in San Francisco innerhalb der Golden Gate National Recreation Area. Die schroffe Küstenlinie ist geprägt von einem Zypressenwald und gesäumt von Klippen, die sechs Meter in die Tiefe zum Ozean fallen. Besonderes Highlight ist der Coastal Trail, der am Restaurant Cliff House startet, sich dann auf zweieinhalb Kilometern Länge immer an der Kante der Klippen und teilweise durch den Wald windet und in einem Wohngebiet nahe China Beach endet. Der Weg ist abwechslungsreich mit langen Sequenzen mit Blick auf die Golden Gate Bridge, herrlichen Aussichten auf den Ozean und die schroffe Felsküste und idyllische Picknickplätze.

Land's End. Visitor Center: tgl. 9–18 Uhr, 680 Point Lobos Ave., San Francisco, CA 94121, Tel. 415/426 52 40, www.nps.gov/goga/planyourvisit/landsend.htm

Oben: Die Stanford University in Palo Alto hat ein schönes Außengelände mit dem Aussichtssturm Hoover Tower
Mitte: Blick auf Berkeley
Unten: Fußgängerzonen wie das City Center sind eine Seltenheit in den USA

nerhalb einer Universität hinweisen soll. Eine schöne Sicht auf das Gelände bietet der Aussichtssturm Hoover Tower, das Wahrzeichen der Uni.

San José

Sehenswert ist die Plaza de Cesar Chavez im Zentrum. Der Platz ist aus dem ursprünglichen Dorfplatz der spanischen Siedlung hervorgegangen. Hier befindet sich die Cathedral Basilica of St. Joseph, die erste Kirche der Stadt. Im Freilichtmuseum History Park kann man historische Gebäude aus der Zeit der spanischen Siedlungen anschauen. Außerdem sehenswert sind das Tech Museum of Innovation, das San José Museum of Art und das Rosicrucian Egyptian Museum.

Berkeley

Die University of California (UCB) sitzt in Berkeley, sie ist die älteste Universität Kaliforniens. Einige Kulturgüter vor allem in Form von Museen befinden sich auf dem Campus. Das Herz der Stadt schlägt südlich davon im Bereich der Telegraph Avenue, wo sich Studenten, Straßenkünstler und Verkäufer tummeln. Im Zentrum Berkeleys geht es dagegen eher gemächlich zu.

Oakland

Das Zentrum Oaklands bildet die Fußgängerzone City Center, in deren unmittelbarer Nähe sich die Zwillingstürme Ronald Dellums Federal Building und das Wahrzeichen Oaklands, der Tribune Tower, befinden. Sehenswert ist die restaurierte City Hall, ebenso wie Old Oakland mit historischen Gebäuden aus den 1860er- bis 1880er-Jahren. Lake Merritt ist eine kleine Oase inmitten der Stadt, Spaziergänger und Jogger genießen den fünf Kilometer langen Rundweg um den See.

Infos und Adressen

SEHENSWÜRDIGKEITEN

California Academy of Science. Mo–Sa 9.30–17, So 11–17 Uhr, 55 Music Concourse Dr., San Francisco, CA 94118, Tel. 415/379 80 00, www.calacademy.org

Coit Tower. Nov.–April tgl. 10–17, Mai–Okt. tgl. 10–18 Uhr, 1 Telegraph Hill Blvd., San Francisco, CA 94133, Tel. 415/249 09 95, http://sfrecpark.org/destination/telegraph-hill-pioneer-park/coit-tower

Golden Gate National Recreation Area. Verwaltung: Building 201, Fort Mason, San Francisco, CA 94123-0022, Tel. 415/561 47 00, www.nps.gov/goga

Golden Gate Park. Rund um die Uhr, Verwaltung: 501 Stanyan St., San Francisco, CA 94117, Tel. 415/831 27 00, http://goldengatepark.com

History Park at Kelly Park. Mo–Fr 12–17, Sa und So 11–17 Uhr, 1650 Senter Rd., San José, CA 95112, Tel. 408/287 22 90, www.historysanjose.org

M. H. de Young Memorial Museum. Di–So 9.30–17.15 Uhr, 50 Hagiwara Tea Garden Dr., San Francisco, CA 94118, Tel. 415/750 36 00, http://deyoung.famsf.org

Stanford University. 450 Serra Mall, Stanford, CA 94305, Tel. 650/723 23 00, www.stanford.edu

EINKAUFEN

Heart of the City Farmers Market. Einziger von der Stadt unabhängiger, von Farmern betriebener Markt. Viele asiatische Produkte zu angemessenen Preisen. Mi 7–17.30, So 7–17 Uhr, 1182 Market St., San Francisco, CA 94102, Tel. 415/558 94 55, www.heartofthecity-farmersmar.squarespace.com

INFORMATION

Visit SF Bay Area. Visitor Info & Vacation Guide, Tel. 415/332 62 77, www.visitsfbayarea.com

Die Statue von Christopher Columbus »bewacht« den Aussichtsturm Coit Tower

24 Fisherman's Wharf
Absoluter Touristenmagnet der Stadt

Ein buntes Konglomerat an Sehenswürdigkeiten und ein vielseitigeres Bild der Stadt kann es nicht geben: Das Hafenviertel besteht aus Geschäften, Restaurants, Cafés, Galerien und Museen und außerdem aus einer fest institutionalisierten Seelöwenkolonie. Natürlich hat das Ganze einen sehr touristischen Einschlag, aber dennoch darf ein Besuch dieses Viertels bei einer San-Francisco-Stadtbesichtigung auf keinen Fall fehlen!

Was früher ein Fischmarkt war, ist auch heute noch ein buntes Treiben – nicht mehr mit Fachverkäufern, die ihren frischen Fang feilbieten, sondern mit Straßenkünstlern, diversen (Floh-)Märkten, exzentrischen Menschen und Unmengen an Touristen. Rein ins Vergnügen geht's bei der westlichen Begrenzung durch die Van Ness Avenue: Hier steht das bekannte Willkommensschild, das ebenso berühmt ist wie das am Strip von Las Vegas.

Märkte und einkaufen

Die Fischverkäufer gibt es heute immer noch, immer in den frühen Morgenstunden entladen die Fischer ihren Tagesfang und verkaufen diesen, außerdem gibt es Obst- und Gemüse- sowie Flohmärkte. Ein weit über die Stadtgrenzen hinaus berühmter Markt ist der Ferry Plaza Farmers Market am Pier 1 am Ferry Building. Vor allem samstagmorgens ist auf dem Markt die Hölle los, wenn Köche Seite an Seite frische Speisen zubereiten. Allein das schmucke Fährterminal mit der weit sichtbaren großen Uhr am Turm ist einen Besuch

Nicht nur ein Fährterminal, sondern eine Sehenswürdigkeit ist das Ferry Building mit der weithin sichtbaren Uhr im Turm

Rundgang durch das quirligste Viertel

Ⓐ San Francisco Maritime National Historic Park. Museumskomplex mit historischen Schiffen, Besucherzentrum, Museum und Aquatic Park.

Ⓑ Ghirardelli Square. Öffentlicher Platz mit Restaurants, Läden und großem Brunnen. Früher war der Platz in Händen des Schokoladenfabrikanten Domingo Ghirardelli (1817–1894). Der Ghirardelli Ice Cream and Chocolate Shop ist ein Überbleibsel davon.

Ⓒ Powell-Hyde Cable Car Turntable. Historische Straßenbahnwendeplatte, an der heute noch manuell eine Bahn gewendet und in das Seil in die Gegenrichtung eingehängt wird.

Ⓓ Eureka. Historische, mit Dampf betriebene Fähre, die am Hyde Street Pier ankert.

Ⓔ The Cannery Shopping Center. Einkaufszentrum mit Läden, Bars und Restaurants mit dem authentischen Flair des früheren Hafenviertels. Backsteingebäude, ehemalige Konservenfabrik. In der Hochsaison Musiker im Innenhof.

Ⓕ Madame Tussauds. San Francisco-Ableger des weltweiten Wachsfigurenmuseums. Einige aktuelle Stars neben den »gängigen« Promis.

Ⓖ Boudin Bakery & Café. Schaubacken von lustigen Brotfiguren, leckere Muschelsuppe im Brotteig.

Ⓗ Pier 45. Hier liegen das historische U-Boot »USS Pampanito« und das historische Frachtschiff »SS Jeremiah O'Brien« vor Anker.

Ⓘ Pier 39. Touristisches Zentrum von Fisherman's Wharf. Mit Restaurants, Souvenirshops, Straßenkünstlern, Rummelplatz und Aquarium.

Ⓙ Ferry Building. Historisches Fährterminal. Der Plaza Farmers Market findet hier statt.

Ⓚ Embarcadero Center. Shoppingcenter mit 125 Läden, zahlreichen Bars, Restaurants, Kinos und Fitnesscentern. Im Winter gibt es eine Außen-Eislauffläche.

SAN FRANCISCO MARITIME NATIONAL HISTORIC CENTER

Am westlichen Ende von Fisherman's Wharf befindet sich dieses Kleinod, bei dem die Seefahrer-Vergangenheit der Stadt eindrucksvoll und auf vielfältige Art und Weise beleuchtet wird. Neben einer großen Sammlung von historischen Schiffen, die Ende des 19. Jahrhunderts mehrmals das Kap Hoorn umsegelt haben, gibt es einen Museumspark. Dieser besteht aus dem Aquatic Park mit Spazierwegen und Gärten, einem informativen Besucherzentrum und einem Schifffahrtsmuseum mit interaktiven Exponaten. Im Steamship Room wird anschaulich die technologische Entwicklung der Schifffahrt dargestellt. Außerdem gibt es einige sehr interessante, optische Ansichten des früheren Hafengebietes zu sehen. Die Schiffe, deren Inneres man besichtigen kann, liegen am Hyde Street Pier vertäut. Diese Anlegestelle war bis zum Bau der Golden Gate Bridge die einzige Verbindung zwischen San Francisco und Sausalito.

San Francisco Maritime National Historic Center. Visitor Center: tgl. 9.30–17, Aquatic Park: tgl. 10–16, Hyde Street Pier: tgl. 9.30–17 Uhr, 2 Marina Blvd., Building E, San Francisco, CA 94123, Tel. 415/561 70 00, www.nps.gov/safr

des Marktes wert. Soll es sich beim Großeinkauf nicht um Essen, sondern um alles andere handeln, befindet sich ein paar Schritte vom Ferry Building entfernt das Einkaufszentrum Embarcadero Center.

Pier 39

Attraktion Nummer eins und Sinnbild für Fisherman's Wharf ist der Pier 39. Hier wetteifert die große Seehundkolonie mit den touristischen Institutionen um die Gunst der Besucher. Die behäbigen Tiere liegen auf Pontons und bieten ein unterhaltsames Spektakel, dem man eine Weile zuschauen kann. An Schautafeln kann man sich über die Kalifornischen Seelöwen informieren. Ein Stückchen weiter werden die Besucher von Souvenirläden überflutet, es gibt einen kleinen Rummel, zahlreiche Imbissstände, Cafés und Restaurants. Als Bonus erhält man von der Anlegestelle aus einen schönen Blick auf die Golden Gate Bridge (S. 152), die benachbarte Oakland Bridge und auf die Gefängnisinsel Alcatraz (S. 166).

Am Eingang von Pier 39 befindet sich das Aquarium of the Bay, in dem man über 20 000 Meerestiere anschauen und sogar anfassen und streicheln kann. Der Unterwassertunnel mit den Haien ist das Highlight, nicht nur für die Kids.

Rund um Pier 45

Nicht ganz so turbulent geht es am Pier 45 zu: Das U-Boot »USS Pampanito« und das Frachtschiff »SS Jeremiah O'Brien«, beides Relikte aus dem Zweiten Weltkrieg, liegen hier vor Anker. Mit dem Frachtschiff kann man Tagesfahrten unternehmen und das restaurierte Schiff auch besichtigen. Das U-Boot ist ein National Historic Landmark und kann ebenfalls besichtigt werden.

Infos und Adressen

SEHENSWÜRDIGKEITEN

Aquarium of the Bay. Öffnungszeiten je nach Monat, im Sommer tgl. 9–20 Uhr, 2 The Embarcadero & Beach St., San Francisco, CA 94133, Tel. 415/623 53 00, www.aquariumofthebay.org

ESSEN UND TRINKEN

Boudin Bakery & Café. Event-Bäckerei, durch ein Schaufenster kann man beim Entstehen von kunstvollen Brotfiguren zuschauen, sehr gute Clam Chowder (dickflüssige Muschelsuppe im Brotmantel). 160 Jefferson St., San Francisco, CA 94133, Tel. 415/928 18 49, www.boudinbakery.com/at-the-wharf

Forbes Island Restaurant. Restaurant auf einer eigenen kleinen Insel, zwischen Pier 39 und 41 mit sensationellem Blick auf die Gefängnisinsel Alcatraz. Pier 39, 2 Beach St., San Francisco, CA 94133, Tel. 415/951 49 00, www.forbesisland.com/home.html

ÜBERNACHTEN

Sheraton Fisherman's Wharf Hotel. Nur wenige Schritte von den Attraktionen entferntes Hotel der gehobenen Mittelklasse. 2500 Mason St., San Francisco, CA 94133, Tel. 415/362 55 00, www.sheratonatthewharf.com

EINKAUFEN

Embarcadero Center. Mo–Fr 10–19, Sa 10–18, So 12–17 Uhr, Tel. 415/772 07 00, www.embarcaderocenter.com

Ferry Plaza Farmers Market. Di und Do 10–14, Sa 8–14 Uhr, 1 Ferry Building, San Francisco, CA 94111, Tel. 415/983 80 30, www.ferrybuildingmarketplace.com

INFORMATION

California Welcome Center am Pier 39. Tgl. 9–19 Uhr, Pier 39 Concourse, San Francisco, CA 94133, Tel. 415/981 12 80, www.pier39.com

Der berühmte Pier 39 bietet Souvenirshops, Fahrgeschäfte, Restaurants und ein Aquarium

25 Downtown
Mittelpunkt der City

Auch wenn sie nur einer von vielen Stadtteilen in der sehenswerten Stadt ist, hat die Downtown einen eigenen Besuchstag verdient. Eingerahmt von der San Francisco Bay, der Divisadero Street, der Market Street und dem Broadway sollte man vor allem den drei Bereichen Civic Center, Financial District und Alamo Square besondere Aufmerksamkeit schenken.

Sei es das Shopping-Erlebnis, die schönen Plätze oder besonderen Museen oder Bauwerke wie die Transamerica Pyramid, das pyramidenförmige und aktuell höchste Gebäude der Stadt und längst ein Wahrzeichen, oder seien es politisch bedeutsame Institutionen wie das War Memorial Opera House, Geburtsstätte der Vereinten Nationen – das Herz der Golden Gate City schlägt in ihrer Downtown.

Die berühmten Painted Ladys

Es ist das malerischste Viertel nicht nur in Downtown, sondern in ganz San Francisco: der Alamo Square mit seinen farbenfrohen, viktorianischen Häusern. Über vier Häuserblocks und an einen Hügel gebaut erstreckt sich das Viertel, Kernstück ist die Postcard Row (»Postkartenreihe«), in der sich die viktorianische Häuserreihe den Hügel hinauf erstreckt. Es ist zu Recht eine der meist fotografierten Straßenzüge der USA. Neben dem farbenprächtigen Erlebnis hat man von dem Hügel aus einen guten Blick auf Downtown – einen besonders guten Kontrast bilden die bunten Ladys zu den Wolkenkratzern im Hintergrund. Nur noch zu toppen am Nachmittag im Licht der untergehenden Sonne ...

Mitte: »Painted Ladys« werden die viktorianischen Häuser am Alamo Square genannt – ein weiteres Sinnbild der Stadt
Unten: Cafés, Restaurants, Boutiquen und auch Wolkenkratzer prägen das Bild des Union Square

Bauwerke

Die etwas mehr als 100 Jahre alte City Hall ist bereits das fünfte Rathaus der Stadt. Das imposante Bauwerk steht auf der Civic Center Plaza und wurde im Beaux-Arts-Stil zur Zeit der amerikanischen Renaissance (1880–1970) errichtet. Unter der Kuppel sind die Büros um einen Innenhof herum gruppiert. Die City Hall ist der Knotenpunkt des Civic Centers. Dieses wird neben der City Hall vom Earl Warren Gebäude, dem Asian Art Museum, dem Hastings College of the Law, der Bibliothek, dem Graham Auditorium und dem Fox Plaza gebildet. Sie sind alle im neoklassizistischen Stil erbaut und entstanden ab dem Jahr 1912.

Die San Francisco Opera ist neben dem Rathaus das eindrucksvollste Gebäude des Civic Center. Im Außenbereich mit römisch-dorischen Säulen und mit Bögen überspannten Fenstern, im Inneren versehen mit Kassettendecken, schönen Treppen und Kronleuchtern, bietet das Opernhaus einen rundum wunderbaren Anblick.

Das Embarcadero Center besteht aus acht Gebäuden, darunter fünf beeindruckende Wolkenkratzer, sie sind durch Fußgängerwege mit Läden und Gaststätten miteinander verbunden.

Financial District und Union Square

Noch mehr Wolkenkratzer mit den höchsten Gebäuden der Stadt erheben sich im Financial District. Große Banken und Unternehmen haben hier ihren Sitz. Das Zentrum bildet die Montgomery Street, die auch die »Wall Street der Westküste« genannt wird. Im überdimensional großen Einkaufsbereich Union Square findet man nicht nur die großen Einkaufsläden, sondern auch viele Boutiquen, Hotels, Restaurants, Theater und Galerien.

SEHENSWÜRDIGKEITEN

City Hall. Mo–Fr 8–20 Uhr, 1 Dr. Carlton B Goodlett Place, San Francisco, CA 94102, Tel. 415/554 40 00, www.sfgov.org/cityhall

San Francisco Opera. 301 Van Ness Ave., San Francisco, CA 94102, Tel. 415/864 33 30, www.sfopera.com

ESSEN UND TRINKEN

Jeanne D'Arc. Kleines, feines französisches Restaurant am Union Square. Di–Sa 17.30–21.30 Uhr, 715 Bush St., San Francisco, CA 94108, Tel. 415/421 31 54, www.restaurantjeannedarc.com

INFORMATION

San Francisco Visitor Information Center Market Street. Mai–Okt. Mo–Fr 9–17, Sa und So 9–15 Uhr, 900 Market St., San Francisco, CA 94102, www.sftravel.com/visitor-information-center

San Francisco Visitor Information Center Union Square (Macy's). Mo–Sa 10–21, So 11–19 Uhr, in der Hochsaison länger, 170 O'Farrell St., San Francisco, CA 94102, www.sftravel.com/visitor-information-center

Mittelpunkt des Civic Center ist das Rathaus City Hall

26 Golden Gate Bridge
Symbol und Wahrzeichen Kaliforniens

Sie ist mehr als nur ein Sinnbild der Stadt, sie ist das Symbol für Kalifornien, für die ganze Westküste, für die USA als Reiseziel überhaupt. Auch wenn die berühmteste Hängebrücke der Welt sich gern mal in dichten Nebelschwaden versteckt, lockt sie Touristen aus aller Herren Länder nach San Francisco und ist damit mehr als nur eine Brücke – sie ist eine Legende.

Die schöne Bezeichnung »Goldenes Tor« hat ihren Ursprung nicht etwa in der für eine Brücke recht ungewöhnlichen Farbe des Anstrichs, sondern stammt aus der Zeit des Goldrausches um 1848, als Goldsucher mit Schiffen durch die Meerenge nach San Francisco kamen und auf ihr Glück auf der Suche nach Gold hofften. Der wahre Grund für die markante Farbe ist weitaus profaner: Es ist schlichtweg das Rostschutzmittel (»International Orange« genannt), das der Brücke den orangeroten

GUT ZU WISSEN

MAUTPFLICHT VON NORD NACH SÜD

Wenn man mit dem Auto oder Wohnmobil über die Golden Gate Bridge fährt, bezahlt man in nördlicher Richtung keine Maut. Kehrt man allerdings über die Golden Gate Bridge wieder nach San Francisco zurück, kostet das für einen Pkw 7,50 Dollar. Da Barzahlungen oder Zahlungen per Kreditkarte nicht möglich sind, sollte man die Bezahlung vorab mit dem Mietwagenvermieter besprechen. Empfehlenswert ist das Bezahlen per Mautrechnung. Informationen über die Zahlungsmöglichkeiten findet man unter www.goldengate.org/tolls/german.php.

Majestätisch überspannt die Golden Gate Bridge die Bucht von San Francisco

Nächtliche Ansicht der legendären Attraktion

Farbton verliehen hat – ursprünglich war die Golden Gate Bridge als graue Brücke geplant. Weil die Einwohner San Franciscos die Farbe des Rostschutzmittels aber so schön fanden, wurde sie nicht nur belassen, sondern seitdem häufig in diesem Anstrich auch erneuert.

Die Eckdaten

Die Golden Gate Bridge überspannt als 2737 Meter lange und 227 Meter hohe Hängebrücke das Golden Gate, den 1,6 Kilometer breiten Zugang zur Bucht von San Francisco. Sie verbindet die Stadt auf der südlichen mit dem Marin County auf der nördlichen Seite der Bucht. Ihre Bauzeit betrug etwas mehr als vier Jahre, von Januar 1933 bis April 1937. Eine ganze Weile war sie die längste Hängebrücke der Welt und brach etliche Rekorde: Sie war auf den höchsten Pfeilern errichtet, hatte die längsten und dicksten Kabelstränge und die größten Unterwasserfundamente. Ihr Gewicht beträgt 887 000 Tonnen. Die Golden Gate Bridge hat sechs Fahrspuren, die etwa 120 000 Fahrzeuge pro Tag bewältigen, zudem einen Rad- und einen Fußgängerweg. In San Francisco gibt es zwei Zufahrten zur Brücke, den Presidio Parkway und den Lincoln Boulevard.

Nicht verpassen

RADTOUR ÜBER DIE GOLDEN GATE BRIDGE

Längst kein Geheimtipp mehr, aber das, was man in San Francisco unbedingt getan haben muss: mit dem Drahtesel über die Golden Gate Bridge radeln. Da man daraus eine tolle Rundtour mit Rückfahrt auf der Fähre gestalten kann, ist es die bessere Alternative zur Brückenüberquerung zu Fuß, bei der Hin- und Rückweg identisch sind. Bis zur südlichen Brückenauffahrt geht es am Ufer entlang und über die Golden Gate Promenade. Dann folgt eine sieben Kilometer lange Fahrt über den Fußgänger- bzw. Radweg der Brücke (tgl. 5–21 Uhr benutzbar) und weiter geradeaus bis nach Sausalito, von wo eine Fähre die Radler zurück ans Pier 41 am Fisherman's Wharf bringt.

Blazing Saddles Bike Rentals & Tours. Tgl. 8–18.30 Uhr, 2715 Hyde St., San Francisco, CA 94109, Tel. 415/202 88 88, www.blazingsaddles.com

Ein Mythos entsteht

Schon 1872 wurde über den Bau einer Brücke nachgedacht, aber die offensichtlichen Schwierigkeiten schienen nicht überwindbar: das offene Meer, die starke Strömung in der Bucht, Nebel, Stürme und häufige Erdbeben. Der Architekt Joseph B. Strauss (1870–1938) legte bereits im Jahr 1921 Pläne vor, die jedoch aus finanziellen Gründen abgelehnt wurden. Erst als die Fähren über die Meerenge an ihre Kapazitätsgrenzen stießen, konnte man das Projekt Brücke nicht mehr weiter verschieben. Es dauerte aufgrund von unterschiedlichen Streitigkeiten bis 1929, als endlich eine für den Brückenbau gegründete Behörde ihre Arbeit aufnahm – und weitere vier Jahre, bis schließlich mit dem Bau begonnen wurde. Am 28. Mai 1937 wurde die Golden Gate Bridge offiziell eingeweiht. Die berühmteste Brücke der Welt war entstanden.

Brückenüberquerung

Für viele Reisende besteht der Reiz darin, die mythische Brücke einmal zu überqueren – sei es im Auto, auf dem Fahrrad oder zu Fuß. Dies ist alles möglich und hat auch tatsächlich seinen eigenen Reiz. Fußgänger können die Brücke täglich zwischen 5 und 21 Uhr (im Winter nur bis 18 Uhr) auf dem östlichen Gehweg begehen. Radfahrer nutzen zwischen 15.30 und 21 Uhr den westlichen Radweg, ansonsten teilen sie sich den Gehweg mit den Fußgängern. Nach 21 Uhr radelt man auf der Ostseite durch ein Sicherheitstor.

Autofahrer können die Brücke uneingeschränkt rund um die Uhr befahren. Zu beachten ist lediglich, dass die Benutzung der Golden Gate Bridge stadtauswärts zwar kostenfrei, die Rückfahrt von Marin County nach San Francisco allerdings mautpflichtig ist (S. 152).

Geheimtipp

GOLDEN GATE PROMENADE

In die Golden Gate National Recreation Area wurde erst vor Kurzem das weitläufige Ufergebiet Crissy Field mit der Golden Gate Promenade einbezogen. Der Weg führt vorbei am Fort Mason, einer ehemaligen Kaserne, und an den Jachthäfen. Insgesamt marschiert man etwa drei Kilometer am Wasser entlang, bis man das Fort Point am Fuße der Golden Gate Bridge auf der Seite von San Francisco erreicht hat. Ein herrlicher Ausblick ist beispielsweise das Infocenter der Golden Gate National Recreation Area im Vordergrund und seitlich die Golden Gate Bridge, im Hintergrund die andere Bayseite. Das Gebiet Crissy Field ist ein ehemaliger Militärstützpunkt und heute ein Naherholungsgebiet mit Strand.

Crissy Field. Rund um die Uhr, Presidio of San Francisco, San Francisco, CA 94129, Tel. 415/561 47 00, www.parksconservancy.org/visit/park-sites/crissy-field.html

Radtour über die Golden Gate Bridge

A Hyde Street Pier. Startpunkt der Tour bei einem der zahlreichen Fahrrad-Vermieter rund um den Pier.

B Fort Mason. Ehemalige Kaserne mit historischen Gebäuden, liegt malerisch innerhalb einer schönen Gartenanlage.

C Crissy Field. Ehemaliger Flugplatz der Air Force, jetzt Naherholungsgebiet mit Strand. Der panoramareiche Spazierweg Golden Gate Promenade führt hindurch.

D Fort Point. Aussichtspunkt unterhalb der Golden Gate Bridge mit Blick auf die Brücke senkrecht nach oben.

E Golden Gate Bridge. Wahrzeichen der Stadt, des Bundesstaates und zusammen mit der Freiheitsstatue bedeutsamstes Symbol der USA.

F The Lone Sailor. Außergewöhnlicher Aussichtspunkt auf die direkt auf den Betrachter zulaufenden Fahrbahnen der Golden Gate Bridge.

G Sausalito Ferry Landing. Anlegestelle für die Fähren der Fährgesellschaft Sausalito Ferry zurück nach San Francisco.

H Hyde Street Pier. Ziel der Rundtour über die Golden Gate Bridge.

Die besten Blickwinkel

Die besten Aussichtspunkte befinden sich auf der gegenüberliegenden Seite der Bucht, im Marin County. Sie heißen Point Diablo und Point Bonita. Von dort kann man die Brücke in ihrer ganzen Länge sehen, man erreicht die Aussichtspunkte, wenn man nach der Brückenüberquerung der steil bergauf führenden Conzelman Road in westlicher Richtung folgt.

Ebenfalls auf dieser Bucht-Seite ist der Aussichtspunkt Battery Spencer, eine alte Verteidigungsanlage, von der aus der Blickwinkel auf die Brücke zwar etwas spitzer ist, man aber Teile der Skyline von San Francisco im Hintergrund hat.

Eine eher ungewöhnliche Perspektive bietet das Fort Point unterhalb des südlichen Endes. Man schaut senkrecht nach oben auf die Brücke, was ihr eine gespenstische Wirkung verleiht.

Außerdem sind zwei Aussichtspunkte auf der Seite von San Francisco empfehlenswert: Land's End (S. 143) und Baker Beach, ein Strand südwestlich der Brückenzufahrt.

Der Nebel

Die Golden Gate Bridge ist die meistfotografierte Brücke der Welt – nur liegt sie zum Verdruss manches Besuchers sehr oft im Nebel. Natürlich ergibt auch der Kontrast der roten Brücke, die zumindest zu Teilen aus dem dichten Nebel hervorlugt, stimmungsvolle Bilder. Aber man möchte das prachtvolle Bauwerk doch gern auch im Ganzen sehen können. Dabei gehört der Nebel doch eigentlich zur Bucht wie die Brücke selbst. Aber selbst wenn man von der Brücke gar nichts sieht, ist das erst einmal noch kein Grund zur Panik – der Nebel verflüchtigt sich oft schnell.

Oben: Eine Überquerung der Golden Gate Bridge ist ein absolutes Muss bei einem Besuch von San Francisco
Unten: Das nahezu komplett im Nebel versunkene Wahrzeichen ist ein häufiger Anblick

Infos und Adressen

SEHENSWÜRDIGKEITEN

Golden Gate Bridge. Administration Building, Golden Gate Bridge Toll Plaza, San Francisco, CA 94129-0601, Tel. 415/921 58 58, www.goldengatebridge.org

Sausalito. Zielpunkt der Radtour und ein beschaulicher Ort mit hübschen Häusern, Boutiquen, Galerien und einem schicken Jachthafen.

ESSEN UND TRINKEN

The Warming Hut. Café mit kleinen Snacks. Außerdem Shop, Buchladen und gute Verpflegungsmöglichkeit im Crissy Field – hier kann man Proviant für ein Picknick kaufen. Toller Blick auf die Golden Gate Bridge. Mo–Do 9–18, Fr–So 9–19 Uhr, 983 Marine Dr., San Francisco, CA 94129, Tel. 415/561 30 40, www.parks conservancy.org/visit/eat/warming-hut.html

AKTIVITÄTEN

Golden Gate Transit. Man kann einen Weg zu Fuß über die Golden Gate Bridge auf die andere Seite gehen und den Rückweg mit einer der Buslinien 10 oder 70 zurücklegen. 1011 Andersen Dr., San Rafael, CA 94901-5318, Tel. 415/455 20 00, www.goldengatetransit.org

Sausalito Ferry. Fährverbindung zwischen Sausalito und San Francisco, Fahrradtransport möglich. Mehrmals täglich, 101 E Sir Francis Drake Blvd., Larkspur, CA 94939-1803, www.goldengateferry.org

INFORMATION

Golden Gate Bridge Welcome Center. Tgl. 9–18 Uhr, Golden Gate Bridge Toll Plaza, San Francisco, CA 94129-0601, Tel. 415/426 52 20, www.parksconservancy.org/visit/park-sites/golden-gate-bridge.html

Sausalito Information Kiosk. El Portal St., (am Ferry Pier), Sausalito, CA 94965, Tel. 415/331 10 93, www.oursausalito.com/fun-sausalito-activities/sausalito-visitor-information-kiosk.html

Von den diversen Aussichtspunkten aus ergeben sich vielfältige Blicke auf die Brücke

27 Cable Car Museum
Das Zentrum der historischen Bahn

Ein Besuch des Maschinenhauses der berühmten Cable Cars ist nicht nur für Technikfreaks ein ganz besonderes Erlebnis. Eindrucksvoll wird die Vermischung von Technik und Historie präsentiert. Es gibt sowohl eine Besuchergalerie als auch im Stockwerk darüber das eigentliche Museum. Schon allein das Gebäude, der letzte erhaltene Cable-Car-Schuppen der Stadt, ist eine Attraktion. Und das alles kostenlos (Spende erwünscht).

Hier wird die ganze, bei einer Fahrt mit den nostalgischen Gefährten kaum nachvollziehbare Technik erklärt. Wie wird die Bahn angetrieben, was genau macht der Gripper (»Greifer«)? Und da es nicht nur ein Museum ist, sondern die täglich genutzte Antriebsstation aller Cable-Car-Linien, werden hier nicht nur Kinder begeistert sein (die auch mal mit der typischen Glocke läuten dürfen, die an allen Bahnen befestigt ist), sondern alle Besucher werden um einige Erkenntnisse reicher diesen Ort verlassen.

Faszinierende Technik

Wer eine gute Nase hat, dem ist bei einer »echten« Fahrt schon einmal der Geruch nach Holz aufgefallen. Das liegt daran, dass die Bremsbacken der Cable Cars aus Holz sind und diese müssen alle zwei bis vier Tage ausgetauscht werden! Dröhnend und quietschend drehen sich die gewaltigen Kabelräder in den Antriebsstationen und bewegen die in den Straßen verlaufenden Seilstränge. Jede der aktuell in der Stadt verkehrenden Linie hat ihr

Mitte: In stilvollen Backsteingaragen werden die nostalgischen Fahrzeuge adäquat untergebracht
Unten: An den sogenannten Turnarounds werden die Cable Cars manuell gewendet

Die Technik, die die Cable Cars antreibt

eigenes Antriebs- und Umlenkrad, die man von einer Brücke aus anschauen kann.

Die Ausstellung

Im Gewand eines alten Backsteingebäudes kommt das Museum besonders authentisch daher. Das wird im Innenbereich fortgesetzt, drei antike Wagen demonstrieren die Entwicklungsgeschichte der Cable Cars von San Francisco, darunter der allererste Wagen aus dem Jahr 1873. Von diesem Moment an bis in die Gegenwart kann man sich anhand von Fotografien, mechanischem Zubehör und Beschreibungen ein Bild vom Erfinder, den Erbauern, der raschen Ausbreitung dieses Transportmittels und dem Beinahe-Einbruch und den anhaltenden Bemühungen um den Erhalt der vorhandenen Linien machen.

Infos und Adressen

SEHENSWÜRDIGKEITEN
Cable Car Museum. April–Okt. tgl. 10–18, Nov.–März tgl. 10–17 Uhr, 1201 Mason St., San Francisco, CA 94108, Tel. 415/474 18 87, www.cablecarmuseum.org

ESSEN UND TRINKEN
Gallery Café. Direkt gegenüber vom Cable Car Museum. Bunt durchmischtes Publikum. Ausgezeichneter Kaffee, Frühstück und kleine Snacks. 1200 Mason St., San Francisco, CA 94108, Tel. 415/296 99 32, www.gallerycafe-sf.com

ÜBERNACHTEN
Fairmont San Francisco. Geschichtsträchtiges Haus mit Charme. Tolle Lage auf dem Nob Hill, mit einer Bahn des Cable Cars erreichbar. 950 Mason St., San Francisco, CA 94108, Tel. 415/772 50 00, www.fairmont.de/san-francisco

EINKAUFEN
The Gift Shop at the Cable Car Museum. Originale Glocken und Kabelstücke, Bücher, T-Shirts etc. April–Okt. tgl 10–18, Nov.–März tgl. 10–17 Uhr, 1201 Mason St., San Francisco, CA 94108, Tel. 415/474 18 87, www.cablecarmuseum.org

CABLE CARS –
Nostalgie auf Schienen

Eine Stunde Schlangestehen ist keine Seltenheit, sich dicht an dicht auf die Holzbänke zu quetschen oder todesmutig außen an den Wagen zu hängen, auch nicht. Was also macht den Reiz dieser Gefährte aus, die nicht nur Transportmittel, sondern ein weltberühmtes Markenzeichen von San Francisco sind? Es ist schlicht die Aura, die diese Bahnen umgibt, die in nahezu unveränderter Form seit 1873 das Straßenbild zieren.

Erstaunlich mühelos für ihr Alter bewältigen die Cable Cars in San Francisco jeden noch so steilen Hügel. Die Kabelstraßenbahn als Transportmittel ist inzwischen einzigartig auf der Welt und gleichzeitig ein technisches und historisches Wunderwerk aus der Zeit der Industrialisierung. Natürlich wurden die Bahnen im Laufe der Zeit mehrfach modernisiert und den aktuellen Sicherheitsstandards angepasst, aber das nostalgische Erscheinungsbild ist geblieben und macht eine Fahrt so reizvoll.

Wie sie funktionieren

Die Cable Cars werden mittels laufender Zugseile vorwärtsbewegt, besitzen

Links: San Franciscos Cable Cars sind mehr als nur ein Fortbewegungsmittel

also keinen eigenen Antrieb. Unter den Schienen verlaufen in einem Kabelkanal Stahlseile in einer Endlosschleife. Durch einen Schlitz im Kabelkanal greift eine Hebelstange mit einer Klaue auf das Kabel zu. Mit dieser Hebelstange kann der sogenannte Gripman die Positionen »Frei«, »Schleifen« und »Greifen« einstellen. »Frei« und »Schleifen« bedeuten bremsen und anhalten, bei »Greifen« setzen sich die Bahnen in Bewegung. In jeder Bahn befindet sich neben dem Gripman noch der Bremser. Die beiden verständigen sich mittels Glockensignalen miteinander.

Eine zentrale Antriebsmaschinerie (S. 158) gewährleistet den endlosen Umlauf bei einer konstanten Geschwindigkeit von 15 Stundenkilometern. Um die Wagen an der Endstation zu wenden, müssen Gripman und Bremser die Bahn auf eine Drehscheibe schieben und auf

Oben: Eine Cable-Car-Haltestelle
Rechts: Abenteuerlich ist eine Fahrt auf dem Trittbrett

dieser manuell wenden. Danach fährt die Bahn auf dem Gegengleis mit dem rücklaufenden Seil in die entgegengesetzte Richtung.

Und wie man sie fährt

San Francisco zu verlassen, ohne mit einem Cable Car gefahren zu sein, ist undenkbar. Gerade an den touristischen Hotspots ist eine Wartezeit von einer Stunde nicht unüblich. Sind die Bahnen schon randvoll mit Fahrgästen, halten sie oft gar nicht an den Haltestellen. Es ist jedoch erlaubt, draußen auf dem Trittbrett mitzufahren. Rucksäcke und Taschen müssen dann jedoch im Inneren der Bahn sicher verstaut werden. Um lange Wartezeiten zu vermeiden, sollte man vielleicht nicht gerade an den beliebtesten Haltestellen zusteigen, sondern zwei bis drei Stationen später.

Heutige Linien

Als einziges Verkehrsmittel dieser Art weltweit sind die Cable Cars ein National Historic Landmark. Es sind seit 1964 noch drei Linien mit 40 Wagen auf einem 17 Kilometer langen Schienennetz in Betrieb: Die Powell-Hyde-Line verkehrt zwischen der Downtown und Fisherman's Wharf, die Powell-Mason-Line verbindet die Downtown ebenfalls mit dem Norden der Stadt, fährt aber nicht bis nach Fisherman's Wharf (und ist weniger überlaufen als die beliebte Powell-Hyde-Line). Mit der California-Line ist man zwischen dem Financial District und der Van Ness Avenue unterwegs.

28 Chinatown San Francisco
Das exotischste Viertel der Stadt

Wenn man durch das Dragon Gate hindurchschreitet, betritt man einen neuen Kontinent. Läden mit exotischen asiatischen Utensilien, Kräutern und Heilmitteln, Dächer im Pagodenstil sowie Straßenzüge, die mit roten Laternen, goldenen Schriftzeichen und Drachen verziert sind, vermitteln ein intensives asiatisches Flair. Basare und Tempelfassaden scheinen einer anderen Welt zu entstammen.

Es ist viel Kitsch und Trödel zu finden in all dem fernöstlich angehauchten Angebot. Aber es wirkt auch sehr authentisch, was bei der zweitgrößten Chinatown außerhalb Asiens (nach Honolulu) auch kein Wunder ist. Mehr als 100 000 Menschen leben in den 24 Wohnblocks, es ist das am dichtesten besiedelte Gebiet San Franciscos. Durch das jadegrüne Dragon Gate betritt man diese andere Welt.

Entstehung eines asiatischen Viertels

Die Chinatown hat ihren Ursprung in den Zeiten des Goldrausches. In den 1850er-Jahren kamen Seeleute aus der südchinesischen Provinz Kanton auf der Suche nach Gold nach Kalifornien. In den 1960er-Jahren immigrierte eine hohe Zahl an Hongkong-Chinesen. Ungeachtet ihrer bisherigen Berufsausübung nahmen diese Menschen auch schlecht bezahlte Jobs an, zum Beispiel in Restaurants, weil sie kein Englisch konnten. Auch heute noch hört man in Chinatown mehr Kanto-

Mitte: Herzlich willkommen in der Chinatown!
Unten: Pagoden, Lampions, Banner und chinesische Schriftzeichen – das Viertel ist authentisch

nesisch und Mandarin als irgendeine andere Sprache.

Chinatown hatte mehrere Katastrophen zu überstehen: hohe Sondersteuern und Arbeitsverbote durch die Amerikaner, Bandenkriege und nicht zuletzt die völlige Zerstörung durch das Erdbeben von 1906. Heute erstrahlt Chinatown in goldener Pracht, das Leben pulsiert auf den Straßen.

Unbedingt besuchen

Wenn es eine zentrale Straße gibt, ist es die Grant Street mit dem Dragon Gate. Hier kann man mit dem Bummel vorbei an unzähligen Shops mit Porzellan- und Elfenbeinfiguren, Glücksgöttern, Plastikspielzeug, hochwertigen Jade-Schnitzereien, Schmuck und Kleidung aus Seide starten. Es mischen sich die exotischen Düfte aus den Restaurants dazu und die herrlichen Häuserfassaden. Den Mittelpunkt bildet der Portsmouth Square, auf dem sich das wahre chinesische Leben abspielt: Chinesen jeden Alters spielen Schach, praktizieren Tai-Chi oder plaudern bei einer Tasse Tee.

Hinter den Kulissen

Etwas abseits vom bunten Touristentreiben befindet sich der Tin How Temple am Waverly Place. Er wurde 1852 der buddhistischen Göttin des Himmels geweiht und überstand das große Erdbeben von 1906. Der ganze Platz ist gesäumt von Tempeln, die von Wimpeln und Laternen geziert sind.

Auch ein Besuch der Geburtsstätte der Glückskekse gehört nicht unbedingt zum »regulären« Programm in Chinatown. In der Golden Gate Fortune Cookie Factory kann man zuschauen, wie die Glücksbotschaften in die Kekse gelangen, und diese kann man natürlich auch kaufen.

SEHENSWÜRDIGKEITEN

Golden Gate Fortune Cookie Factory. Tgl. 8–18 Uhr, 56 Ross Alley, San Francisco, CA 94108, Tel. 415/781 39 56, www.sanfranciscochinatown.com/attractions/ggfortunecookie.html

Tin How Temple. Tgl. 9.30–15.30 Uhr, 125 Waverly Pl., San Francisco, CA 94108, Tel. 415/391 48 41, www.chinatownology.com/tin_how_temple.html

ESSEN UND TRINKEN

Great Eastern Restaurant. Hier speiste sogar schon Ex-Präsident Barack Obama. Dim-Sum-Restaurant mit 83 Gerichten auf der Karte. 649 Jackson St., San Francisco, CA 94133, Tel. 415/986 25 00, www.greateasternsf.com

ÜBERNACHTEN

Grant Plaza Hotel. Einfaches Budget-Hotel direkt am Dragon Gate, saubere Zimmer. 465 Grant Ave., San Francisco, CA 94108, Tel. 415/434 38 86, www.grantplaza.com

INFORMATION

San Francisco Travel Visitor Information Center. 900 Market St., San Francisco, CA 94102-2804, Tel. 415/391 20 00, www.sftravel.com/explore/neighborhoods/chinatown

29 Alcatraz
Hier saßen die richtigen Bösewichte

Wegen der Lage als Insel hatte das Gefängnis Alcatraz nur eine vergleichsweise geringe Anzahl von Gefangenen. Aber unter den maximal 302 Insassen gab es dennoch einige prominente Häftlinge wie den berüchtigten Gangsterboss Al Capone aus Chicago. Alcatraz war ein Hochsicherheitsgefängnis und galt als ausbruchsicher, weswegen oft »schwierige« Verbrecher aus anderen Gefängnissen hierhergebracht wurden.

In Alcatraz waren die ganz Bösen sicher untergebracht, in der 29-jährigen Betriebszeit gab es keine bekannten, geglückten Ausbruchversuche. Diejenigen, die bei dem Fluchtversuch nicht ums Leben kamen und sogar das Ufer erreichten, wurden sofort wieder aufgeschnappt. Fünf entflohene Straftäter sind bei ihrem Fluchtversuch spurlos verschwunden und bis heute weiß man nicht, ob sie die Flucht überlebt haben oder nicht.

Die Entwicklung zum Staatsgefängnis

Ursprünglich war Alcatraz ein Fort und ein Militärgefängnis, das vor allem zu Zeiten des Sezessionskrieges in Benutzung war. Das Gebäude befand sich schon immer auf der Insel in der Bucht von San Francisco, die als Gefängnisinsel »The Rock« genannt wird. 1934 wurde Alcatraz als Bundesgefängnis in Betrieb genommen. Das Wasser um die Insel herum ist eiskalt und die Strömung in der Bucht tückisch, sodass eine Flucht unmöglich schien. Nur die erfahrensten Gefängniswärter wurden nach Alcatraz geschickt. Das war die Basis

Mitte: Mitten in der eiskalten Bucht von San Francisco liegt die Gefängnisinsel Alcatraz
Unten: Auch wenn das Gefängnis nicht mehr in Betrieb ist, wirken die Zellengänge immer noch leicht beklemmend

Blick vom Gipfel des Mount Livermore

dafür, dass berüchtigte Straftäter aus dem ganzen Land in Alcatraz ihre Haftstrafen verbüßen mussten.

Die Betriebskosten für das Gefängnis inmitten der eisigen Bucht von San Francisco waren zu hoch, der Zustand des Gebäudes aufgrund des Verfalls durch das Salzwasser desolat. Der damalige Justizminister rechnete aus, dass es günstiger wäre, einen Häftling im New Yorker Hotel Walldorf Astoria unterzubringen als auf Alcatraz! Aus diesen Gründen wurde Alcatraz 1963 geschlossen. Bis zu diesem Zeitpunkt hatte »The Rock« insgesamt 1576 Inhaftierte gehabt. Heute dient die Gefängnisinsel als Museum und Touristenattraktion mit jährlich mehr als einer Million Besuchern, sie ist Teil der Golden Gate National Recreation Area.

Leben als Häftling

Der Aufenthalt in diesem Gefängnis war kein Zuckerschlecken. Die Zellen waren höchst beengt und insgesamt kaum größer als die Breite einer Pritsche und eines Tisches: Eine Zelle maß etwa 1,50 Meter Breite und 2,70 Meter Länge; darin hielten sich die Gefangenen zwischen 18 und 23 Stunden am Tag auf. Nur bei guter Führung

Geheimtipp

ANGEL ISLAND

Die drei Quadratkilometer große Insel in der Bucht von San Francisco ist ein Naturschutzgebiet mit mildem Klima und guten Radfahr- und Wandermöglichkeiten. Neben dem (für Fahrräder verbotenen) Wanderweg auf den 238 Meter hohen Mount Livermore gibt es einen acht Kilometer langen Rundwanderweg um die Insel. An den Wochenenden kann man bei Sea Trek Ocean Kayaking geführte Touren rund um Angel Island inklusive Übernachtung buchen. Exotische Bäume sowie Rotwild und Waschbären kennzeichnen Flora und Fauna von Angel Island, die schon viele Funktionen erfüllt hat, unter anderem hat sie als Lager für chinesische Einwanderer fungiert. Von San Francisco aus bringt die Fähre von Blue & Gold Fleet Gäste auf die Insel.

Blue & Gold Fleet. Fahrzeiten je nach Saison und Wochentag. Pier 41, San Francisco, CA 94133, Tel. 415/705 82 00, www.blueandgoldfleet.com

gab es Sondervergünstigungen wie den Freigang im Gefängnishof oder die Teilnahme an einem Arbeitsprogramm. Es gab keine Privatsphäre – die Wärter konnten jederzeit durch die Gitterstäbe in die Zellen hineinschauen. Als besonders harte Strafmaßnahme wurden die Gefangenen in Dunkelzellen gesteckt. Die Gänge des Zellenblocks waren zugig, weil der eisige Wind der Bucht durch das alte Gemäuer fegte. Manche Zellen sind im Originalzustand belassen worden, andere sind offen und für das Publikum zugänglich und wurden so hergerichtet, wie sie ursprünglich waren.

Fluchtvereitelungen und Fluchtversuche

Als einziges Gefängnis im Land hatte Alcatraz ausschließlich Warmwasserduschen. Das diente einzig und allein dazu, die Gewöhnung der Gefangenen an kaltes Wasser zu verhindern, damit Fluchtversuche durch das kalte Wasser der Bucht scheitern. Die Gefangenen wurden rund um die Uhr überwacht. An der Decke des Speisesaals hingen Tränengasbehälter für den Notfall. Trotz dieser Maßnahmen kam es zu teilweise aufsehenerregenden Fluchtversuchen. Von den insgesamt 36 Flüchtigen

Oben: Fähranfahrt auf Alcatraz
Mitte: Relikte aus vergangenen Zeiten – auch die Mithilfe bei einem Ausbruchsuch war strafbar
Unten: Die original erhaltenen Zellen sind von außen durch Gitterstäbe einsehbar

GUT ZU WISSEN

ONLINE BUCHEN

Mitunter, vor allem in der Hochsaison, herrscht großer Andrang auf der Insel, da kann es schon recht beengt zugehen. Wählt man eine frühe Fährfahrt, ist man dem starken Besucherstrom einen Schritt voraus. Die Besuchszeit auf der Insel ist nicht begrenzt – je mehr Schiffe kommen, desto voller wird es. Da die Fahrten oft lange im Voraus ausgebucht sind, ist es auf jeden Fall empfehlenswert, das Ticket für die Fährfahrt und den Eintritt vorab über www.alcatrazcruises.com zu buchen.

Alcatraz

wurden 25 lebend gefasst, sieben während des Fluchtversuches getötet, zwei ertranken und zwei schafften es an Land, wo sie umgehend aufgegriffen und wieder inhaftiert wurden.

Darunter sind recht spektakuläre Geschichten, zum Beispiel der Ausbruchversuch dreier Männer im Jahr 1962. Sie haben sich mit Essbesteck, das sie in die Zellen geschmuggelt hatten, einen Weg durch die Belüftungsgitter der Zellen freigegraben. Über den Lüftungsschacht gelangten sie auf das Dach des Zellenblocks und flohen anschließend in einem aus Regenmänteln und Klebstoff gebastelten Schlauchboot. Ihr Verschwinden wurde erst am folgenden Morgen bemerkt. Von den drei Männern wurde nie wieder etwas gehört, ihre Leichen nie gefunden. Teile des selbst gebastelten Schlauchbootes wurden an Land gespült, sodass der Verdacht besteht, dass sie ertrunken sind.

Einige Spielfilme haben Alcatraz und besonders spektakuläre Fluchtversuche zum Inhalt, zum Beispiel *The Rock* aus dem Jahr 1996 mit Sean Connery, Nicolas Cage und Ed Harris und *Flucht von Alcatraz* aus dem Jahr 1979 mit Clint Eastwood.

Geschichte lebendig gestaltet

Seit einigen Jahren in Folge erhält der Audioguide, den man für die Besichtigung des Gefängnisses bekommt, eine Auszeichnung. Das ist absolut gerechtfertigt, denn die 45-minütige Tour ist nicht nur spannend und höchst unterhaltsam aufgebaut, sondern es wird so viel authentische Atmosphäre mitgegeben, dass man an einigen Stellen eine ordentliche Gänsehaut bekommt. Die düstere Stimmung in dem kalten Gebäude spürt man ebenso gut wie einem die Geschichten der Wärter und Insassen unter die Haut gehen. Sie kommen

Einfach gut!

GRUSELIGE NACHTTOUR

Wer den Gruselfaktor steigern will und gute Nerven besitzt, sollte die berüchtigte Gefängnisinsel im Rahmen einer Nachttour besuchen. Der Zellenblock wird dann im Schummerlicht besichtigt, was dem Ganzen noch einmal einen zusätzlichen Kick verleiht. Zunächst geht es mit dem Schiff um die Insel herum. Dann gehen die Besucher an Land und direkt zum Hauptgebäude des Gefängnisses. Neben der beklemmenden Erfahrung, den kalten Zellenblock bei Nacht zu besuchen, gibt es einige Programme und Präsentationen, die man nur abends buchen kann. Ein Erlebnis ist es, den Sonnenuntergang von der Gefängnisinsel aus zu betrachten und herrliche Blicke auf die Stadt San Francisco zu genießen, das im Licht der untergehenden Sonne besonders schön beleuchtet ist.

www.alcatrazcruises.com/website/pprog-evening-programs.aspx

zu Wort und erzählen von Gegebenheiten aus dem Zellenblock, von Ausbruchversuchen, Aufständen oder einfach nur vom Leben der Wärter und ihrer Angehörigen auf der Insel. Den Audioguide gibt es in verschiedenen Sprachen, auch auf Deutsch.

Ebenso authentisch sind die Veranstaltungen im Speisesaal, bei denen ehemalige Insassen anwesend sind und von ihrer Zeit auf Alcatraz erzählen. Ein Park Ranger, der die Gäste auf der Insel begrüßt, gibt kurz das Tagesprogramm bekannt und weist auf besondere Veranstaltungen hin.

Zusätzlich attraktiv

Allein die Fahrt durch die Bucht von San Francisco mit Blicken auf die Stadt und auf die Golden Gate Bridge ist einen Ausflug nach Alcatraz wert. Es gibt übrigens nur ein Fährunternehmen, das die Insel ansteuert: die Alcatraz Cruises – die Schiffe legen an Pier 33 am Fisherman's Wharf ab. Alle anderen Anbieter umrunden die Insel nur. Auf der Insel selbst sind auch die Gartenanlagen sehenswert mit den verschiedenen Vogel- und Pflanzenarten. Hier kann man die Stimmung des Eilands mitten in der Bucht besonders gut aufnehmen. Alcatraz ist ein großes Vogelschutzgebiet.

Neben dem Zellenblock, dem interessantesten Teil des Gefängnisses, kann man den Speisesaal, die Bibliothek und den Gefängnishof besichtigen. Im ehemaligen Unterkunftsblock der Wachen, in dem sie mit ihren Familien lebten, ist heute eine kleine Gefängnisausstellung untergebracht. Dort kann man auch Videoaufzeichnungen anschauen. Auf der Insel befindet sich außerdem der älteste Leuchtturm der US-amerikanischen Westküste. Er wurde 1852 errichtet und sollte den ankommenden Schiffen den Weg durch die oft im Nebel versunkene Bucht weisen.

Oben: Wachtürme überblicken die Bucht von San Francisco
Mitte: In den Gefängnishof gehen zu dürfen, war ein Privileg
Unten: Man wäre nicht in Amerika, wenn sich nicht auch das Gefängnis in einem Souvenirshop wiederfinden würde

Infos und Adressen

ESSEN UND TRINKEN

Hillstone. Nahe der Abfahrtsstelle der Alcatraz-Fähre gelegenes Restaurant. Schöne Atmosphäre, sehr gute Fleischgerichte. Livemusik am Abend. So–Do 11.30–22, Fr, Sa 11.30–23 Uhr, 1800 Montgomery St., San Francisco, CA 94111, Tel. 415/392 92 80, www.hillstonerestaurant.com

Norman's Ice Cream & Freezes. Köstliches, hausgemachtes Eis im Shoppincenter The Cannery. Tgl. 11.30–22 Uhr, 2801 Leavenworth St., San Francisco, CA 94133, Tel. 415/346 30 46, www.normansicecream.wordpress.com

ÜBERNACHTEN

Argonaut Hotel. In ein Hotel umgewandeltes früheres Lagerhaus. Sehr gute Lage am Fisherman's Wharf, moderne Zimmer. 495 Jefferson St., San Francisco, CA 94109, Tel. 415/563 08 00, www.argonauthotel.com

EINKAUFEN

Northpoint Center. Komplex mit Läden, Restaurants, Banken und Fitnesseinrichtungen. 350 Bay St., San Francisco, CA 94133, Tel. 415/989 65 63, www.fishermanswharf.org/northpoint-shopping-center.html

AKTIVITÄTEN

Agave Trail. Etwa ein Kilometer langer, einfacher Weg an der Südostspitze der Insel mit wunderbaren Aussichtspunkten. Okt.–Feb., www.weekendsherpa.com/stories/walk-the-agave-trail-on-alcatraz

Alcatraz Cruises. Pier 33, The Embarcadero, San Francisco, CA 94133, Tel. 415/981 76 25, www.alcatrazcruises.com

Alcatraz Tours. Täglich wechselnde Sonderveranstaltungen, zum Beispiel »Berühmte Gefängnisinsassen«. Informationen unter www.nps.gov/alca/planyourvisit/calendar.htm

INFORMATION

Alcatraz Island, Golden Gate National Recreation Area. B201 Fort Mason, San Francisco, CA 94123, Tel. 415/561 49 00, www.nps.gov/alca

Die Fähren nach Alcatraz werden vom Nationalpark-Service betrieben

30 Redwood National Park
Die roten Baumgiganten der Küste

Knapp die Hälfte des Weltbestandes an Küstenmammutbäumen wachsen hier. Die Redwoods (»Rothölzer«) genannten Riesen sind mit 100 Metern Höhe die höchsten Lebewesen auf der Erde. Außerdem ist es landschaftlich berauschend schön: natur-belassene Strände an einer schroffen Küste, wilde Flüsse und endlos weite Prärie.

Beim Redwood National Park handelt es sich um einen Zusammenschluss verschiedener State Parks und des Nationalparks – das als UNESCO-Weltnaturerbe ausgewiesene Gebiet wird gemeinsam verwaltet vom National Park Service und dem California Department of Parks and Recreation. Neben dem Nationalpark gehören Prairie Creek Redwoods, Del Norte Coast Redwoods und Jedediah Smith Redwoods zum Redwood National Park.

Überblick

Das gesamte Parkgebiet ist kostenlos zugänglich und hat neben fünf Visitor Centers in den umliegenden Ortschaften die Hauptverwaltung in Crescent City. Einen schnellen Überblick über den Park kann man sich auf dem 13 Kilometer langen Newton B Drury Scenic Parkway verschaffen, der durch naturbelassene alte Redwood-Wälder führt.

Wer etwas mehr Zeit hat, kann über die Wanderwege, die am Fahrbahnrand starten, tief in das zauberhafte Gebiet eindringen. Einige landschaftlich schöne Straßen kreuzen die Panoramastraße.

Mitte: Statt Badegästen tummelt sich Treibholz am Enderts Beach
Unten: Extrem selten ist in diesen Gefilden ist der Roosevelt Elk, hier im Prairie Creek Redwoods State Park

Die Redwoods sind gigantisch groß

Der Redwood National Park zieht sich über 90 Kilometer an der Pazifikküste entlang. Einige herrliche Strände befinden sich hier, beispielsweise der Gold Bluffs Beach, bei dem es einen Campingplatz gibt (S.175), oder der traumhaft schöne Enderts Beach, ein urtümlicher Strand voller Treibholz, umrahmt von einer schroffen Felsküste. Ein kurzer Fußmarsch führt zu Enderts Beach. Nomen est omen beim Hidden Beach (»Versteckter Strand«), eine kleine Bucht mit Sandstrand beim Ort Klamath. Auch hierher geht man ein Stück zu Fuß und erreicht dafür ein verstecktes Kleinod. Crescent City (6800 Einwohner), Klamath (775 Einwohner) und Orick (346 Einwohner) befinden sich an der Küste. Als Versorgungsort dient in diesen Größenordnungen nur der Ort Crescent City.

Prairie Creek Redwoods State Park

Durch diesen Teil des Parks führt der Newton B Drury Scenic Parkway durch dichte Redwood-Wälder. Rechts und links der Straße ragen die Baumriesen empor, es fällt kaum Licht hindurch. Auch die Küste ist Bestandteil dieses State Park. Alles ist riesig und grün, Flechten hängen von den

Geheimtipp

TALL-TREE-GROVE

Einige der größten Bäume der Welt befinden sich in diesem Hain am Redwood Creek im Süden des Parks. Um Besucherströme zu reduzieren und die Baumgruppe zu schützen, lassen die Park Ranger täglich nur 50 Fahrzeuge auf die durch ein Tor abgesperrte Zugangsstraße. Die (kostenlose) Genehmigung erhält man in den Visitor Centers (S. 175) zusammen mit dem Code für das Tor. Nach der Fahrt über eine Schotterstraße geht man die letzten drei Kilometer hinunter zur eindrucksvollen Baumgruppe zu Fuß. Sie befindet sich auf einer schmalen Fläche am Ufer des Redwood Creek mit dem 112 Meter hohen Libby Tree als größtem Vertreter. Durch die eingeschränkte Zugänglichkeit umgibt die Gegend etwas Mystisches. Aus dem Riesenwald hinaus führen Seitenwege zu den Kiesufern des Redwood Creek.

**www.redwoodhikes.com/
rnp/talltrees.html**

Ästen, Farne überwuchern bemooste Wege. An der Mündung des Klamath River treffen Wald, Meer, Küste und Wiesen aufeinander. Hier kann man auch Vögel beobachten, den besten Aussichtspunkt bietet der Klamath River Overlook. Südlich des Flusses lohnt sich eine Fahrt auf der schmalen und kurvenreichen Landstraße Coastal Drive, auf der es über hohe Klippen oberhalb des Ozeans geht.

Del Norte Coast Redwoods State Park

Dieser Parkteil ist 25 Quadratkilometer groß, von tiefen Canyons durchzogen und gespickt mit unberührten Redwood-Hainen. Die schönen Strände Enderts Beach und Crescent Beach befinden sich in diesem State Park, ebenso der Crescent Beach Overlook mit Picknickmöglichkeiten. Von hier aus lassen sich hervorragend im Winter vorbeiziehende Wale beobachten. Mit dem Battery Point Lighthouse besitzt der State Park auch einen Leuchtturm, der noch in Betrieb ist und außerdem im Sommer ein Museum beherbergt.

Jedediah Smith Redwoods State Park

Der Jedediah Smith Redwoods State Park ist der nördlichste der Redwood-Parks. Hier wird noch einmal die Möglichkeit geboten, durch den allerdichtesten Redwood-Wald entlang des Smith River zu fahren, und zwar über den Howland Hill Scenic Drive. Er geht durch unberührte Gebiete (für Wohnmobile ist die Straße ungeeignet) und präsentiert auf über 17 Kilometern Fahrstrecke den Wald in seiner ganzen majestätischen Ausprägung. Da die Straße zu großen Teilen aus Schotterpiste besteht und nicht viele Autos unterwegs sind, kann man jederzeit problemlos anhalten, Fotos machen und die Szene auf sich wirken lassen.

Schönes Kontrastprogramm der Pflanzen im Del Norte Coast Redwoods State Park

Infos und Adressen

SEHENSWÜRDIGKEITEN

Battery Point Lighthouse. April–Sept. tgl. 10–16, Okt–März Sa und So 10–16 Uhr, je nach Gezeiten, 235 Lighthouse Way, Crescent City, CA 95531, Tel. 707/464 30 89, www.delnortehistory.org/lighthouse

Del Norte Coast Redwoods State Park. Rund um die Uhr, Crescent City, CA 95531, Tel. 707/465 73 35, www.parks.ca.gov/?page_id=414

Jedediah Smith Redwoods State Park. Sonnenaufgang bis -untergang, Crescent City, CA 95531, Tel. 707/465 73 35, www.parks.ca.gov/?page_id=413

Prairie Creek Redwoods State Park. Rund um die Uhr, 127011 Newton B Drury Pkwy, Orick, CA 95555, Tel. 707/488 20 39, www.parks.ca.gov/?page_id=415

ÜBERNACHTEN

Campgrounds. Der Nationalpark verfügt über vier gut erreichbare und entsprechend ausgestattete Campingplätze, Stellplätze muss man zwingend vorab reservieren. Auf den Campgrounds kann man auch mit dem Wohnmobil campieren. Erwischt man keinen Platz mehr, muss man auf die weniger idyllischen privaten Campingplätze in der Umgebung ausweichen. Eine Lodge gibt es innerhalb des Parks nicht. Die lokalen Chambers of Commerce geben Auskunft über Übernachtungsmöglichkeiten, ebenso www.nps.gov/redw/planyourvisit/lodging.htm.

Elk Prairie Campground. Es gibt Plätze im Wald unter Redwoods oder am Rande der Prärie. 127011 Newton B Drury Scenic Pkwy, Orick, CA 95555, Tel. 707/488 21 71, www.reserveamerica.com

Gold Bluffs Beach Campground. Der Platz thront beeindruckend auf Klippen über dem Meer. 127011 Newton B Drury Scenic Pkwy,

Orick, CA 95555, Tel. 707/488 21 71, www.reserveamerica.com

Woodland Villa Cabins. Rustikale Blockhütten. 15870 Highway 101 N, Klamath, CA 95548, Tel. 707/482 20 81, www.klamathusa.com

INFORMATION

Redwood National and State Parks Visitor Center. Sommer tgl. 9–17, Winter tgl. 9–16 Uhr, Jedediah Smith Redwood State Park, US-199 (Hiouchi), Crescent City, CA 95531, Tel. 707/458 32 94, www.nps.gov/redw/planyourvisit/visitorcenters.htm

Hauptverwaltung der Redwood National & State Parks. Informationen über die Parks. Juni–Sept. 9–18, Okt.–Mai 9–17 Uhr, 1111 Second St., Crescent City, CA 95531, Tel. 707/465 73 35, www.nps.gov/redw

Malerisch präsentiert sich das Battery Point Lighthouse im Del Norte Coast Redwoods State Park

31 Lassen Volcanic National Park
Wo es blubbert, dampft und brodelt

Eine ganz andere Welt erwartet die Besucher in diesem Nationalpark, der das komplette Kontrastprogramm zum »restlichen« Kalifornien bildet. Er ist eine kleinere Variante des berühmten Yellowstone National Park, aber einfacher zu erreichen als dieser. Die vulkanischen Aktivitäten stellen ein faszinierendes Schauspiel dar.

Mittelpunkt des Szenariums ist der Vulkan Lassen Peak, der südlichste Vulkan des Kaskadengebirges und größter Lavadom-Vulkan der Welt. Es ist zwar ein aktiver Vulkan – wie sein brodelndes Umfeld eindrucksvoll zeigt – sein letzter Ausbruch liegt aber bereits über 100 Jahre zurück. Neben den geothermischen Aktivitäten hat der Nationalpark eine beeindruckende Landschaft zu bieten, die dominiert wird von Kratern, die den Vulkankegel krönen und zum Teil von Lava bedeckt sind und von Kraterseen, die regelrecht beschaulich wirken.

GUT ZU WISSEN

HÖHENLAGE
Aufgrund der Höhenlage sind die Straßen des Lassen Volcanic National Park in den Wintermonaten geschlossen – genau genommen kann es bis in den Juni/Juli noch Schwierigkeiten wegen des vielen Schnees geben. Die Höhenlage ist auch dafür verantwortlich, dass es im Sommer durchaus zu sehr hohen Temperaturen kommen kann. Wichtig ist es, immer genug Wasser und Essen dabei zu haben und auf jeden Fall an Sonnenschutz zu denken.

Einen landschaftlichen Szenenwechsel erlebt man im Lassen Volcanic National Park

Geologisches Wunderwerk

Nicht verpassen

Die Faszination des Parks geht von den lebhaften Naturphänomenen aus, die zeigen, dass diese wilde Ecke des Bundesstaates noch nicht zur Ruhe gekommen ist. Der letzte Ausbruch des Vulkans fand 1915 statt, mehrere Jahre lang folgten darauf Wasserdampfexplosionen. Die Lage ist heute aber insofern entschärft, als dass man den Vulkan von allen Seiten gefahrlos betrachten kann. Die Mysterien eines Vulkans kann man hier hautnah erleben. Auf der einen Seite zeugen zerklüftete Gipfel und heiße Geysire von der eruptiven Vergangenheit, auf der anderen Seite fräsen die Massen an heißem Wasser weiterhin ihre Formen in diesen Landstrich.

Zentraler Punkt: der Vulkan

Der Gipfel Lassen Peak als Mittelpunkt des Parks ist knapp 3200 Meter hoch und ragt recht friedlich in den Himmel hinein. Das war nicht immer so, die Erosionen vor rund hundert Jahren erschütterten ihn und verwüsteten die Umgebung in einem weiten Umkreis. Der Gipfel lässt sich am besten vom Aussichtspunkt Lake Helen am Fuße des Vulkans aus bestaunen. Der Gipfel kann auch bestiegen werden. Für den acht Kilometer langen Weg sollte man etwa viereinhalb Stunden kalkulieren. Zunächst geht es durch Waldabschnitte mit einer leichten Steigung, danach wird es schnell steiler. Herrliche Ausblicke gibt es bereits beim ersten Gipfel, von diesem ist es nicht mehr weit bis zum Trichter des Vulkans. Dessen Ostufer eignet sich gut für ein Picknick.

Wer den Vulkan nicht zu Fuß erleben will, kann ihn an drei Seiten auf dem Highway 89 (Lassen Peak Road) umfahren. Diese Straße führt auch durch den Park hindurch und bietet die Möglichkeit, nah an geothermische Formationen, herrliche

WANDERUNG ZU BUMPASS HELL

Das geothermisch aktivste und konzentrierteste Gebiet des Parks kann auf diesem knapp fünf Kilometer langen Wanderweg erreicht werden. Schlammlöcher blubbern und es qualmt und dampft überall in einem bizarren Farbspiel. Die Bezeichnung Hell (»Hölle«) ist passend gewählt, denn neben dem allgegenwärtigen Geruch nach Schwefel ist hier die Geologie so richtig in Aktion mit zischenden Fontänen, kochenden Schlammlöchern und dampfenden Erdspalten. Über einen gut ausgeschilderten Rundweg erreicht man den Ort, unterwegs gibt es eine Abzweigung zu einem tollen Aussichtspunkt auf die verschiedenen Vulkangipfel. Um den Bereich der geothermischen Aktivitäten am Bumpass Hell führt ein Boardwalk. Die Wanderung startet am Parkplatz, wo ein klarer See zum Baden einlädt.

www.nps.gov/lavo/planyourvisit/ hiking_bumpass_hell.htm

Seen, schöne Picknickstellen und Startpunkte für Wanderungen heranzukommen. Inbegriffen sind herrlichste Aussichtspunkte mit Blicken auf den Lassen Peak. Die Straße ist allerdings nur im Sommer (Juli bis Oktober) geöffnet.

Unternehmungen im Park

Mitten im Hauptbesucherbereich des Parks liegt der Manzanita Lake, der jede Menge Aktivitäten bietet: schwimmen, Kajak fahren, an Ranger-Programmen teilnehmen und wandern. Im Wasser des Sees spiegelt sich der Vulkankegel. Es gibt einen Campingplatz, auf dem man zelten oder eine Hütte mieten kann, und ein kleines Museum, das über den Vulkanausbruch vor einem Jahrhundert informiert. Diesem Ausbruch ist das Gebiet im Norden des Parks, die Devastates Area (»Verwüstetes Gebiet«), zum Opfer gefallen. Allerdings sind davon nur noch ein paar erstarrte Lavabrocken übrig, ansonsten holt sich die Natur das Gebiet nach und nach zurück.

An der Hauptstraße liegt das aktive Gebiet Sulphur Works (»Schwefelfabrik«) mit blubbernden Schlammtöpfen. Ein Boardwalk führt darum herum, von diesem aus lassen sich die geothermischen Erscheinungsformen gut beobachten (und riechen). Ursprünglich wurde hier Schwefel kommerziell abgebaut, später war das Gebiet eine Touristenattraktion mit einer kleinen Infrastruktur.

Zu Fuß und über sehr schöne Wanderungen gelangt man zu einigen Wasserfällen wie den Mill Creek Falls und zu weiteren Seen. An den Seen Manzanita Lake, Butte Lake, Juniper Lake und Summit Lake kann man nicht-motorisierte Boote mieten, am Manzanita Lake auch Motorboote. Im Campingladen am Manzanita Lake werden Kajaks, Kanus und Stand-up-Paddle-Boards vermietet.

Oben: Alles wirkt wie eine Zwillingsausgabe des Yellowstone National Park
Unten: Beeindruckend erhebt sich der Vulkangipfel Lassen Peak über die Kulisse

Infos und Adressen

SEHENSWÜRDIGKEITEN

Loomis Museum. Ende Mai–Ende Okt. tgl. 9–17 Uhr, Highway 89, Singletown, CA 96088, Tel. 530/595 61 40, www.nps.gov/lavo/planyourvisit/visitorcenters.htm

ESSEN UND TRINKEN

Lumberjacks. Sehr leckeres Frühstück ab 6 Uhr morgens. 501 E Cypress Ave., Redding, CA 96002, Tel. 530/223 28 20, www.lumberjacksrestaurant.com

Westside Pizza. Pizzeria mit Kultfaktor, gute Pizza zu fairem Preis. 536 Market St., Redding, CA 96003, Tel. 530/243 37 77, www.westsidepizza.com/locations/redding

ÜBERNACHTEN

Drakesbad Guest Ranch. Historische Ranch aus dem Jahr 1900 am Dream Lake mit Thermalquellbecken. Extras wie Massagen und geführte Ausritte sind buchbar. Mit Restaurant (nur Vollpension möglich). Lassen Volcanic National Park, 14423 Chester Warner Valley Rd., Chester, CA 96020, Tel. 866/999 09 14, www.drakesbad.com

Manzanita Lake Campground. Lassen Volcanic National Park, Mineral, CA 96063, Tel. 530/595 61 21, www.nps.gov/lavo/planyourvisit/manzanita-lake-campground.htm

Travelodge Redding. Geräumige Zimmer mit Kühlschrank. Außen- und Innenpool, Waschsalon. 540 N Market St., Redding, CA 96003, Tel. 530/243 52 91, www.hotelsone.com

AKTIVITÄTEN

Lassen Recreation. Bootsvermietungen am Manzanita Lake. Ende Mai–Anfang Okt. tgl. 10–16 Uhr, Lassen Volcanic National Park, Manzanita Lake, CA96020, Tel. 530/335 75 57, www.lassenrecreation.com

INFORMATION

Kohm Yah-mah-nee Visitor Center. Lassen Volcanic National Park, 21820 Highway 89, CA 96063, Tel. 530/595 44 80, www.nps.gov/lavo/planyourvisit/visitorcenters.htm

Im Lassen Volcanic National Park lässt sich vortrefflich wandern

32 Napa Valley
Hier dreht sich alles um den Wein

Eine Weinprobe im kultigen Napa Valley kann Volksfestcharakter haben. Wahre Kolonnen von Reisebussen steuern die überdimensional großen Parkplätze der populären Weingüter an. Etliche Filmstars und Hollywood-Regisseure treten als Weingutbesitzer auf. Aber auch europäische Kellereien wie Rothschild, Chandon und Taittinger unterhalten ihre Weingüter in diesem legendären Valley.

»Verantwortlich« für den Weinbau mit Weltruf ist die Mischung aus dem mediterranen Klima, der Geografie und der Geologie des Napa Valley, dessen beliebtester Tropfen der Cabernet Sauvignon ist. Zentrale Durchfahrtsstraße durch das Tal sind der Highway 29 oder der parallel verlaufende, weniger frequentierte Silverado Trail. Beide Straßen präsentieren neben unzähligen Weingütern in allen Größen und unterschiedlichen Nobelkategorien auch eine wunderbare Landschaft: Obstplantagen, Weinberge und kleine Orte werden einge-

Ein ganzes Tal dreht sich ausschließlich um diese von der Sonne verwöhnte Weintraube

GUT ZU WISSEN

LIMOUSINE ODER FAHRRAD?

Man sollte sich nach einer Weinverkostung auf keinen Fall selbst hinters Steuer setzen, die Polizei ist gnadenlos, wenn sie einen alkoholisierten Autofahrer erwischt. Alternativ kann man sich eine Limousine mieten und sich zu den Weingütern kutschieren lassen oder das Ganze per Drahtesel angehen. Das geht sowohl im Rahmen einer geführten Tour oder auf eigene Faust mit einem Mietfahrrad – Napa Valley Bike Tours (S. 185) bietet beides an.

Viele Winzer haben ihren Sitz im Napa Valley

rahmt von einer sanften, grünen Hügellandschaft und geben dem engen Tal etwas Liebliches.

Der Wein steht natürlich im Vordergrund. Unbedingt sollte man eine Weinverkostung erleben, wenn man schon einmal da ist. Daneben gibt es auch andere Aktivitäten, die zwar immer auf die eine oder andere Art mit Wein zu tun haben, aber dennoch auch eine andere Richtung aufweisen.

Napa und St. Helena

Das betriebsame kleine Städtchen Napa liegt am gleichnamigen Fluss Napa River und bietet mit einigen schönen Parkanlagen, Uferpromenaden, Restaurants mit prominenten Köchen und Verkostungsmöglichkeiten einen guten Ausgangspunkt für die Erkundigungen des Napa Valley. Ein Highlight der Stadt ist die Markthalle Oxbow Market mit allerhand zum Teil sehr exotischen Köstlichkeiten (zum Beispiel Schokotrüffel mit Cabernet-Geschmack). Aber auch sonst gibt es in den ausgefallenen Läden ausreichend Möglichkeiten einzukaufen. Cafés und Chocolatiers gibt es ebenfalls etliche, und nobel übernachten kann man in den Alleen der Stadtbezirke in luxuriösen B&Bs.

Geheimtipp

TIPPS FÜR WEINTOUREN

Eine Tour von Weingut zu Weingut sollte mit einem reichhaltigen Frühstück als Grundlage starten, auch Mineralwasser mitnehmen. Immer Weißwein vor Rotwein probieren und den Wein, den man nicht mag, in den Spukeimer gießen. Da es in den Weinkellern kälter als draußen ist, empfiehlt sich die Bekleidung im Zwiebellook. Mehr als zwei bis drei Weingüter pro Tag sollte man sich nicht vornehmen. Außerdem empfiehlt es sich, die kleineren, weniger namhaften Betriebe zu besuchen. Über die angebauten Weinsorten kann man sich im Discovery Center in St. Supery informieren. Auf jeden Fall sollte man die Landschaft auf der Hinfahrt genießen, falls man auf der Rückfahrt zu müde ist!

St. Supery Wine Discovery Center & Winery. Mai–Okt. 10–17.30, Nov.–April 10–17 Uhr, 8440 St. Helena Highway, Rutherford, CA 94573, Tel. 707/963 45 07, www.ohwy.com/ca/s/stsupery.htm

Reizvoll ist auch St. Helena am anderen Ende des Tals. Kunstgalerien, Läden und Cafés bilden den Kontrast zu den Weinverkostungen, die es auch in St. Helena reichlich gibt. Mit dem Passport St. Helena erhält man Zutritt zu acht Winzern, die zu Fuß erreichbar sind. So spart man sich eine Fahrt zu entlegeneren Gütern.

Im Robert Louis Stevenson Museum (freier Eintritt) erinnert die Sammlung an persönlichen Gegenständen und Erinnerungsstücken an den Schriftsteller, der in der Gegend gewohnt hat.

Ein schönes Ziel etwas außerhalb der Stadt ist Hall of Wines, der Zusammenschluss von Weinprobe und Kunst. Skulpturen und Installationen gibt es zu sehen und von den Verkostungsräumen im zweiten Stock schöne Aussichten dazu.

Napa Valley Wine Train

Hier werden mehrere Erlebnisse miteinander kombiniert: kulinarische Genüsse, eine Fahrt, die an die goldenen Zeiten des Bahnverkehrs erinnert und die herrliche Landschaft, die an den Fenstern der antiken Waggons vorbeizieht. Das restaurierte Interieur im Retrolook und die über 100 Jahre alten Pullman-Triebwagen versetzen die Fahrgäste zurück in die Zeit des Luxusreisens zu Beginn des 20. Jahrhunderts. Natürlich gibt es auch Weinproben an Bord!

Die Fahrt führt an der westlichen Talseite entlang und startet an der McKinstry Street in Downtown Napa. Ziel der Fahrt ist St. Helena, von wo aus es wieder zurück nach Napa geht. Die gesamte Rundreise ist 58 Kilometer lang und dauert etwa drei Stunden. Es geht mitten durch das Weinanbaugebiet und vorbei an berühmten und historischen Weingütern.

Oben: Die Weingüter präsentieren ihre Höfe auf vielfältige Weise einladend
Unten: Der Napa Valley Wine Train verbindet Sightseeing, vergangene Zeiten und Weinprobe

Weintour durch das Napa Valley

Ⓐ Napa. Traditionsstadt des Weinhandels und Ausgangspunkt für Unternehmungen im Napa Valley.

Ⓑ Domaine Carneros by Taittinger (Napa). Prunkvolles Schloss, dem Taittinger-Familienwohnsitz in Frankreich nachempfunden. Fantastisches Ambiente, Champagnerproben.

Ⓒ The Hess Collection Winery (Napa). Etwas abseits gelegenes Schweizer Weingut. Wunderschöne Anlage, exquisiter Wein (Chardonnay, Cabernet) und eine Kunstausstellung.

Ⓓ Peju Province Winery (Rutherford). Weingut mit provenzalischem Charme, eingebettet in herrlich angelegte Gärten mit Skulpturen.

Ⓔ The Culinary Institute of America at Greystone (St. Helena). Zu den Spitzenweinen gibt es erlesene Speisen der Californian Cuisine.

Ⓕ Casa Nuestra Winery (St. Helena). Nostalgisches kleines Weingut, rustikal eingerichtete Probierstube.

Ⓖ Castello di Amorosa (Calistoga). Weingut in Gestalt einer Mittelalterburg. Führung durchs Schloss mit anschließender Verkostung.

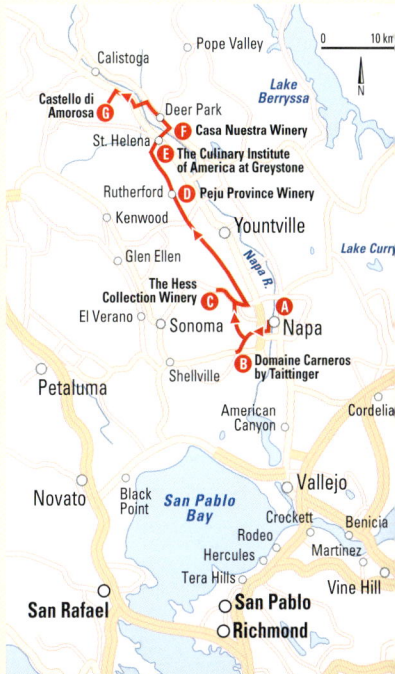

Das Weingut Castello di Amorosa in Calistoga

Napa Valley aus der Luft

Einmal davon abgesehen, dass man die herrschaft-
lichen Weingüter aus der Vogelperspektive betrachtet, hat eine Fahrt im Ballon über das Napa
Valley tatsächlich sonst nichts mit Wein zu tun.
Der Ballonpilot erzählt Interessantes über das Tal,
dessen Schönheit von oben noch viel eindrucks-
voller ist. Mit etwa 20 Passagieren ist der Korb
nicht zu voll. Die Ballons – ein Wahrzeichen des
Tals – starten morgens zwischen 6 und 7 Uhr.

Es gibt mehrere Anbieter für Ballonfahrten. Bei
Balloons above the Valley (S. 185) genießt man
im Rahmen einer Sonnenaufgangsfahrt nach dem
Abenteuer in luftigen Höhen einen Champagner-
Brunch auf einer separaten Veranda mit schönen
Aussichten im Marriott Hotel.

Das hügelige Tal mit den sanften Landschaften
und die weitreichenden Weinbauflächen kann
man auch an Bord eines Doppeldeckers bestaunen.
Für Wagemutige fliegt der Pilot Loopings. Die Vintage Aircraft Company (S. 185) ist ein Anbieter in
Sonoma, ein Tal westlich des Napa Valley.

Schloss Domaine Carneros

Prunkvoll und schlossartig sind die meisten
(großen) Weingüter im Napa Valley. Aber der
Taittinger-Ableger Domaine Carneros fällt dennoch komplett aus dem Rahmen. Angelehnt an
den palastartigen Wohnsitz der Familie in Reims/
Frankreich verschlägt einem dieses herrschaftliche Anwesen schlichtweg den Atem. Durch die
Hanglage ergeben sich sensationelle Ausblicke auf
die wunderschöne Umgebung. In dieser außergewöhnlichen Umgebung kann man Weine und
Champagner probieren und kleine Snacks dazu be-
stellen – bei gutem Wetter auf der Veranda mit
Blick auf die Weinberge.

Oben: Ein unvergessliches Erleb-
nis ist eine Ballonfahrt über das
Napa Valley
Mitte: Ein Weinanbaugebiet nahe
der Stadt Napa
Unten: Hier muss man einfach
Champagner trinken – das Wein-
gut Domaine Carneros

Infos und Adressen

SEHENSWÜRDIGKEITEN

Hall of Wines. 401 St. Helena Highway, CA 94574, Tel. 707/967 26 26, www.hallwines.com

Robert Louis Stevenson Museum. Di–Sa 12–16 Uhr, 1490 Library Lane, St. Helena, CA 94574, Tel. 707/963 37 57, www.stevensonmuseum.org

ÜBERNACHTEN

Best Western Plus Elm House Inn. Saubere, geräumige Zimmer. Fitnessraum, Pool und Waschsalon. Kurzer Fußweg ins Zentrum von Napa. 800 California Blvd., Napa, CA 94559, Tel. 707/255 18 31, www.bestwestern.com

Napa Valley Railway Inn. Zimmer in ehemaligen Bahn-Waggons mitten im Napa Valley. 6523 Washington St., Yountville, CA 94599, Tel. 707/944 20 00, www.napavalleyrailwayinn.com

EINKAUFEN

Oxbow Public Market. Tgl. 9–19, Di bis 20 Uhr, 610 und 644 First St., Napa, CA 94559,

Tel. 707/226 65 29, www.oxbowpublicmarket.com

AKTIVITÄTEN

Balloons above the Valley. 603 California Blvd., Napa, CA 94559, Tel. 707/253 22 22, Reservierungen unter Tel. 800/464 68 24, www.balloonrides.com

Napa Valley Bike Tours. Tgl. 8.30–17 Uhr, 3259 California Blvd., Napa, CA 94558, Tel. 707/251 86 87, www.napavalleybiketours.com

Napa Valley Wine Train. 1275 McKinstry St., Napa, CA 94559, Tel. 707/253 21 11, Reservierungen unter Tel. 800/427 41 24, www.winetrain.com

Vintage Aircraft Company. 23982 Arnold Dr., Sonoma, CA 95476, Tel. 707/938 24 44, www.vintageaircraft.com

INFORMATION

Napa Valley Welcome Center. Tgl. 9–17 Uhr, 600 Main St., Napa, CA 94559, Tel. 707/251 58 95, www.visitnapavalley.com

Mit dem Wohnmobil könnte man die Problematik »Fahren mit Alkohol« ein Stück weit umgehen

33 Locke
Wo der Wilde Westen chinesisch ist

Das Besondere an dieser Ortschaft ist die Atmosphäre einer Geisterstadt. Zur Hälfte ist Locke noch bewohnt, aber so wie die Gebäude der Hauptstraße verwittert nebeneinanderstehen, haben sie definitiv die Ausstrahlung einer Geisterstadt. Auf jeden Fall ist es das einzige Beispiel einer historischen, chinesisch-amerikanischen Dorfgemeinde.

Die Gehwege sind aus Holzbrettern, die morschen Gebäude mit der abblätternden Farbe erzählen Geschichten vom Goldhandel, als die Stadt bessere Zeiten gesehen hat. Heute sind die maroden Gebäude im National Register of Historic Places gelistet, und seit 1990 ist die Ortschaft auch ein National Historic Landmark District. Das ist auch gerechtfertigt angesichts des Wild-West-Images, das Locke ausstrahlt – die Zeit scheint in den 1920er-Jahren angehalten worden zu sein.

Wieso chinesische Geisterstadt?

Im nahe gelegenen Walnut Grove brach 1912 im chinesischen Viertel ein Feuer aus und zerstörte diesen Stadtteil. Die dort lebenden Chinesen wollten daraufhin eine eigene Ortschaft gründen und wandten sich an den Landbesitzer George Locke, der den Boden der heutigen Ortschaft besaß – Chinesen durften zu dieser Zeit keinen Grund besitzen. Man wurde sich einig, und der Ort wurde zunächst Lockeport genannt. 1920 sah Locke genauso aus wie heute. Die Stadt war von chinesischen Einwanderern für Chinesen erbaut worden, das machte es einzigartig.

Mitte: China und der Wilde Westen sind in Locke eine unvergleichliche Symbiose eingegangen
Unten: Teile der Stadt sind hübsch restauriert und wirken so gar nicht geisterhaft

Infos und Adressen

Damals war das chinesische Locke die einzige unabhängige Chinatown der USA, sodass keine Gesetzesvertreter zuständig waren. Diese Unabhängigkeit führte zur Entstehung von Glücksspiel, Schwarzbrennereien, zwielichtigen Kneipen, Bordellen und Opiumhöhlen. Der Ort erhielt den Spitznamen »California's Monte Carlo«.

Bis zu 1500 Chinesen lebten in den Blütezeiten in Locke. Heute sind von den insgesamt etwa 70 bis 80 Bewohnern der Ortschaft nur noch zehn Chinesen. In den 1940er- und 1950er-Jahren begannen die chinesischen Amerikaner mit einer besseren Ausbildung aus dem ländlichen Locke in die Vororte der größeren Städte zu ziehen.

Was Locke heute ausmacht ...

Locke ist eine ungewöhnliche Stadt, aber mit ihrem Charme der Abgeschiedenheit einzigartig. Zwischen den verwilderten Gebäuden hängen Banner mit chinesischen Schriftzeichen. Ein verrostetes Schild begrüßt mit »Welcome to Locke« die Besucher in der Geisterstadt. Über die Straße sind Girlandenketten gezogen, an den alten Gebäuden sind noch Originalschilder wie Gambling House (»Spielkasino«) angebracht.

In der legendären Kneipe Al the Wop's kann man seit 1934 einkehren. Heute ist die Spezialität des Hauses ein Hamburger mit Unmengen von Erdnussbutter. Der Dielenboden der Gaststube knarzt, die Decke zieren alte Dollarnoten ...

Locke hat ein eigenes Museum, das etwas in die Jahre gekommene Dai Loy Museum. Es ist in der ehemaligen Spielhalle untergebracht und hält die Geschichte des Ortes lebendig. Alles dreht sich rund ums Glücksspiel, zu den Memorabilien zählen ein ehemaliger Wetttisch, ein alter Safe und Fotos.

SEHENSWÜRDIGKEITEN

Dai Loy Museum. Fr–So 12–16 Uhr, 13952 Main St., Walnut Grove, CA 95690, Tel. 916/776 16 61, www.locketown.com/museum.htm

Locke Boarding House Museum. Museum über die Geschichte der Stadt. Di, Fr 12–16, Sa und So 11–15 Uhr, 13916 Main St., Walnut Grove, CA 95690, Tel. 916/776 16 61, www.locketown.com/Boarding%20House.htm

ESSEN UND TRINKEN

Al the Wop's. 13943 Main St., Walnut Grove, CA 95690, Tel. 916/776 18 00, www.locketown.com/als.htm

Locke Garden Chinese Restaurant. Di–So 11–21 Uhr, 13967 Main St., Walnut Grove, CA 95690, Tel. 916/776 21 00, www.locketown.com/lockegar.htm

ÜBERNACHTEN

The Inn at Locke House. Hotel in einem liebevoll restaurierten, historischen Herrenhaus. Saubere Zimmer, schöner Garten. 19960 Elliot Rd., Lockeford, CA 95237, Tel. 209/727 57 15, www.theinnatlockehouse.com

INFORMATION

Locke Visitor Center. Di und Fr 12–16, Sa und So 11–15 Uhr, 13916 Main St., Walnut Grove, CA 95690, Tel. 916 776 16 28, www.locketown.com

SIERRA NEVADA

34 Sacramento
Die Hauptstadt Kaliforniens

Es könnte auch die Hauptstadt der USA sein, denn ein Capitol gibt es hier auch. Das Kuppelgebäude erinnert ungemein an das Weiße Haus. Ansonsten mausert sich die Hauptstadt Kaliforniens gerade zu einer »jungen Stadt«, das heißt, junge Menschen ziehen her und in der Folge entstehen immer mehr Kneipen, Kleinbrauereien und Boutiquen. Bei angenehmem Klima und einigen Attraktionen lässt es sich in Sacramento aber auch gut aushalten.

Sacramento ist noch vor dem ersten Goldfund entstanden und gründet auf einen ehemaligen Handels- und Viehzuchtposten. Als 1849 der Goldrausch losgeschlagen wurde, fungierte Sacramento als Versorgungs- und Handelszentrum für die Goldgräber. Der Handel blühte dank der Wasserstraße durch den Zusammenfluss der beiden Flüsse Sacramento und American River. Diese Tatsache führte unter anderem dazu, dass Sacramento 1854 zur Hauptstadt des Bundesstaates ernannt wurde.

California State Capitol

Edle Säulen, eine schicke Kuppel und das im blütenweißen Gewand – das prächtige Capitol wirkt wie eine Miniausgabe des Washingtoner Exemplars. 1869 fertiggestellt und vor knapp 50 Jahren umfassend renoviert, ist die architektonische Schönheit ein Highlight der Hauptstadt. Im Rahmen einer Führung erfährt man Wesentliches zur Geschichte des Bauwerks und Kaliforniens. Auch Kunstwerke ehemaliger Abgeordneter und des Regierungspersonals werden ausgestellt. Um das Capitol herum führt ein hübscher Park. Übrigens

Seite 188/189: Mono Lake
Mitte: Das State Capitol von Sacramento erinnert an das Weiße Haus
Unten: Wie im Western kommt die Lokomotive daher – sie befindet sich im California State Railway Museum

Infos und Adressen

ist das Gebäude für Amtsgeschäfte »in Betrieb« und man hat die Möglichkeit, öffentlichen Debatten und Abstimmungen beizuwohnen.

Weitere Sehenswürdigkeiten

Im Old Sacramento State Historic Park kommt man der Geschichte der Stadt näher, die nicht immer so hip gewesen ist wie heute. Ganz im Gegenteil gab es eine recht turbulente Frühzeit, in der die Goldsucher den Sacramento River heraufkamen und praktisch über Nacht eine Stadt aus dem Boden stampften. Heute ist der Bereich von Old Sacramento als National Historic Landmark geschützt mit restaurierten Gebäuden, Museen und dem restaurierten Flussdampfer »Delta King«. Führungen zu Schiff, in Pferdekutschen oder mit historisch kostümierten Führern werden angeboten.

Herauszuheben bei den Museen sind das California State Railway und das California Museum. Ersteres ist ein ganz besonderes Eisenbahnmuseum, da die Geschichte der Eisenbahn im Wilden Westen der USA sehr lebendig dargestellt wird mit restaurierten Dampfloks und original erhaltenen Wagen. Das Personal ist authentisch in historische Kostüme gekleidet. Im California Museum wird interaktiv und in liebevoller, aufwendiger Aufmachung die Geschichte des Bundesstaates präsentiert.

Schweizerischen Ursprungs ist der ehemalige Handelsstützpunkt »New Helvetia«, der heutige Sutter's Fort State Historic Park. 1839 gegründet, fand hier die erste Besiedelung des heutigen Sacramento statt. Heute ist es ein Pioniermuseum mit Ausstellungsstücken des 19. Jahrhunderts.

Erwähnenswert ist auch die Downtown Sacramentos mit dem Open-Air-Einkaufszentrum »Pavilions« und der Fußgängerzone »K Street Mall«.

SEHENSWÜRDIGKEITEN

California Museum. Di–Sa 10–17, So 12–17 Uhr, 1020 O St., Sacramento, CA 95814, Tel. 916/653 75 24, www.californiamuseum.org

California State Capitol. Tgl. 9–17 Uhr, 1315 10th St., Sacramento, CA 95814, Tel. 916/324 03 33, www.capitolmuseum.ca.gov

California State Railway Museum. Tgl. 10–17 Uhr, 125 I St., Sacramento, CA 95814, Tel. 916/323 92 80, www.californiarailroad.museum

EINKAUFEN

Pavilions. Mo, Mi, Fr und Sa 10–18, Do 10–20, So 12–17 Uhr, 563 Pavilions Lane, Sacramento, CA 95825, Tel. 916/920 55 55, www.shoppavilions.com

INFORMATION

Old Sacramento Visitor Center. 1002 2nd St., Sacramento, CA 95814, Tel. 916/808 76 44, http://oldsacramento.com/ amenities/visitor-center

Sacramento Convention & Visitors Bureau. Mo–Fr 8–17 Uhr, 1608 I St., Sacramento, CA 95814, Tel. 916/308 77 77, www.visitsacramento.com

35 Lake Tahoe mit Westufer
Eine azurblaue Perle in den Bergen

Türkisfarben ist der flache Uferbereich, azurblau das tiefe Wasser des Sees. Eingerahmt wird dieses Farbspiel von den umliegenden, bis zu 1200 Meter hohen Berggipfeln des Sierra-Nevada-Gebirges. Der Schriftsteller Mark Twain (1835–1910) brachte die ganze Naturgewalt auf den Punkt: Die Luft hier sei so pur und rein, es sei dieselbe Luft, die Engel atmen.

Etwa zwei Drittel des Lake Tahoe gehören zu Kalifornien, ein Drittel zu Nevada. Die Grenze zwischen den beiden Bundesstaaten führt durch den See hindurch – fast die ganze Ostseite ist Nevada-Gebiet, der Süden und der Westen sind komplett kalifornisch, ein Teil des Nordufers ebenfalls. Er ist einer der schönsten und auf 1900 Metern höchstgelegenen Seen der USA.

Ganzjahresziel

Kaum eine Destination ist zu allen Jahreszeiten so attraktiv wie der Lake Tahoe. Im Winter und Frühjahr steht der Wintersport auf dem Programm. Unzählige Skiresorts um den See herum nehmen die zahlreichen Wintergäste mühelos auf und stellen alle erdenklichen Grundlagen für Skifahren, Tubing (Schlittern im Autoreifen oder Schlauchboot), Langlauf, Skitouren und Schneeschuhlaufen zur Verfügung. Meist betreiben die Resorts ihre eigenen Winterwanderwege und Skilifte, zur Anlage gehören oft außerdem ein Snowboard-Gebiet und Eislaufflächen.

Mitte: Sommerfrische pur am Gebirgssee Lake Tahoe
Unten: Auch im Winter ein lohnenswertes Ziel: Die Gegend um den Lake Tahoe ist reichlich mit Schnee gesegnet

Strand am Nevada Beach Campground

Im Sommer stehen die Naturgewalt des Bergsees und damit verbunden der Wander- und Wasserspaß im Vordergrund. Vom Stand-up-Paddleboard über das Segelboot bis hin zum rasanten Jetski-Flitzer tummelt sich alles auf dem See, was zu Wasser gelassen werden kann. Außerdem kann man das Gewässer auf einer Ausflugsfahrt erleben – etwa auf einem Raddampfer. Und natürlich kann man auch baden im Lake Tahoe, wenngleich er meist wegen der Höhenlage eine erfrischende Wassertemperatur hat!

Im Herbst schließlich lässt die Gegend um den See die Herzen aller Fans des Indian Summer höherschlagen. Die Berghänge sind dann mit buntem Laub überzogen, goldene Espenblätter strahlen im Kontrast zum in allen Blau- und Grüntönen schimmernden See.

Aktivitäten im Sommer

Wenn man nicht Wintersportler ist, ist der Sommer die beste Jahreszeit für einen Besuch des Lake Tahoe. Für Erholungssuchende und Adrenalin-Junkies bieten der See und sein gebirgiges Umfeld gleichermaßen gute Freizeitmöglichkeiten. Sowohl am Nord- als auch am Südufer kann man auf ei-

Einfach gut!

NEVADA BEACH CAMPGROUND

Es ist ein National Forest Campground, sehr naturnah, direkt am Sandstrand Nevada Beach gelegen. Die Stellplätze liegen in schattigen Waldabschnitten mit Pinienbestand, sehr angenehm an heißen Tagen. Auf den riesigen, abgeschiedenen Stellplätzen kann man den Nachbarn nur erahnen. Am Strand stehen Bänke, auf denen man den Sonnenuntergang genießen kann, es gibt Picknickplätze und schattige Rückzugsorte. Will man einen Platz am Strand ergattern, muss man mindestens ein halbes Jahr im Voraus reservieren. Auch wenn man ansonsten wenig Zeit am östlichen Seeufer verbringt, lohnt sich eine Übernachtung in der herrlichen Umgebung – es sind außerdem nur kurze Fahrdistanzen zu den Sehenswürdigkeiten am Süd- und Südwestufer.

Nevada Beach Campground. Lake Tahoe Basin, Zephyr Cove, NV 89448, Tel. 775/588 55 62, www.recreation.gov

Die Desolation Wilderness

DIE DESOLATION WILDERNESS

Am Westufer des Lake Tahoe innerhalb des Eldorado National Forest befindet sich die Desolation Wilderness als unberührtes Hinterland. Von der Emerald Bay aus führen zwei Wanderwege in die Wildnis, der Bayview Trail zu den Cascade Falls und der Wanderweg zum Granite Lake und Maggis Peak. Die kurze, beliebte und daher meist überlaufene Kurzwanderung zu den Cascade Falls besticht durch ihre grandiosen Ausblicke unterwegs und das schöne Ziel, die Wasserfälle. Den Granite Lake erreicht man über einen zunächst steilen Aufstieg über den bewaldeten Bergrücken und später über Felsblöcke, von denen aus man herrlich auf die Emerald Bay und den Lake Tahoe blicken kann. Ambitionierte Wanderer können nach dem See noch 300 Höhenmeter anhängen und den Gipfel Maggis Peak erklimmen.

Nicht verpassen

gene Faust lospaddeln und sich dafür Kanu, Kajak, Stand-up-Paddleboards oder Ähnliches mieten. Man kann aber auch im Rahmen einer geführten Tour losziehen. Besonders empfehlenswert sind die Touren zum Sonnenaufgang auf dem noch ruhigen und friedlichen See.

Zum Sonnenuntergang geht es motorisiert oder im Segelboot aufs Wasser. Auf dem Schaufelraddampfer »M.S. Dixie II« (Abfahrt auf Nevada-Seite) gibt es während des Ausflugs auch Brunch oder Abendessen und ganzjährig stattfindende Tagesfahrten. In der zweistündigen Tour hat man die Möglichkeit, herrliche Fotos in der Emerald Bay (S. 196) zu schießen.

Ganz entspannt kann man es sich an einem der zahlreichen herrlichen Strände rund um den See gut gehen lassen. Die schönsten Exemplare sind Pope, Kiva und Baldwin Beach im Südwesten des Sees, alle sind mit Picknickplätzen und Grillstellen ausgestattet, sowie der Nevada Beach an der südlichen Ostseite mit einem wunderschönen Campground (S. 193).

Lake Tahoe mit Westufer

Neben den genannten Aktivitäten zu Wasser steht natürlich das Wandern ganz oben auf der To-do-Liste. Adäquat zu den Ski-Resorts gibt es auch alpine Sommer-Resorts, die in den Sommermonaten Aktivitäten in den Bergen anbieten: Mountainbiken, Seilgärten mit Seilrutschen und Kletterparks.

Outdoor-Anbieter

Für Urlauber, die Action suchen, gibt es zwei wichtige Adressen am Lake Tahoe: Camp Richardson und Heavenly Lake Tahoe. Ersteres sorgt nicht nur für Übernachtungsmöglichkeiten (es gibt eine Lodge und einen Campground), sondern bietet diverse sportliche Betätigungen an, etwa Wassersport, Reiten und Fahrradfahren. Im Winter wird man mit Schneeschuhen ausgestattet und kann auf Skiern losziehen. Heavenly Lake Tahoe bringt Besucher sommers wie winters mit einer Seilbahn auf einen Berg. Von dort oben ist der Blick auf den blauen See und die dahinter liegende Sierra Nevada atemberaubend. Noch höher hinaus geht es mit einem Sessellift, der an die Gondelfahrt angeschlossen werden kann. Oben angekommen, geht das Abenteuer erst richtig los – im Kletterpark oder auf einem der zahlreichen Wanderwege.

Das Westufer

Das Westufer des Lake Tahoes ist etwas Besonderes. Drei State Parks bieten atemberaubende Landschaftsimpressionen mit dem Prunkstück Emerald Bay im Mittelpunkt. Die Ausblicke auf den blau-grün-türkisfarbenen See sind nicht zu übertreffen, die Strände schön und nicht überlaufen. Kein Wunder, dass diese Seeseite die Magical West Shore (»magische Westküste«) genannt wird.

Die Westküste beschreibt im Großen und Ganzen das Gebiet zwischen der Emerald Bay und Tahoe

Oben: An mehreren Stellen erreicht man das Seeufer direkt
Unten: Hoch hinaus geht's zu jeder Jahreszeit mit der Gondel des Anbieters Heavenly Lake Tahoe

City. Das dicht bewaldete Ufergebiet ist noch nicht übermäßig bebaut und hat sich dadurch viel Idylle bewahrt. Der Highway 89 führt als Panoramastraße am Uferbereich entlang und bietet an traumhaften Haltepunkten (zum Beispiel Inspiration Point) Blicke auf den See und den benachbarten Cascade Lake. Vom Highway gehen auch einige Wanderwege in die Desolation Wilderness (S. 194) ab.

Emerald Bay als Top-Highlight

Das Juwel im Südwesten des Sees ist die smaragdfarbene Emerald Bay im gleichnamigen State Park. Die Bucht gilt als eines der meistfotografierten Motive der Welt. Von der fjordartigen Bucht aus ergeben sich sensationelle Blicke auf den See, die Bergwelt und die in der Bucht liegende Insel Fannette Island, die einzige Insel des Lake Tahoe mit den Ruinen eines ehemaligen Teehauses.

Vom D. L. Bliss State Park aus führt der sechs Kilometer lange Rubicon Trail zur Bucht. Für einen grandiosen Blick auf die Bucht steigt man eineinhalb Kilometer weit an der See abgewandten Seite zu den Kaskaden der Eagle Falls hinauf.

All die landschaftliche Schönheit aus der Vogelperspektive und eine ordentliche Portion Abenteuer bietet ein zehnminütiger Hubschrauberflug über die azurblaue Bucht und Vikingsholm Castle, ein Sommerhaus im skandinavischen Stil. Vom gebührenpflichtigen Parkplatz (10 Dollar für unbegrenztes Parken) gelangt man über einen 1,5 Kilometer langen Weg hinunter zum Schlösschen, das inmitten einer Blumenwiese direkt am Seeufer liegt. Im Rahmen einer Führung kann man das Innere des Hauses besichtigen, das die englischstämmige Lora Josephine Knight erbauen ließ. Im Zentrum stehen Informationen über den Bau des Schlosses und die Herkunft der Möbel.

Oben: Die Insel Fannette Island schmiegt sich in die azurblaue Emerald Bay
Mitte: Die Bergwelt hinter dem See – eine traumhafte Kulisse!
Unten: Das Landhaus Vikingsholm Castle liegt idyllisch direkt am Seeufer

Infos und Adressen

ESSEN UND TRINKEN

Jason's Beachside Grille. Schöne Lage mit Aussicht auf den See, sehr gute Salatbar. Humboldt-Toiyabe National Forest, 8338 N Lake Blvd., Kings Beach, CA 96143, Tel. 530/546 33 15, http://jasonsbeachsidegrille.com

ÜBERNACHTEN

Rockwood Lodge. Persönlich geführtes B&B mit hausgemachtem Frühstück. 5295 W Lake Blvd., Homewood, CA 96141-0226, Tel. 530/525 52 73, www.rockwoodlodge.com

Tahoma Meadows B&B. Man wohnt in Hüttchen mit historischem Charme, nahe am See. 6821 W Lake Blvd., Tahoma, CA 96142, Tel. 530/665 15 53, www.tahomameadows.com

AKTIVITÄTEN

Camp Richardson. Eldorado National Forest, 1900 Jameson Beach Rd., South Lake Tahoe, CA 96150, Tel. 530/541 18 01, www.camprichardson.com

Heavenly Lake Tahoe. 4080 Lake Tahoe Blvd., South Lake Tahoe, CA 96150, Tel. 775/586 70 00, www.skiheavenly.com

M.S. Dixie II, Zephyr Cove Resort & Lake Tahoe Cruises. 760 US-50, Zephyr Cove, NV 89448, Tel. 775/589 49 07, www.zephyrcove.com/cruises/our-fleet

Pacific North Helicopters Lake Tahoe. Emerald Bay Tour: 1901 Airport Rd., South Lake Tahoe, CA 96150, Tel. 530/208 52 47, http://bookhelivertex.com

INFORMATION

Tahoe City Visitor Information Center. 100 North Lake Blvd., Tahoe City, CA 96145, Tel. 530/581 69 00, www.gotahoenorth.com/north-lake-tahoe

Lake Tahoe Visitors Authority. 3066 Lake Tahoe Blvd., South Lake Tahoe, CA 96150, Tel. 530/541 52 55, http://tahoesouth.com

Die herrliche Landschaft entlohnt die Mühe beim Radeln

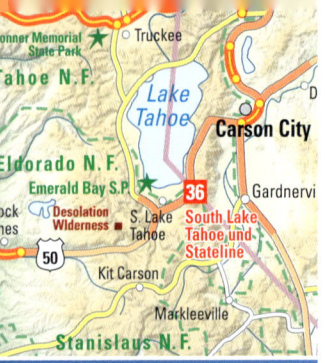

36 South Lake Tahoe und Stateline
Quirliges Südufer mit viel Action

Am Südostufer des Lake Tahoe treffen sich nicht nur die beiden Bundesstaaten Kalifornien und Nevada, hier ist auch mit Abstand am meisten geboten: Wasseraktivitäten, Restaurants, Kinos und Boutiquen auf der einen, Wassersportspaß, Strandvergnügen und Outdoor-Aktivitäten auf der anderen Seite.

Erholungssuchende sollten sich eher das Ost- oder Westufer vornehmen. Wer sich aber in dem am stärksten erschlossenen Bereich des Sees umtun möchte, ist zwischen den beiden Städten South Lake Tahoe am Südufer und Stateline im Südosten an der Grenze zu Nevada bestens aufgehoben. Hier ist alles auf Tourismus ausgerichtet. Die größte Dichte an Hotels und Läden befindet sich an der Staatengrenze und in Heavenly Village (S. 195). In diesem Bereich reiht sich ein Bootvermieter an den anderen und die Angebote an Wassersport-Aktivitäten sind unerschöpflich.

South Lake Tahoe

Soll es ein wenig Nervenkitzel sein? Den gibt's bei einem Parasailing-Flug in 61, 107 oder 152 Metern über dem kristallklaren Wasser. Auch für Menschen mit Höhenangst ist das Event mit der geringsten Flughöhe gut machbar. Beim Unternehmen Ski Run Boat Rental ist das möglich, dort kann man auch Motorboote in allen Kategorien und Motorisierungen mieten, Wasserski fahren oder geführte Bootstouren buchen.

Mitte: Abenteuer ist am Südufer angesagt – zum Beispiel beim Parasailing
Unten: South Lake Tahoe liegt in Nevada – entsprechend ist das Stadtbild von Casinos geprägt

South Lake Tahoe und Stateline

Ein bisschen weg vom Trubel hin zu Natur und Kultur gelangt man bei der Tallac Historic Site. Auf dem Gelände eines ehemaligen Luxus-Urlaubsresorts befindet sich heute das Tallac Museum mit einer Ausstellung zur Geschichte des ehemaligen Urlaubsortes, das Pope Estate mit Kunstausstellungen und das Bootshaus des Valhalla Estate, das als Theater und Konzerthalle genutzt wird. Auch rund um die Gebäude gibt es viel zu sehen bei einem entspannenden Spaziergang durch die Gärten.

Stateline

In Stateline befinden sich Spielkasinos, die rund um die Uhr geöffnet haben. Es ist zwar nur eine kleine Ausgabe von Las Vegas, aber immerhin ist dieser Bereich des Lake Tahoe nach Las Vegas, Laughlin am unteren Colorado-River und Reno die vierte Hochburg für Glücksspiele in Nevada. Sogar einige Hochzeitskapellen, die ebenfalls an die große Spielerstadt erinnern, stehen Kurzentschlossenen zur Verfügung. In den größeren Kasinokomplexen von Stateline gibt es auch Liveunterhaltung, Restaurants und Bars. Ansonsten ist die alpine Umgebung das Highlight des Ortes, in dem man gut wandern und mountainbiken kann.

Strandleben

Viele Strände bereichern den Abschnitt zwischen South Lake Tahoe und Stateline, begonnen mit dem Privatstrand Lakeside Beach mit Bootsverleih und Kinderspielplatz über den westlich gelegenen und gut ausgestatteten Regan Beach bis zu dem quirligen El Dorado Beach mit breitem Freizeitangebot. Etwas geruhsamer geht es am Pope Beach inmitten eines Pinienwaldes zu – er ist einer der schönsten Strände am Lake Tahoe und liegt von den genannten Stränden am westlichsten im Stadtbereich von South Lake Tahoe.

Infos und Adressen

AUSGEHEN

Harrah's Lake Tahoe. Spielkasino-Hotelkomplex mit Nachtclub. 15 US-50, Stateline, NV 89449, Tel. 800/427 72 47, www.caesars.com/harrahs-tahoe/casino

AKTIVITÄTEN

Tallac Historic Site. Öffnungszeiten je nach Gebäude, Eldorado National Forest, 1 Heritage Way, South Lake Tahoe, CA 96150, Tel. 530/541 52 27, www.tahoeheritage.org

Ski Run Boat Company. Tgl. 8–20 Uhr, 900 Ski Run Blvd., South Lake Tahoe, CA 96159, Tel. 530/544 02 00, www.tahoesports.com

INFORMATION

Lake Tahoe Visitors Authority South Lake Tahoe. 3066 Lake Tahoe Blvd., South Lake Tahoe, CA 96150, Tel. 530/541 52 55, www.tahoesouth.com

Lake Tahoe Visitors Authority Stateline. Humboldt-Toiyabe National Forest, 169 US-50, NV 89449, Tel. 775/588 45 91, www.tahoesouth.com

Badevergnügen am Südufer des Lake Tahoe

37 Bodie
Geisterstadt wie aus dem Bilderbuch

Alles wirkt wie eine Filmkulisse: die 200 verwitterten Gebäude, die windschiefen alten Minenanlagen und die karge Wild-west-Umgebung. Bodie ist eine Geister-stadt mit authentischer Atmosphäre. Als State Historic Park ausgewiesen, betreibt die kalifornische Parkverwaltung diese Geisterstadt. Durch stetige Instandhaltung wird das Erscheinungsbild der alten Gold-gräberstadt konserviert.

Schon die Anfahrt nach Bodie, das an der Grenze zum Bundesstaat Nevada liegt, ist ein wahres Abenteuer. Viele Kilometer fernab jeglicher Zivili-sation ist das raue Landschaftsbild geprägt von karger, baumloser Wüstenlandschaft und hohen Berggipfeln. Restlos verlassen fühlt man sich, wenn auf den letzten fünf Kilometern bis zur ehemaligen Goldgräberstadt die zunächst gut asphaltierte Straße in eine Schotterpiste über-geht. Rumpelnd erreicht man die ostkalifornische Geisterstadt auf einem 2552 Meter hohen und mitunter windumtosten Plateau. Das Kassen-häuschen wird passiert, von wo aus man zu dem großen, etwas außerhalb von Bodie gelegenen Parkplatz gelotst wird.

Was dann folgt, ist ein Erlebnis der besonderen Art: Gruppieren sich rings um den ehemaligen Stadtkern noch verwilderte Hexenhäuschen und zerfallene Förderanlagen, stellen die liebevoll res-taurierten Gebäude im Ortsinneren eindrucksvoll die ehemalige Goldrausch-Idylle der 1870er- und 1880er-Jahre nach. Bodie gilt als eine der besterhaltenen Geisterstädte im Westen der USA.

Einige Gebäude wurden res-tauriert und in den Original-zustand zurückversetzt, wie hier die Kirche

Mitten im Nirgendwo liegt die Geisterstadt Bodie

Eine Zeitreise

Hauptsächlich an zwei Straßenzügen reihen sich die im Originalzustand wieder hergerichteten, historischen Gebäude aneinander. Das ist zum einen die Green Street als Nordwest-Achse, zum anderen verläuft die ehemalige Hauptstraße des Ortes, die Main Street, von Nord nach Süd. In der Ortsmitte kreuzen sich die beiden Straßen. Entlang der Green Street befinden sich die meisten authentisch wiederhergestellten Gebäude.

Besichtigen beziehungsweise durchs Fenster linsen kann man in bis ins kleinste Detail eingerichtete Häuser, in denen nichts darauf hindeutet, dass sie nicht mehr bewohnt sind. Es folgt die Methodistenkirche, in deren Inneres man allerdings nur durch ein Drahtgitter spähen kann. Sie wurde 1882 erbaut, der letzte Gottesdienst wurde 1932 abgehalten. Auch das Schulhaus, ein zweigeschossiges Holzhaus mit einem kleinen Türmchen, befindet sich an der Green Street. Der Krämerladen an der Ecke zur Main Street ist noch mit Waren gefüllt, und das windschiefe Swazey Hotel hat eine Karriere als Bekleidungsgeschäft und Kasino hinter sich, bevor es zum Hotel umfunktioniert wurde. Das Gefängnis, die Leichenhalle, ein Saloon

Nicht verpassen

DEN GEISTERN AUF DER SPUR …

Ein Trip nach Bodie bekommt den letzten Schliff durch die unterhaltsamen History Talks. Sie starten mehrmals täglich bei der Minors Union Hall, wo man auch die konkreten Zeiten erfragen kann. Garniert mit lebhaften Geschichten aus der Vergangenheit der Goldgräberstadt werden auch die Geschichte der Goldsuche und das harte Los eines Minenarbeiters innerhalb der Stamp Mill Tour beleuchtet. Dieses Angebot führt außerhalb der Stadt am Friedhof vorbei zur gut erhaltenen Mühle. Gruselig wird es beim Ghost Walk (nur an drei Terminen im Sommer), bei dem man abends durch die verlassenen Gassen schlendert und Geistergeschichten und Anekdoten hautnah erlebt.

Bodie Public Tours. History Talks tgl. mehrfach, andere Touren zu festen Terminen, Bodie State Historic Park, Tel. 760/647 65 64, www.bodiefoundation.org/bodie-tours

und die Feuerwehr sowie weitere öffentliche Gebäude tragen dazu bei, die Wildwest-Szene lebendig werden zu lassen.

Historie im Museum

Komplett wird die Szenerie in der Wildnis aber erst durch ein Museum, das in der ehemaligen Minors Union Hall untergebracht ist. Das einstmalige Gewerkschaftsgebäude der Minenarbeiter war ab 1878 der Mittelpunkt des gesellschaftlichen Lebens. Heute befasst sich das Museum mit dem Leben in der Stadt und der Arbeit in den Minen im ausgehenden 19. Jahrhundert. Ausgestellt sind neben Fotos alte Kutschen und eine Orgel sowie Alltagsgegenstände wie Flaschen und Werkzeuge. Der Ausstellung angeschlossen ist ein Souvenirshop. Im Museum kann man die Angebote der Ranger erfragen und deren Startzeiten in Erfahrung bringen (S. 201). Die Öffnungszeiten des Museums entsprechen denen des Parks. Die Mitarbeiter der Parkverwaltung verbringen übrigens das ganze Jahr hier in der Wildnis und sind in den schneereichen Wintern nur mit Schneemobilen an die Außenwelt angeschlossen. Das ist schon allein beachtenswert. Hinzu kommen die eisigsten Temperaturen der USA, wenn man von Alaska absieht.

Für Oldtimer-Fans

Nicht nur Gebäude, sondern auch alte Autos zieren die Kulisse dieser lebendigen Geisterstadt. Aus den 1920er- und 1930er-Jahren stammt eine ganze Reihe von Gefährten, darunter ein gepflegt restaurierter Dodge Graham Truck, der an einer original erhaltenen Shell-Handpumpentankstelle steht. Aber auch von rotbraunem Rost überzogene Fahrzeuge fügen sich optimal in das Bild der verlassenen Geisterstadt ein und zeugen vom Zahn der Zeit, der hier genagt hat.

Oben: Das ehemalige Gewerkschaftsgebäude Bodies dient heute als Museum
Mitte: In die ganze Szene sind Relikte wie verrostete Oldtimer eingestreut
Unten: Manche Innenräume wirken, als werden sie noch benutzt

Infos und Adressen

ESSEN UND TRINKEN

1881 Coffee Cafe. Sowohl ein empfehlenswerter Stopp für einen feinen Kaffee und selbst gebackene Kekse als auch für frisch gebrautes, leckeres Bier. Tolles Ambiente in einem historischen Gebäude. 362 Main St., Bridgeport, CA 93517, Tel. 760/932 19 18, www.facebook.com/1881coffeecafe

Burger Barn. Nicht nur leckere Burger, auch Burritos und jede Menge Chicken-Gerichte stehen auf der Speisekarte. Außergewöhnlich gute Qualität für Fast Food. Tgl. 8–20 Uhr, 152 Main St., Bridgeport, CA 93517, Tel. 760/932 77 75, www.facebook.com/TheBurgerBarnCA

Rhino's Bar & Grille. Typisch amerikanisches Kleinstadt-Restaurant mit entsprechendem Speiseangebot und vorwiegend einheimischen Gästen. So–Di 7–21, Fr und Sa 6–21 Uhr, 226 Main St., Bridgeport, CA 93517, Tel. 760/932 73 45

ÜBERNACHTEN

Ruby Inn Bridgeport. Schnuckeliges Motel, saubere Zimmer, kleiner Pool und gutes Frühstück. 333 Main St., Bridgeport, CA 93517, Tel. 877/359 93 43, www.rubyinnbridgeport.com

EINKAUFEN

Bridgeport General Store. Für die abgeschiedene Lage große Auswahl. 242 Main St., Bridgeport, CA 93517, Tel. 760/932 72 24

VERANSTALTUNGEN

Private Touren. Zusätzlich zu den regelmäßigen Angeboten, können ab zwei Personen gebucht werden. Bodie State Historic Park, Tel. 760/647 65 64, www.bodiefoundation.org/bodie-tours

INFORMATION

Bodie Museum und Bodie State Historic Park. Mitte März–Ende Okt. tgl. 9–18, Ende Okt.–Mitte März 9–16 Uhr, Bridgeport, CA 93517-0515, Tel. 760/647 64 45, www.parks.ca.gov

Schießereien auf der Straße kann man sich vor einem solchen Hintergrund bildhaft vorstellen

GOLDGRÄBERSTADT –
Aufstieg und Niedergang

Was heute als Ensemble windschiefer Gebäude verlassen in der Sierra Nevada liegt und viele Touristen zu einer Zeitreise einlädt, war vor gar nicht allzu langer Zeit eine blühende Stadt. Es ist schwierig, sich die ursprünglichen Dimensionen vorzustellen – zu Blütezeiten lebten etwa 10 000 Menschen in dieser unwirtlichen Gegend. In einer gut funktionierenden Stadt, die sämtliche Infrastrukturen geboten hat.

Es klingt wie ein Abenteuerfilm, was sich in dieser entlegenen Ecke Kaliforniens zugetragen hat: Im Jahr 1859 findet Wakeman S. Bodey, späterer Namensgeber der Stadt, zusammen mit vier weiteren Abenteurern nahe der als Bodie Bluff bekannten Stelle Gold. Schon zwei Jahre später nimmt die Bunker Hill Mine (später Standard Mine) ihren Betrieb auf – Bodey selbst erlebt das aber schon nicht mehr. Noch im Jahr seines Goldfundes gerät er in einen Schneesturm, in dem er ums Leben kommt. 20 Minenarbeiter besiedeln bald das abgelegene Bergarbeiterdorf. 1877 stößt die Minengesellschaft auf eine sehr reiche Goldader und fördert innerhalb eines Jahres Gold und Silber im Wert von fast 800 000 Dollar zutage. Einen weiteren Boom erfährt die Stadt durch einen großen Goldfund in Virginia City, der einen Goldrausch in der ganzen umgebenden Wüstenregion auslöst; davon ist auch Bodie betroffen.

Eine Stadt entsteht

Nach und nach nimmt das vormals verlassene Fleckchen Erde Strukturen einer Stadt an. Ein Schmied lässt sich nieder, es findet die erste Hochzeit statt, eine Feuerwehr wird gegründet, ein Postamt errichtet. Später gibt es auch eine Bank, eine Gewerkschaft entsteht, eine Tageszeitung wird herausgegeben. Bodie wird an den Personenkutschenverkehr angeschlossen. Immer mehr Menschen ziehen in die Stadt und finden Arbeit in den Minen. Mit ihnen kommen aber auch finstere Gesellen an.

Gesetzlosigkeit breitet sich aus

Neben immer mehr Familien, Bergarbeitern und Geschäftsleuten ziehen nun zunehmend Diebe, Revolverhelden und Prostituierte nach Bodie. Es entstehen unzählige Saloons, Bordelle und Spielhallen, in denen reichlich Alkohol konsumiert wird. Nicht selten besucht ein Gast putzmunter einen Saloon und wird als Leiche wieder hinausgetragen. Straßenschießereien und Postkutschenüberfälle sind an der Tagesordnung. So war es

Links: In Bodie findet man Top-Fotomotive

schon eine Meldung wert, wenn Bodie eine Woche lang keinen Mordfall zu verzeichnen hatte!

Einer Legende zufolge soll ein kleines Mädchen, dessen Familie nach Bodie umziehen wollte, in sein Tagebuch geschrieben haben: »Goodbye, God, I'm going to Bodie«. Ob das stimmt oder nicht, sei dahingestellt. Unbestritten ist, dass ausschweifende Vergnügungen, Prügeleien, Morde und andere Gewaltverbrechen das tägliche Leben bestimmen, sodass die Lokalzeitung *Bodie Standard* im April 1879 meldet: »Es ist eine schmerzliche Erkenntnis, aber leider wahr: Unsere Stadt ist die wildeste Stadt im Wilden Westen geworden. Eine finstere Macht scheint uns zu treiben, uns gegenseitig

in Stücke zu schießen. Mord, Sittenlosigkeit und Trunksucht herrschen in unserer Mitte. Wie lange wird der Herr das noch mit ansehen?«

Allmählicher Niedergang

Diese Meldung erscheint im selben Jahr, in dem die Stadt schließlich aus allen Nähten zu platzen droht – dies ist gleichzeitig der Höhepunkt der Stadtentwicklung. Die Mine wirft weniger Profit ab, andere Einnahmequellen gibt es für die Einwohner nicht. Der Tross aus raubeinigen Menschen beginnt weiterzuziehen, um sich in weniger ausgebeuteten Regionen niederzulassen. Zurück bleiben letztendlich nur etwa 1500 Bewohner. Gleichzeitig wird Bodie an das Eisen-

Manche Straßenzüge sind fast vollständig erhalten, in einigen der Häuser wohnen die Ranger

Die alten Goldförderanlagen liegen etwas außerhalb vom Stadtkern

bahnnetz angeschlossen, regelmäßige Fahrten zum Mono Lake zu den großen Holzmühlen stehen auf dem Fahrplan. 1932 gibt es einen verheerenden Großbrand in Bodie, dem fast alle Gebäude zum Opfer fallen. Die Schuld hierfür wird einem dreijährigen Kind zugeschoben, das beim Spiel mit Streichhölzern den Brand entfacht haben soll. Schnell ist entschieden: Das Kind soll gehängt werden. Glücklicherweise treffen die Eltern rechtzeitig Vorkehrungen und sind bereits vor der Urteilsverkündung auf der Flucht, das Kind in Sicherheit.

Wenige Jahre später sind alle Goldvorräte erschöpft, auch die letzte Mine wird unergiebig. Die verbliebenen Bewohner verlassen das sinkende Schiff. Bis zum Ende des Goldabbaus sind aus den Bodie Hills Silber- und Goldmengen im Gesamtwert von 34 Millionen Dollar gefördert worden.

Von der Goldgräber- zur Geisterstadt

Die heute restaurierten Häuser sind diejenigen, die den Brand überstanden haben. Von allen Gebäuden aus der Blütezeit stellen sie nur noch fünf Prozent dar. Darunter das alte Schulhaus, eine Kirche, ein Bankgebäude und eine Bar. 1961 erhält Bodie die Bezeichnung National Historic Landmark, 1962 wird es von der California State Park Commission zum Bodie State Historic Park ernannt. In diesem Gewand zeigt die ehemalige Goldgräberstadt heute ihren maroden Charme vergangener Zeiten.

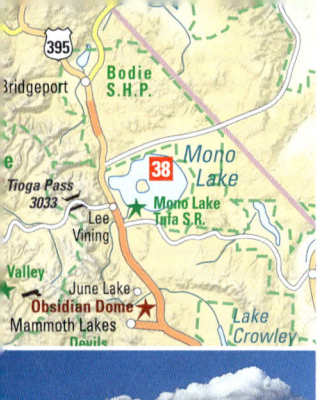

38 Mono Lake
Kaliforniens »Totes Meer«

Die Bezeichnung »Totes Meer« erhielt der Mono Lake für den hohen Salzgehalt: Sein Wasser ist dreimal so salzhaltig wie Meerwasser. Das ist noch keine hitverdächtige Attraktion, die bizarren Formationen aus Kalk und Sand indes schon. Die sogenannten Tufas und die kraterartige Form des Sees haben ihren gemeinsamen Ursprung im Vulkanismus. Südlich des Mono Lake findet man weitere Krater in jeder Größe.

Eigentlich haben ernüchternde Fakten wie Wasserverlust zum heutigen Erscheinungsbild des Mono Lake geführt – Ursache für die Entstehung der höchst sehenswerten Tufas sind chemische Reaktionen. Das klingt alles wissenschaftlich, ist aber in Wirklichkeit ein Naturwunder sondergleichen. Ein Besuch dieser Mondlandschaft sollte bei keinem Kalifornien-Trip fehlen.

Das Ökosystem des Mono Lake

Der Mono Lake ist der weltweit größte Kratersee und mit 760 000 Jahren einer der ältesten Seen der USA. Er ist sehr umstritten, da sein Wasserspiegel zwischen 1941 und 1982 um 15 Meter gesunken ist. Die Gebirgszuflüsse, die in den See münden, werden zur Wasserversorgung nach Los Angeles umgeleitet. Von den Flüssen bleiben infolgedessen nur Rinnsale übrig, die schließlich in den Mono Lake münden.

Durch den Verlust seines Volumens im Laufe vieler Jahre verdoppelte sich der Salzgehalt des Sees. Das wiederum führte dazu, dass das anfällige Ökosystem aus dem Gleichgewicht geriet. Nur wenige

Mitte: Am Südende des Mono Lake kann man baden und etwa 13 000 Jahre alte Tufas anschauen
Unten: Die pilzartigen Gebilde nennt man Tufas. Sie dominieren das Ufer des Mono Lake

Kanufahrer auf dem Mono Lake

Tier- und Pflanzenarten können im See existieren, weil diese an den hohen pH-Wert und Salzgehalt angepasst sein müssen. Das sind vor allem einzellige Algen, von denen sich Salzfliegen und Salzkrebse ernähren. Diese dienen den Zugvögeln als Nahrung. Und auch den Kalifornischen Möwen, die von April bis August am Mono Lake nisten.

Fantastische Tuffsteinsäulen

Die turm- und pilzartigen Gebilde an der Südseite des Mono Lake sind das Ergebnis eines chemischen Prozesses: Kalziumhaltiges Frischwasser sprudelte aus unterirdischen Quellen des Sees empor und ging mit dem kohlenstoffreichen Seewasser eine Verbindung ein. Das passierte unter der Wasseroberfläche und wurde erst sichtbar, als der Wasserspiegel sank. Sobald die Türme aus dem See herausragen, hören sie auf zu wachsen. Die Tufas am südlichen See-Ende sind etwa 13 000 Jahre alt.

Zusammengefasst ist diese ökologische Sensation im (gebührenpflichtigen) Mono Lake Tufa State Reserve. Die zahlreichen freigelegten Türme und Säulen vor der Bergkulisse der Sierra Nevada sind

Geheimtipp

KANUTOUR AUF DEM SALZSEE

Eine ganz spezielle Erfahrung ist es, mit einem Kanu über dieses ruhige, tiefblaue Gewässer zu paddeln, in dem sich die nahen Vulkankegel auf der glatten Wasseroberfläche spiegeln. Wenn man dabei die Tufatürme und -pilze umkreist, ist die surreale Szene perfekt. Auf geführten Kanu-Touren erlangt man einen direkten Einblick in die Ökologie und Geologie des Wüstensees. Es gibt auch Informationen über die ungewöhnliche Natur und die Bemühungen, diesen sehr alten See in Zukunft zu schützen. Es sind keine Vorkenntnisse im Kanufahren erforderlich, die Ausrüstung wird gestellt. Im Visitor Center gibt es Informationen über die Tour. Reservierungen sind erforderlich.

Mono Lake Committee Canoe Tours. Ende Juni–Anfang Sept. Sa und So 8, 9.30 und 11 Uhr, Reservierungen unter Tel. 760/647 6595, www.monolake.org/visit/canoe

unglaublich beeindruckend anzuschauen. Etwas kleiner, aber dafür deutlich filigraner fallen die nur einen kurzen Fußmarsch entfernten Sand-Tufas aus, die man weiter östlich in der Umgebung von Navy Beach findet.

Im Besucherzentrum am nördlichen Ende von Lee Vining ist sehr schön die Entstehung der Tufas dargestellt. Neben diesen Formationen befasst sich das Visitor Center auf ansprechende Weise mit dem Thema Vulkane und dem Ökosystem des Mono Lake. Ein 20-minütiger Film informiert anschaulich über den See und dessen Tier- und Pflanzenwelt.

Unternehmungen

Wer tiefer in die Hydrologie des Mono Lake eindringen oder an einer geführten Tour zur Vogelbeobachtung, den Wildblumen der Region oder einer Fototour teilnehmen möchte, erhält im Visitor Center einen Terminplan über die Aktivitäten. Dort können auch von Wissenschaftlern geleitete Informationsveranstaltungen erfragt werden. Man kann aber auch auf eigene Faust losziehen und sich hier-

Oben: Auch die Umgebung von Lee Vining ist sehenswert
Unten: Manche Tufas stecken noch ein wenig tiefer im Wasser

Infos und Adressen

für unter www.monolake.org/visit/brochures eine informative Begleitbroschüre herunterladen.

Ein bisschen mehr von der Vulkanlandschaft kann man südlich des Mono Lake betrachten. Die kleineren und größeren Krater sind vor etwa 10 000 Jahren entstanden. Einfach mit dem Auto erreichbar ist der Panum-Krater. Auf dem Weg zum Kraterrand ergeben sich schöne Ausblicke auf die umgebende Sierra Nevada und das Mono Basin. Diese Wanderung kann man im Sommer auch im Rahmen einer geführten Tour unternehmen.

Da ein See schließlich zum Baden da ist, kann im Mono Lake auch geschwommen werden. Das ist am Navy Beach östlich des South Tufa Reserve möglich. Die Haut von der Salzkruste befreien kann man anschließend im Mono Vista RV Park in Lee Vining für 2,50 Dollar pro Duschvorgang.

Abwechslung gibt es im nahen Lee Vining – es ist mit seinen etwa mehr als 200 Einwohnern alles andere als eine richtige Stadt, als Kontrastprogramm zur Mondlandschaft des Mono Lake aber sehr gut geeignet. Lee Vining fungiert in erster Linie als Zugangsort zum Yosemite National Park (S. 224), zu dem die Tioga Road (S. 220) führt. Aber auch die Geisterstadt Bodie (S. 200) und der nahe June Lake sind von hier aus gut erreichbar.

Das El Mono Motel ist ein charmantes Haus in Lee Vining

SEHENSWÜRDIGKEITEN

Mono Lake Tufa State Reserve. Rund um die Uhr, Inyo National Forest, US-395, Lee Vining, CA 93541, Tel. 760/647 6331, www.parks.ca.gov/?page_id=514

ESSEN UND TRINKEN

Tioga Gas Mart & Whoa Nellie Deli. Gutes Essen an einer Raststätte mit tollem Blick auf den Mono Lake, Selbstbedienung. Essen zum Mitnehmen oder Verzehren auf dem Aussichtsplatz, auch ein paar wenige Sitzplätze innen. 22 Vista Point Dr., Lee Vining, CA 93541, Tel. 760/647 10 88, www.whoanelliedeli.com

ÜBERNACHTEN

El Mono Motel. Kleine, saubere, gemütliche und individuell eingerichtete Zimmer in Lee Vining. Im Vorgarten kann man Essen und Getränke aus dem ausgezeichneten Café konsumieren, das dem Motel angeschlossen ist. Inyo National Forest, US-395 at 3rd St., CA 93541, Tel. 760/647 63 10, www.elmonomotel.com

Mono Vista RV Park. Gute Ausgangslage für das Erreichen einiger Highlights der Region. Anfang April–Anfang Nov., 57 Beavers Lane, Lee Vining, CA 93541, Tel. 760/647 64 01, www.monovistarvpark.net

INFORMATION

Mono Basin National Forest Scenic Area Visitor Center. Do–Mo 9–16.30 Uhr, Inyo National Forest, 1 Visitor Center Dr., Lee Vining, CA 93541, Tel. 760/647 30 44, www.monolake.org/visit/vc

39 Mammoth Lakes
Bergidyll mit Seenlandschaft

Anders als der Name vermuten lässt, handelt es sich bei Mammoth Lakes um eine Gemeinde und nicht um eine Ansammlung von Seen. Es ist ein Bergdorf, umgeben von einigen der höchsten Gipfel der Sierra Nevada und der westlichen USA. Im Winter herrscht Skibetrieb am 3368 Meter hohen Mammoth Mountain, im Sommer ist die Gegend ein Naturparadies für Angler, Mountainbiker und vor allem Wanderer.

Mammoth Lakes ist eine Urlaubsidylle sondergleichen. Eingebettet ins Hochgebirge an der Ostflanke der Sierra Nevada mit glasklaren Bergseen und dem Inyo National Forest, der menschenleeren Wildnis und den Thermalquellen, in denen man baden kann. Der Urlaubsort bietet nicht nur einen hohen Erholungsfaktor, sondern auch jede Menge Freizeitaktivitäten.

Mammoth Mountain

Im Winter (November bis Mai) ist der Berg ein Mekka für Wintersportler. Unzählige Abfahrten und Loipen sowie eine entsprechende Infrastruktur stehen den Besuchern zur Verfügung. Mit der Panorama Gondola kann man den Gipfel des Mammoth Mountain gemütlich erreichen und dort oben die spektakulärste Aussicht ganz Kaliforniens bewundern. Die Gondel überwindet auf dem Weg zum Gipfel 600 Höhenmeter. Neben dem 360-Grad-Panoramablick gibt es das Café Eleven 53 mit einem Informationszentrum, in dem man mehr über die geologische und Naturgeschichte der Region und den vulkanischen Ursprung des Berges erfährt.

Mitte: Zwar ist Mammoth Lakes der Name für einen Ort, Bergseen gibt es aber auch
Unten: Wie Orgelpfeifen erheben sich die Felssäulen im Devils Postpile National Monument

Mammoth Lakes

Im Sommer verwandelt sich der Berg in ein Eldorado für Mountainbiker. Hügel, Sandstrecken und steile Passagen sind zu bewältigen. Daneben steht mit dem Mammoth Mountain Bike Park ein weiteres Terrain quer durch die karge Gebirgsvegetation und durch den Bergwald zur Verfügung. Räder können im Adventure Center an der Gondel-Talstation oder in Bike Shops im Ort Mammoth Lakes gemietet und mit der Gondola oder dem Sessellift transportiert werden.

Seenlandschaft

Highlight im Sommer sind die zahlreichen Seen, die über dem Ort auf unterschiedlichen Ebenen verstreut liegen. Besonders sehenswert sind die Twin Lakes, der Horseshoe Lake und der Lake Mary, der größte aller Seen. Auf ihm kann man Kajak-, Tret- und Motorboot fahren. Die drei Seen sind über die Lake Mary Road mit dem Auto erreichbar. Schwimmen ist in allen Seen rund um Mammoth Lakes verboten – sie sind jedoch ohnehin eiskalt. Die nicht bequem zugänglichen Seen erwandert man über die Ansel Adams Wilderness und die John Muir Wilderness. Nicht nur die Seen als Ziel, sondern auch die schroffen Gipfel und verborgenen Canyons begleiten die Wanderung eindrucksvoll.

Kliff aus Basaltsäulen

Im Sommer gelangt man nur per Shuttlebus zum Devils Postpile National Monument (»des Teufels Telegrafenmasten«). Dabei handelt es sich um geologischen Aufschluss von Säulenbasalten, die ein beeindruckend pittoreskes Bild abgeben und wie ein Scheiterhaufen aussehen. Die Felssäulen kann man sowohl von unten betrachten als auch über einen einfachen Wanderweg erreichen. Drei Kilometer flussabwärts stürzen sich die Rainbow Falls drei Meter in die Tiefe.

Infos und Adressen

ESSEN UND TRINKEN
Eleven 53 Café. Tgl. 9–15 Uhr, 10001 Minaret Rd., Bergstation der Panorama Gondola, Mammoth Lakes, CA 93546, Tel. 760/934 25 71, www.visitmammoth.com/restaurants/eleven53-cafe

ÜBERNACHTEN
Tamarack Lodge & Resort. Einfach eingerichtete Blockhäuschen an den Twin Lakes. Inyo National Forest, 163 Twin Lakes Rd., Mammoth Lakes, CA 93546, Tel. 760/934 24 42, www.tamaracklodge.com

AKTIVITÄTEN
Mammoth Bike Park. 10001 Minaret Rd., Mammoth Lakes, CA 93546, Tel. 760/934 07 45, www.mammothmountain.com/summer/bike-park-overview/bike-park/mammoth-bike-park

Panorama Gondola. Ganzjährig außer Ende Sept.–Mitte Nov. und Mai–Mitte Juni, 1 Minaret Rd., Mammoth Lakes, CA 93546, Tel. 760/934 25 71, www.allmammoth.com/mammoth_mountain/panorama_gondola.php

INFORMATION
Eleven 53 Interpretive Center. Bergstation der Panorama Gondola. 10001 Minaret Rd., Mammoth Lakes, CA 93546, Tel. 800/626 66 84, www.visitmammoth.com/arts-heritage/eleven53-interpretive-center

40 Bishop
Westernstadt in idyllischer Berglage

Von den meisten Reisenden links liegen gelassen oder nur für die Aufstockung von Proviant aufgesucht, ist die kleine Westernstadt Bishop durchaus einen Abstecher wert. Die Ortschaft ist nicht nur Boulder- und Kletterzentrum, auch Wanderer, Naturliebhaber und Freunde heißer Quellen finden hier ihr kleines Paradies.

Vor allem die Freizeitaktivitäten an der frischen Luft sind ein attraktiver Anziehungspunkt der kleinen Gemeinde. Mit dem nahen Mount Whitney, dem höchsten Berg der USA, wenn man Alaska außen vor lässt, sind schon allein etliche Möglichkeiten vorgegeben, die Natur auf alle erdenklichen Weisen zu genießen.

Sportliche Herausforderungen

Was das Klettern und Bouldern anbelangt, wird hier jeder fündig: vom Anfänger bis zum Profikletterer. Hauptsächlich wird an den Granitfelsen des Buttermilk Country westlich der Stadt, in den kahlen Volcanic Tablelands (dort befinden sich indianische Felsmalereien) und im Owens River Valley geklettert. Bei Eastside Sports gibt es nicht nur Informationen, sondern auch die erforderliche Ausrüstung zu mieten, sowie Karten und Kletter-Führer.

Mitte: Besonders malerisch ist die Bergidylle zur Zeit der Laubverfärbung
Unten: Das Naturschwimmbad Keough's Hot Springs wird aus heißen Quellen gespeist

Jedes Wandererherz schlägt höher bei einer Tour auf das Hochland der Sierra Nevada entlang des Bishop Creek Canyon und an den Seen Lake Sabrina und South Lake vorbei. Auch Rucksackwanderungen in die Wilderness sind möglich – hierfür sind Genehmigungen erforderlich, die man in der

White Mountain Ranger Station erhält. Die White Mountains im Osten mit dem imposanten Ancient Bristlecone Pine Forest (»Grannenkiefernwald«), einem auf über 3000 Metern Höhe gelegenen Wald mit 4000 Jahre alten Bäumen in einer kargen Umgebung, lohnen einen etwa einstündigen Ausflug. Bei der steilen Fahrt bergauf gibt es herrliche Landschaftsimpressionen mit dazu.

Eine entspannende, und auf jeden Fall eine einmalige Erfahrung ist ein Bad in einer heißen Quelle. Die Keough's Hot Springs sind ein Naturschwimmbad, das aus heißen Quellen gespeist wird. Aus dem Jahr 1919 stammt das historische Thermalbad mit badewannenwarmem Wasser. Umgeben ist das Outdoor-Bad von einiger Infrastruktur wie Snackbar, Sonnenstühlen und Massageangeboten.

Kultur im Wilden Westen

In Sachen Kultur gibt es in Bishop zwei starke Empfehlungen: die Mountain Light Gallery und das Laws Railroad Museum. In der Mountain Light Gallery geben Impressionen des Naturfotografen Galen Rowell (1940–2002) die ganze Pracht der Bergwelt wieder.

Eisenbahnfans und Freunde des Wilden Westens sollten einen Abstecher ins Laws Railroad Museum unternehmen. Hierbei handelt es sich um den nachgebauten Ort Laws mit Original-Eisenbahndepot, Post und Schule und weiteren windschiefen Gebäuden. Manche davon sind noch authentisch mit Exponaten der damaligen Zeit ausgestattet. Einst war der Western-Ort ein Haltepunkt der Schmalspurbahn Slim Princess.

Mehr als 20 Murals (»Wandmalereien«) mit historischen Zeugnissen über die Geschichte des Inyo County zieren in der Innenstadt die Gebäude.

Infos und Adressen

Erick Schat's Bakery. Holländische Bäckerei, frisch gebackenes Brot und guter Kuchen. Tgl. 6–18 Uhr, 763 Main St., Bishop, CA 93514, Tel. 760/873 71 56, www.schats.com

Mahogany Smoked Meats. Dörrfleisch und Speck vom Wapiti, Bison und Elch. Laden: tgl. 7–18 Uhr, Deli: tgl. 7–17 Uhr, 2345 Sierra Highway, Bishop, CA 93514, Tel. 760/873 53 11, www.smokedmeats.com

AKTIVITÄTEN

Eastside Sports. So–Do 9–18, Fr und Sa 9–21 Uhr, 224 N Main St., Bishop, CA 93514, Tel. 760/873 75 20, www.eastsidesports.com

Keough's Hot Springs. 800 Keough Hot Springs Rd., Bishop, CA 93514, Tel. 760/872 46 70, www.keoughshotsprings.com

INFORMATION

Bishop Area Chamber of Commerce and Visitors Bureau. 690 N Main St., Bishop, CA 93514, Tel. 760/873 84 05, www.bishopvisitor.com

White Mountain Ranger Station. Mai–Okt. tgl. 8–17, Nov.–April Mo–Fr 9–12 und 13–17 Uhr, US-395, Bishop, CA 93514

41 Lone Pine
Erprobter Drehort für Westernfilme

Aus den vielen Zacken der Bergkette Sierra Nevada ragt der Gipfel des höchsten Bergs der zusammenhängenden USA kaum heraus. Trotzdem ist der Mount Whitney die Prominenz am Ort. Es ist kein Wunder, dass die Besteigung des gigantischen Megalithen eine der beliebtesten Wanderungen im ganzen Land ist. Es gibt aber durchaus noch ein paar weitere Gründe, der kleinen Ortschaft einen Besuch abzustatten.

Der Ort ist überschaubar, auch die Kapazität an Übernachtungsmöglichkeiten ist geringer als in anderen Städtchen dieser Größenordnung. Dafür hat sich Lone Pine seinen ursprünglichen Charakter bewahrt. Liebevoll restaurierte alte Gebäude, die umgebenden Bergimpressionen und die malerische Lage locken dennoch einige Touristen an. Zumal die Lage zwischen mehreren Nationalparks äußerst geschickt ist. Attraktion Nummer eins sind jedoch die Alabama Hills, die mehrfach als Drehort für Westernfilme herhalten mussten – für über 450 Filme!

Outdoor-Western

Westlich der Stadt Lone Pine befinden sich die sanften, abgerundeten Felsformationen der Alabama Hills als Kontrast zu der zerklüfteten Bergkette der Sierra Nevada im Hintergrund. Wenn man durch den Whitney Portal Arch schaut, einen natürlichen Granitsteinbogen, ragt dahinter wie durch ein Fenster betrachtet der Mount Whitney empor. Von der Whitney Portal Road führt ein

Mitte: Mit 4421 Metern Höhe ist der Mount Whitney der höchste Berg der USA außerhalb Alaskas
Unten: Der Whitney Portal Arch ist einer von mehreren Granitsteinbögen entlang der Movie Road

zwei Kilometer langer (Hin- und Rückweg-) Wanderweg zu diesem Felsbogen, der allerdings schwierig zu finden ist (ein GPS-Gerät ist sinnvoll). Weitere solche Naturbögen findet man entlang der Movie Road, einer Schotterpiste, die bei Trockenheit mit normalen Pkws befahrbar ist. Es geht durch Felsen hindurch beziehungsweise über kurze Fußwege zu beeindruckenden Felsbögen, sodass man bei einer Fahrt über diese Straße mittendrin im Geschehen ist.

Auch sonst laufen die Alabama Hills dem Mount Whitney durchaus den Rang ab. Wer unterwegs Ausschau nach den Kulissen bekannter Westernfilme halten will, kann sich hierfür im Chamber of Commerce mit Kartenmaterial eindecken.

Ein Besuch der Alabama Hills zum Sonnenuntergang ist schlichtweg überwältigend. Eingetaucht in die warmen Farben der versinkenden Sonne mit den meist schneebedeckten Berggipfeln bietet die skurrile Felslandschaft ein wunderschönes Bild.

Indoor-Western

Während man draußen die Filmkulissen im Original bewundern kann, zeigen die Exponate im Museum of Western Film History eindrücklich, dass dies eine populäre Gegend für Westernfilme war: Alte Filmplakate, Fotos der Western-Darsteller und Filmutensilien lassen die Vergangenheit mit Cowboys und Indianern wieder lebendig werden. Überhaupt steht im Ort alles immer noch unter dem Zeichen der Celluloid-Vergangenheit. Wer genau wissen möchte, wo was gedreht wurde, sollte sich im Chamber of Commerce die Movie Location Map besorgen. Dabei erfährt man einiges über die in der Umgebung von Lone Pine entstandenen Filme. Bei der Besucherinformation gibt es zusätzlich das kleine Buch *On Location in Lone Pine*.

Infos und Adressen

SEHENSWÜRDIGKEITEN
Museum of Western Film History. Mai–Okt. Mo–Sa 10–18, So 10–16, Nov.–April Mo–Sa 10–17, So 10–16 Uhr, 701 S Main St., Lone Pine, CA 93545, Tel. 760/876 99 09, www.lonepine filmhistorymuseum.org

ESSEN UND TRINKEN
Alabama Hills Café and Bakery. Klassisches Diner mit leckeren Speisen und sehr gutem Frühstück, riesige Portionen. Tgl. 7–14 Uhr, 111 W Post St., Lone Pine, CA 93545, Tel. 760/876 46 75, www.californiathroughmylens.com/ alabama-hills-cafe-lone-pine

ÜBERNACHTEN
De La Cour Ranch. Authentische Übernachtungsmöglichkeit in Blockhütten inmitten der Western-Szenerie. 5000 Horseshoe Meadow Rd., Lone Pine, CA 93545, Tel. 760/264 32 13, www.delacour-ranch.com

INFORMATION
Lone Pine Chamber of Commerce. In historischem Gebäude (ehemaliges Hotel). Mo–Fr 8.30–16.30 Uhr, 120 S Main St., Lone Pine, CA 93545, Tel. 760/876 44 44, www.lonepinechamber.org

Ein Schmetterling auf dem Mount Whitney Trail

INLAND UND NATIONAL-PARKS

42 Tioga Road
Traumstraße zwischen Mai und Oktober

Auf fast 100 Kilometern führt die Tioga Road von der kleinen Ortschaft Lee Vining Richtung Westen. Sie ist die einzige Verbindungsstraße durch das Gebiet des Yosemite National Park bis zur Abzweigung ins Yosemite Valley. Zu Recht ist sie ein National Scenic Byway: Sie durchquert ein Gebiet von atemberaubend schöner Landschaft mit etlichen Sehenswürdigkeiten des berühmten Nationalparks.

Der Highway CA-120 führt als südlichste Passstraße der Sierra Nevada und als höchstgelegener Highway-Pass Kaliforniens über die Tioga Road. Bei den zum Teil extremen Steigungen der Straße kann man es heute kaum glauben, dass die Tioga Road ursprünglich als Fuhrwerksstraße angelegt war. Glücklicherweise ist die einspurige Straße, die 1882/83 von einer Minengesellschaft angelegt und 1961 ausgebaut wurde, in einem hervorragenden Zustand – so kann nichts den Fahrspaß

Seite 218/219: Vernal Fall im Yosemite National Park
Mitte: Ein Fahrspaß ist die Fahrt auf der Tioga Road
Unten: Unglaublich idyllisch liegt der Tioga Lake Campground direkt am See

GUT ZU WISSEN

STRASSENSPERRUNG ABCHECKEN

Eine zuverlässige Prognose bezüglich Schnee kann man in diesen Gefilden nicht erwarten. Deshalb kann die Tioga Road auch schon im Oktober oder noch im Mai wegen zu viel Schnee gesperrt sein. Um diesbezüglich auf der sicheren Seite zu sein, sollte man vor der Fahrt zu diesem Gebirgspass unter der Telefonnummer 800/427 76 23 den Straßenzustand erfragen. Im Internet findet man ebenfalls detaillierte Hinweise unter www.nps.gov/yose/planyourvisit/tiogaopen.htm.

Sehenswertes an der Tioga Road

A **Ellery Lake & Tioga Lake.** Die beiden Gebirgsseen befinden sich noch außerhalb des Nationalparks und sind durch einen Bergrücken voneinander getrennt. Die Umgebung des Ellery Lake ist steinig, wohingegen sich die Landschaft rund um den Tioga Lake eher lieblich präsentiert. An der Haltebucht oberhalb des Sees kann man von Holzbänken aus den Blick auf das tiefblaue Wasser und die umgebenden Berge genießen.

B **Tioga Pass Entrance des Yosemite National Park.** An der Zugangsstation zum Nationalpark muss die Parkgebühr in Höhe von 30 Dollar pro Fahrzeug (gültig für sieben Tage) entrichtet werden. Am höchsten Punkt der Tioga Road auf dem Höhenkamm der Sierra Nevada stehen eine Fahne, ein Wärterhäuschen und Steinmonumente.

C **Tuolumne Meadows.** Durchzogen vom Tuolumne River präsentiert sich die Wiesenlandschaft, im Sommer von Wildblumen übersät

und umsäumt von hohen Berggipfeln und Felsgebilden. Allen voran der direkt am Straßenrand emporragende Lembert Dome.

D **Tenaya Lake.** Auf knapp 2500 Metern Höhe liegt der bezaubernde Bergsee eingebettet in eine Talmulde, die von einem Abzweig des Tuolumne-Gletschers gebildet wurde.

E **Olmsted Point.** Highlight auf der Passstraße ist dieser Aussichtspunkt, ausgestattet mit einem großen Parkplatz und einem entsprechenden Besucheraufkommen. Der Panoramablick ist überwältigend, neben dem ersten Blick auf den berühmten Half Dome offenbart sich das ganze Yosemite Valley.

F **Kreuzung Tioga Road/Big Oak Flat Road.** Hier biegt man von der Tioga Road nach links Richtung Yosemite Valley ab und gelangt so ins Herz des Nationalparks.

**KÜHLE
ERFRISCHUNG**

Das Wasser der Ge-
birgsseen entlang dem
Tioga Pass ist der Höhenlage
entsprechend frisch. Wenn man an
einem warmen Sommertag im Juli
oder August vorbeikommt, gibt es
kaum ein erhebenderes Erlebnis,
als sich in die Fluten eines glasklaren Sees zu stürzen. Und das vor
einer traumhaften Fels- und Bergkulisse! Ein besonderes Juwel ist
der Tenaya Lake (S. 221), der als
schönster See im Yosemite National Park gilt. Bei der Ausschilderung des Sees am Fahrbahnrand
gibt es auch Parkplätze. Von hier
aus ist der Tenaya Lake allerdings
noch nicht einsehbar. Da so man-
cher Reisende deshalb daran vor-
beifährt, hat man ihn zwar nicht für
sich allein, muss ihn aber auch
nicht mit Besuchermassen teilen.
Wen das kalte Wasser abschreckt,
der kann sich auch einfach an den
schönen Sandstrand auf der westlichen Seeseite legen und die herrliche Umgebung genießen.

Der Tenaya Lake gilt als schönster
See im Yosemite National Park

222

Geheimtipp durch den wenig erschlossenen und dafür umso reizvolleren nördlichen Teil des
Yosemite National Park trüben.

Naturspektakel

Innerhalb kürzester Zeit windet sich die Straße
von Ost nach West 900 Höhenmeter bergauf. Die
für die Sierra Nevada typischen glattflächigen Fel-
senmeere mit ihren rund geschliffenen Granitblö-
cken prägen das Landschaftsbild ebenso wie die
ebenen, für die Gebirgsregion charakteristischen
Wildblumenwiesen. Nach jeder Kurve bieten sich
neue, bezaubernde Landschaftsimpressionen.

Beeindruckend sind die vielen kahlen Stellen, auf
die man aus der Vogelperspektive blickt. Sie erinnern an vergangene Brände, die von den Park-
Rangern zum Teil absichtlich und kontrolliert entfacht werden, damit sich der Wald erneuern kann.
Weite Teile des waldigen Gebietes gehören zum
Inyo National Forest.

Genug Zeit einplanen

Knapp 20 Kilometer nach Lee Vining passiert man
über die Eingangsstation Tioga Pass Entrance den
Yosemite National Park. Einige einfache, aber
landschaftlich beschaulich gelegene Campgrounds
säumen den Weg der kurvenreichen Passstraße.
Auch Wanderrouten in das Hinterland des Nationalparks starten entlang der Tioga Road.

Hangelt man sich von Viewpoint zu Viewpoint,
kann die Fahrt über den Gebirgspass ohne Weiteres einen halben Tag beanspruchen – die reine
Fahrzeit beträgt bereits zweieinhalb Stunden. Der
Begriff »Tioga« stammt übrigens aus der Sprache
der Irokesen und Mohawk-Indianer und bedeutet
übersetzt so viel wie »wo es sich gabelt«.

Infos und Adressen

ESSEN UND TRINKEN

Epic Café. Das Essen ist frisch zubereitet und qualitativ hochwertig. Es wird Frühstück angeboten. Auch Service und Ambiente sind gut. Mo–Sa 7–21 Uhr, 349 Lee Vining Ave., Lee Vining, CA 93541, Tel. 760/965 62 82, www.epiccafesierra.com

ÜBERNACHTEN

Tioga Pass Resort. Rustikale Blockhütten in herrlicher Landschaft direkt am Tioga Pass. Das Essen im angeschlossenen Restaurant ist gut. 85 CA-120, Lee Vining, CA 93541, www.tiogapassresort.com

Tuolumne Meadows Campground. Idyllischer, auf 2600 Metern gelegener Campground, eineinhalb Stunden vom Yosemite Valley entfernt. Sowohl Stellplätze für Wohnmobile als auch Zeltplätze. Juli–Ende Sept., Tioga Pass Rd., CA 95389, Tel. 209/372 02 00, www.nps.gov/yose/planyourvisit/tmcamp.htm

Tuolumne Meadows Lodge. Abenteuerlich übernachten in Zelthütten für bis zu vier Personen. Um die Ursprünglichkeit dieser Unterkunftsart zu betonen, gibt es hier keinen Strom, keine Fernseher und keine Telefone. Duschen und Sanitärräume sind vorhanden. Tioga Pass Rd., CA 95389, Tel. 888/413 83 69, www.travelyosemite.com/lodging/tuolumne-meadows-lodge

AKTIVITÄTEN

Wandern. Im ganzen Yosemite National Park eine der Hauptaktivitäten. Entlang dem Tiogapass locken Wanderwege, vor allem im Bereich Tuolumne Meadow. www.nps.gov/yose/planyourvisit/hiking.htm

INFORMATION

Tuolumne Meadows Visitor Center. Ende Mai–Ende Sept., Tioga Pass Rd., CA 95321, Tel. 209/372 02 00, www.nps.gov/yose/planyourvisit/tm.htm

Der Parkplatz am gut besuchten Aussichtspunkt Olmstead Point ist meistens voll

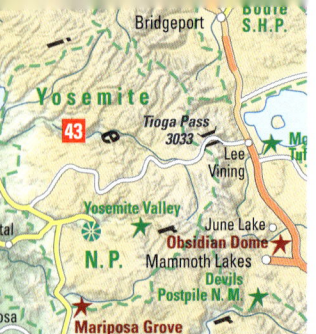

43 Yosemite National Park
Geburtsstätte der Nationalpark-Idee

Er ist einer der attraktivsten, vielseitigsten und berühmtesten Nationalparks Nord–amerikas. Seine Ausmaße sind gigantisch, seine Erkundigung unmöglich in nur ein oder zwei Tagen zu bewältigen. Das Natur–paradies gehört zum UNESCO–Weltkultur–erbe und liegt an den westlichen Hängen der Sierra Nevada.

Im heutigen Park wurde zum ersten Mal auf der ganzen Welt ein Stück Land zum Wohle aller unter Schutz gestellt – das war acht Jahre bevor der Yellowstone National Park als erster Nationalpark gegründet wurde. Berühmt ist der Park für seine Wasserfälle, die tiefen Schluchten, Gletscher und die massiven Felsgebilde, deren bekanntester Ver–treter der Half Dome ist. Das Yosemite Valley ist das Zentrum des Parks und Mittelpunkt aller Akti–vitäten. Dementsprechend ist das Tal zwischen Ap–ril und Oktober sehr überlaufen, allerdings bietet der riesengroße Park noch viel mehr andere Berei–che, sodass man gegebenenfalls ausweichen kann.

Aufgrund der Weitläufigkeit des Parks (über 3000 Quadratkilometer) und des großen Angebotes an Freizeitaktivitäten kann im Folgenden nur ein grober Überblick über den Yosemite National Park skizziert werden.

Mitte: Die Felsdome prägen das Landschaftsbild des Yosemite National Park
Unten: Hirsche im Yosemite National Park

Yosemite Valley

Dreh- und Angelpunkt des Parks ist das Gletscher–tal mit der Village als Zentrum für die Versorgung,

Yosemite National Park

Unterkünfte und Besucherinformationen. Es beansprucht eine Gesamtfläche von nur einem Prozent des gesamten Parks, ist aber der touristisch am meisten erschlossene Bereich. Mehr als vier Millionen Besucher tummeln sich hier in den Sommermonaten, die Parksituation ist in der Zeit höchst angespannt. Ein gut angelegter, kostenloser Shuttleservice führt durch das Valley mit vielen Haltepunkten in der Village – man ist also nicht auf das Auto angewiesen.

In der letzten Eiszeit hat sich ein Gletscher durch das heutige Tal gewälzt und ihm seine Form verliehen. Neben vielen landschaftlichen Attraktionen (zum Beispiel die Domes) starten vom 13 Kilometer langen, grasbedeckten Valley die meisten Hikingtouren ins Hinterland, für die man eine Genehmigung braucht. Aber auch kurze Wanderwege zu Wasserfällen und Aussichtspunkten auf die Granit-Giganten sind im Yosemite Valley angelegt. Auf den Half Dome und den El Capitan blickt man am besten vom Aussichtspunkt Valley View, der sich am Talboden befindet. Am Tunnel View am Highway 41 gibt es eine Aussichtsplattform, von der aus das bekannteste Fotomotiv geschossen werden kann.

Das Valley ist ein Eldorado für Kletterer und Wanderer, für Mountainbiker und Wassersportler (der Merced River fließt hindurch). Der tägliche Ansturm von Felskletterern und Backcountry-Wanderern wird durch eine begrenzte Anzahl von Genehmigungen pro Tag kontrolliert.

Die Domes

Mit Dome (»Kuppel«) wird die Form von Granitfelsen bezeichnet, wie sie im Yosemite National Park gleich mehrfach sehr prominent in Erscheinung treten. Da ist allen voran der weltberühmte Half

Nicht verpassen

DER FOUR MILE TRAIL

Es ist ein absolutes Muss, diese Wanderung zu unternehmen. Man erlebt nicht nur am eindrucksvollsten die Yosemite Falls, sondern schlägt zwei Fliegen mit einer Klappe: Man erlebt die beiden populärsten Spots des Parks – das Yosemite Valley und den Glacier Point – und spart sich die aufwendige Fahrt über die Glacier Point Road. Da Hin- und Rückweg identisch sind, bietet der Four Mile Trail die Gelegenheiten, nur einen der beiden Wege zu Fuß zu gehen und den anderen mit einem Bus der Glacier Point Tour (S. 231) zurückzulegen. Vorab sollte man sich auf jeden Fall mit dem Fahrplan vertraut machen (nur zwei Fahrten täglich!) Der Anstieg, der 1000 Höhenmeter überwindet, ist anfangs einigermaßen sanft, mit Beginn der zahlreichen, felsgesäumten Serpentinen wird er jedoch steil und anspruchsvoll.

www.travelyosemite.com/ things-to-do/guided-bus-tours

Wandern ist Pflichtprogramm im Yosemite National Park

Dome, auf den ein spektakulärer, mit einem Seil gesicherter Weg (von Ende Mai bis Anfang Oktober) hinaufführt. Hierfür sollte man über eine sehr gute Kondition verfügen und trittsicher sowie schwindelfrei sein. Um die Zahl der Wanderer zu beschränken, wird eine Genehmigung benötigt. Im März werden für jeden Tag 225 Permits verlost, täglich weitere 50 (zwei Tage vor der geplanten Wanderung). Nach diesem Aufwand und den Strapazen des Aufstiegs entschädigt ein sagenhafter Panoramablick für alle Mühen.

Der 2300 Meter hohe El Capitan (»Der Häuptling«), der sich über das Valley erhebt, ist der höchste, frei stehende Monolith der Welt. Er ragt als Wahrzeichen des Yosemite National Park 1000 Meter hoch aus dem Tal heraus. Der markante Felsgigant zieht Kletterer aus aller Herren Länder an und bietet mit mehreren Klettersteigen Herausforderungen in allen Schwierigkeitsstufen. Die Kraxelei nach oben dauert zwei bis drei Tage, übernachtet wird am Felsen. Den El Capitan können auch »normale« Wanderer erklimmen. Von verschiedenen Startpunkten aus kann man den North Dome erwandern – ein nicht ganz so berühmter, aber nicht minder attraktiver Granitfelsen. Im Yosemite Valley gibt es gute Aussichtspunkte auf den imposanten Gesteinsbrocken.

Wasserfälle

Am Eingang des Yosemite Valley befindet sich der berühmteste Wasserfall des Parks, der Bridalveil (»Brautschleier«) Fall. Er ist 188 Meter hoch und wird vom 16 Kilometer südlich gelegenen Ostrander Lake gespeist. Man kann vom ausgeschilderten Parkplatz auf dem Highway 41 einen Blick auf den tosenden Wasserfall werfen oder ihn innerhalb einer einfachen, 20-minütigen Wanderung erreichen.

Oben: Blick vom Glacier Point über das Yosemite Valley und den berühmten Half Dome
Unten: Die Bridalveil Falls haben ihren Namen wegen der Ähnlichkeit mit einem Brautschleier erhalten

Der Four Mile Trail

Sie ist eine der bekanntesten und aussichtsreichsten Wanderungen im Yosemite National Park, aber auch sehr anstrengend. Der Four Mile Trail führt auf einer ehemaligen Zollstraße 7,5 Kilometer weit von 1200 auf 2200 Meter Höhe. Wer gute Kondition besitzt, startet im Valley und steigt hinauf zum Glacier Point. Diese Variante hat den Vorteil, dass die Aussicht mit nahezu jedem Schritt schöner wird.

Ⓐ Yosemite Valley. 1,6 km westlich von Yosemite Village, erreichbar mit dem El Capitan Shuttle (nur im Sommer) an der Swinging Bridge über den Merced River (direkt am Southside Drive).

Ⓑ Wegschild. Mit Entfernungsangaben.

Ⓒ Großer Felshaufen. Einzige Kreuzung der Wanderung, hier links abbiegen.

Ⓓ Aussichtspunkt. Der Blick auf die Yosemite Falls tut sich auf.

Ⓔ Serpentinen, erster Teil. Der Weg beginnt, extrem serpentinenreich und steil zu werden.

Ⓕ Union Point. Der stärkste Anstieg ist geschafft. Ein kleiner Seitenweg führt zum Aussichtspunkt auf die Yosemite Falls.

Ⓖ Serpentinen, zweiter Teil. Noch einmal geht es kurvenreich bergauf.

Ⓗ Valley Views. Ausblicke auf das unten liegende Yosemite Valley. Noch 1,6 km bis zum Ziel.

Ⓘ Glacier Point. Imbiss (nur im Sommer, Eis als Belohnung!), Toiletten, ein Visitor Center und ein Parkplatz sind vorhanden.

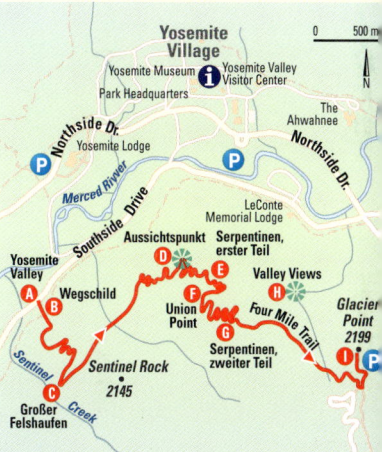

Der Merced River fließt durch das Yosemite Valley

TOUR MIT DEM SCHLAUCHBOOT

Geheimtipp

Dem Andrang entgehen und die Natur auf ganz entspannende Weise genießen kann man auf einer Schlauchboot-Tour auf dem Merced River. Während man sich im Yosemite Valley den Fluss knapp fünf Kilometer weit hinabtreiben lässt, passiert man die landschaftliche Naturgewalt des Nationalparks auf die unverfälschteste Art und Weise. Für ein Picknick oder eine Pause an Land kann man die Sandbänke nutzen, die es unterwegs immer wieder gibt. Die Zwei- bis Vier-Personen-Schlauchboote gibt es unter anderem beim Yosemite Village Tour and Activities Kiosk zu mieten. Abhängig ist die Aktion von der aktuellen Wassertiefe des Flusses, dem Wetter, der Wassertemperatur und der Schneeschmelze. Eine relativ sichere Zeit ist von Mitte Juli bis Ende August.

Rafting & Raft Rentals. Ab Mai tgl. (je nach Wetter) 10–16 Uhr, www.travelyosemite.com/things-to-do/rafting

Ebenfalls im Valley kann man die beeindruckenden Yosemite Falls bestaunen. Sie setzen sich zusammen aus dem Upper Yosemite Fall, den Middle Cascades und dem Lower Yosemite Fall. Alle drei zusammen bilden die fünfthöchsten Wasserfälle der Welt.

Im östlichen Bereich geht es über den Mist Trail zu den Vernal und Nevada Falls. Wer nicht so weit gehen möchte, sollte die 2,6 Kilometer (Hin- und Rückweg) bis zur Brücke über den Merced River gehen und von dort aus den Ausblick auf die Vernal Falls genießen. Danach werden es weniger Mitwanderer, die Wanderung aber auch anstrengender. Bis auf die Nevada Falls hinauf sind es knapp neun Kilometer. Der Mist Trail lässt sich mit dem weniger frequentierten John Muir Trail kombinieren.

Über die östliche Kante des El Capitan fließt der Horsetail Fall, ein schmaler Wasserfall, der im Februar bei Sonnenuntergang orange schimmert.

Glacier Point

Der Glacier Point ist eine der Sensationen im Park. Außerhalb des Yosemite Valley gelegen, bietet der Aussichtspunkt sowohl Blicke auf dieses mitsamt seinen Wasserfällen und Granit-Monolithen, als auch Panoramablicke über die ganze Sierra Nevada. Der Glacier Point liegt knapp 2200 Meter hoch und ragt fast 1000 Meter über das Tal heraus – man befindet sich quasi auf Augenhöhe mit dem Half Dome, auf dem man die Zelte der Kletterer als bunte Farbtupfen erkennt. Über die kurvenreiche Glacier Point Road fährt man etwa eine Stunde mit dem Auto zu diesem grandiosen Aussichtspunkt, Start und Ziel etlicher Wanderungen – unter anderem des Four Mile Trails (S. 225), der auf der Talsohle des Valley startet.

Die Riesenmammutbäume (Sequoias)

Ebenfalls außerhalb des Yosemite Valley liegt Mariposa Grove (Grove heißt »Wäldchen«), eine weitere Berühmtheit des Nationalparks. Es handelt sich dabei um einen beachtlichen Mammutbaum-Hain mit mehreren Hundert Sequoias. Um die Ökologie dieses Ortes nicht weiter durch den Fremdenverkehr zu zerstören, wurden im Rahmen eines großen zweijährigen Restaurierungsprojektes bis Herbst 2017 Straßen in Wanderwege umgewandelt, Boardwalks errichtet und kommerzielle Angebote entfernt.

Star des Mammutbaum-Hains ist der Wawona Tunnel Tree, dessen Stamm durchtunnelt ist und den man bis 1969 mit dem Auto durchfahren konnte. Alte Fotografien zeugen von diesem ungewöhnlichen Phänomen.

Zwei weitere, etwas kleinere Vertreter mit nur jeweils etwa 20 Riesenmammutbäumen sind die von der Tioga Road (S. 220) aus erreichbaren, Tuolumne und Merced Groves. Sie sind weniger stark besucht als Mariposa Grove.

GUT ZU WISSEN

FRÜH ODER SPÄT

Um dem stärksten Besucherandrang des Parks zu entgehen, empfiehlt es sich, früh oder spät dran zu sein. Bei einem Besuch vor 9 Uhr oder nach 17 Uhr vermeidet man nicht nur den starken Verkehr, sondern findet den Yosemite National Park auch etwas ruhiger vor. Grundsätzlich gilt für die Monate April bis Oktober: Campgrounds, Lodges und Genehmigungen für Rucksackwanderungen ins Hinterland müssen unbedingt viele Monate im Voraus reserviert werden!

Mehrere Hundert Sequoias wachsen in dem etwas separat gelegenen Hain Mariposa Grove

Infos und Adressen

Wohnmobil im Yosemite Valley

SEHENSWÜRDIGKEITEN

Nature Center at Happy Isles. Exponate zur Naturgeschichte, Ausstellung im Außenbereich mit den Schwerpunkten auf der Umgebung (Wald, Fluss, Domes und Sumpf). Anfang Mai–Anfang Sept. tgl. 10–16 Uhr, John Muir Trail, Yosemite Valley, CA 95389, Tel. 209/372 02 00, www.nps.gov/yose/planyourvisit/historic.htm

Pioneer Yosemite History Center. Ansammlung historischer Gebäude, die man im Sommer innen besichtigen kann, außerdem Sonderprogramme und Planwagenfahrten. 8308 Wawona Rd., Wawona, CA 95389, Tel. 209/372 02 00, www.nps.gov/yose/planyourvisit/upload/pyhc.pdf

Yosemite Museum. Schwerpunkt des Museums (neben dem Valley Visitor Center) ist die Kulturgeschichte der indianischen Ureinwohner des Yosemite National Park und wie sie zwischen 1850 und heute hier gelebt haben. Handwerksvorführungen und Kunstausstellungen. 9039 Village Dr., Yosemite Valley, CA 95389, Tel. 209/372 02 00, www.nps.gov/yose/learn/historyculture/yosemite-museum.htm

ESSEN UND TRINKEN

Degnan's Kitchen. Schnellimbiss im Zentrum der Village. Tgl. 7–17 Uhr, 9015 Village Dr., Yosemite Valley, CA 95389, Tel. 209/372 84 54, www.travelyosemite.com/lodging/dining/yosemite-village

Half Dome Village Pavilion. Typisch amerikanische Küche, samstags ab Labor Day (Anfang Sept.) auch Barbecue. Ende März–Ende Okt. tgl. 7–10 und 17.30–20.30 Uhr, Half Dome Village, Yosemite National Park, CA 95389, Tel. 801 559 5000, www.travelyosemite.com/lodging/dining/half-dome-village

Village Grill Deck. Frühstück, Sandwiches und Burger, leckere Milchshakes, schöne Terrasse mit Ausblick. Tgl. 7–10.30 und 11–18 Uhr, Village Dr., Yosemite Valley, CA 95389, www.travelyosemite.com/lodging/dining/yosemite-village

ÜBERNACHTEN

Big Trees Lodge. Historisches Hotel mit viktorianischen Elementen in ruhiger, reizvoller Lage abseits des Touristentrubels. Teilweise Gemeinschaftsbad. 8308 Wawona Rd., Wawona, CA 95389, Tel. 406/862 81 90, www.yosemite.com/lodging/hotels/big-trees-lodge

Hodgdon Meadow Campground. Einfacher, sehr beschaulicher Platz abseits des Trubels vom Valley, dafür 45 Minuten Fahrt dorthin. Im Sommer reservierbar (im Gegensatz zu den Plätzen im Valley). Big Oak Flat Rd., Yosemite National Park, CA 95389, Tel. 209/372 02 00, www.nps.gov/yose/planyourvisit/hodgdoncamp.htm

Majestic Yosemite Hotel. In der Yosemite Village im Valley gelegen, rustikal-romantisches Hotel, nicht ganz preisgünstig, Restaurant mit leckerem Essen, oft ausgebucht! 1 Ahwahnee Dr., Yosemite Valley, CA 95389,

Tel. 888/413 88 69, www.travelyosemite.com/lodging/the-majestic-yosemite-hotel

Rush Creek Lodge at Yosemite. Neuestes Hotel, zwar außerhalb der Parkgrenzen, aber nur 2,4 km vom Big Oak Flat Entrance entfernt. Große, gut ausgestattete Zimmer (ohne Fernseher), Pool. 34001 Highway 120, Groveland, CA 95321, Tel. 209/379 23 73, www.rushcreeklodge.com

Yosemite Valley Lodge. Gute Ausgangslage inmitten der Yosemite Village, kürzlich renovierte Zimmer, mit Pool. 9006 Yosemite Lodge Dr., CA 95389, Tel. 888/413 88 86, www.travelyosemite.com/lodging/yosemite-valley-lodge

EINKAUFEN

Majestic Yosemite Sweet Shop. Entzückender kleiner Süßigkeitenladen, es gibt auch Wein. Tgl. 7–22 Uhr, 9005 Ahwahnee Dr., Yosemite National Park, CA 95389, Tel. 855 694 1338, www.travelyosemite.com/things-to-do/shopping-supplies-groceries

Village Store. Alles für den täglichen Bedarf, fürs Campen und Souvenirs. Tgl. 8–22 Uhr, 9011 Village Dr., Yosemite Valley, CA 95389, Tel. 209/372 12 53, www.travelyosemite.com/things-to-do/shopping-supplies-groceries

AKTIVITÄTEN

Big Trees Stable. Zweistündige Pferde- und Eselsritte. Keine Vorkenntnisse erforderlich, einige Ausritte erfordern jedoch gute Kondition. Kinder müssen mindestens sieben Jahre alt sein, Reiter dürfen maximal 102 kg wiegen. Anfang Juni–Anfang Sept. tgl. 8, 10 und 14 Uhr, 8308 Wawona Rd., Yosemite Valley, CA 95389, Tel. 209/375 65 02, www.travelyosemite.com/things-to-do/horseback-mule-riding

Glacier Point Tour. Vierstündige Bustour vom Yosemite Valley zum Glacier Point mit Informationen vom Tour Guide über die Naturgeschichte, die Ureinwohner, die ersten nicht-indianischen Siedler und die heimischen Wildtiere. Ende Mai–Anfang Nov. tgl. 8.30 und 13.30 Uhr, Treffpunkt Lobby der Yosemite Valley Lodge, 9006 Yosemite Lodge Dr., CA 95389, Tel. 888/413 88 86, www.travelyosemite.com/lodging/yosemite-valley-lodge

INFORMATION

Big Oak Flat Information Station. Am Eingang Big Oak Flat Entrance, Kartenmaterial, Bärenkanister zum Leihen und Wilderness Permits.

Wawona Information Station. In der Nähe des Wawona Hotels, Informationen über Parkaktivitäten, Wilderness Permits.

Yosemite Conservation Heritage Center. Erstes öffentliches Besucherzentrum des Parks, im Sommer Naturprogramme. Sehenswertes Gebäude. Mai–Sept. tgl. 10–16 Uhr, 9006 S Side Dr., Yosemite Valley, CA 95389, Tel. 209/372 45 42, www.sierraclub.org/yosemite-heritage-center

Yosemite Valley Visitor Center. Tgl. 8–17 Uhr, 9035 Village Dr., Yosemite Valley, CA 95389, Tel. 209/372 02 00, www.nps.gov/yose/planyourvisit/yv.htm

Monolith im Yosemite National Park

44 Kings Canyon National Park
Hohe Bäume und tiefe Schlucht

Landschaftlich kann der Kings Canyon National Park dem berühmten großen Bruder im Norden durchaus das Wasser reichen. Eigentlich hat der Kings Canyon sogar einen Bonus: Er besticht zusätzlich durch seine Riesenmammutbäume, darunter einige weltberühmte, außerdem durch seinen atemberaubenden Scenic Byway ...

Hohe Berge, tiefe Schluchten und wilde Flüsse sind das Markenzeichen des Kings Canyon. Aber berühmt ist der Park für die Riesenmammutbäume, die Sequoias. Der zweitgrößte lebende Baum der Erde ist hier beheimatet. Wäre also nicht die Landschaft schon so reizvoll, so würde spätestens diese Attraktion einen Besuch unbedingt erforderlich machen.

Die Giganten unter den Riesen

Der zweitgrößte Baum weltweit trägt den hochtrabenden Namen General Grant Tree. Er befindet

Kann man schöner in den Kings Canyon National Park gelangen?

GUT ZU WISSEN

UNTERWEGS AUF DEM SCENIC BYWAY
Wer den Scenic Byway bis Cedar Grove fährt, sollte beachten, dass es weder unterwegs noch am Zielort eine Tankstelle gibt. Im Winter (bis Ende April) ist die Straße ab der Kreuzung des Highways 180 mit der Hume Lake Road (zehn Kilometer nordöstlich der Grant Grove Village) gesperrt. Über den aktuellen Zustand kann man sich telefonisch unter 800/427 76 23 informieren.

Kings Canyon Nat. Park

sich im Grant Grove, dem populärsten Sequoia-Hain innerhalb des National-parks. General Grant hat an seiner Basis einen Umfang von 33 Metern. Auch die restlichen Maße können sich sehen lassen: Der Mammutbaum ist 82 Meter hoch und wiegt mehr als drei Tonnen. Damit ist der Baum derjenige mit dem größten Umfang, dem zweitgrößten Volumen und der drittgrößte weltweit.

Der General Grant wird auch »Weihnachtsbaum der Nation« genannt, weil seit 1926 jedes Jahr um ihn herum das Julfest gefeiert wird. Er befindet sich in der gleichnamigen Grove, einem Hain mit weiteren Sequoia-Vertretern. Der sehr schöne und gut begehbare Rundweg General Grant Tree Trail (0,8 Kilometer) führt an den »Sehenswürdigkeiten« des Grove vorbei. Am Parkplatz kann man sich mithilfe einer Infotafel darauf einstimmen und die kostenpflichtige Broschüre (1,50 Dollar) mit-nehmen, die sehr empfehlenswert ist.

Ein weiteres Highlight dieses Wäldchens ist der Fallen Monarch. Der umgefallene Baum ist von unten her ausgehöhlt und sein Durchmesser so groß, dass man aufrecht durch ihn hindurchgehen kann. Der Fallen Monarch liegt seit über 100 Jah-ren unbewegt an dieser Stelle und hat dabei sogar schon unterschiedliche Funktionen ausgeübt, zum Beispiel als Camp für die Kavallerie und als Saloon.

Auch der Redwood Mountain Grove verdient Beachtung, mit 15 800 Riesen ist er der größte Sequoia-Hain der Welt. Im Vergleich zum spekta-kulären General Grant Grove ist dieser Wald wenig besucht. Vom Redwood Mountain Overlook am Highway 180 aus kann man einen Blick aus der Ferne auf den Hain werfen, sieht aber die Bäume trotz ihrer gigantischen Größe einfach nur aus der – sehr schönen! – Gesamtkulisse herausragen.

Geheimtipp

ABENTEUER IN DER BOYDEN CAVERN

Auch wenn man nicht den ganzen Scenic Byway befahren möchte – die Boyden Cavern sollte man sich nicht entge-hen lassen. Die Tropfsteinhöhle kann nur im Rahmen einer Führung besichtigt werden. Die Besucher werden auf all die fantasievollen Stalaktiten-Formationen hingewie-sen: einen »Weihnachtsbaum«, eine »Hochzeitstorte« oder eine auf den Kopf gestellte Stadt. Entstan-den sind die Kunstwerke der Natur durch viele Jahrhunderte lang her-abtropfendes Schmelzwasser be-ziehungsweise Mineralablagerun-gen. Ein weiteres unvergessliches Erlebnis ist es, wenn der Führer mitten in der Höhle alle Lichter aus-schaltet und damit demonstriert, warum dies neben dem Grund des Ozeans der zweitdunkelste Ort der Welt ist. In der Höhle ist es kons-tant 13 Grad kühl.

Boyden Cavern. Highway 180, Kings Canyon National Park, CA 93633, Tel. 209/736 27 08, http://caverntours.com

Village für die Versorgung

Wer vor lauter Bäumen den Wald nicht mehr sieht, kann in der fünf Autominuten entfernten Grant Grove Village eine Baum-Auszeit nehmen. Dort befinden sich der Servicebereich mit Visitor Center, einer Lodge, einem Restaurant, einem Souvenir- und Lebensmittelladen und Campingplätze.

Kings Canyon Scenic Byway

Diese Panoramastraße (Highway 180) hat ihren Namen absolut verdient. Sie führt mitten hindurch durch den Kings Canyon – die Schlucht ist eine der tiefsten der USA, tiefer als der Grand Canyon! Die steile, serpentinenreiche Straße ist eine Einbahnstraße, deren Endpunkt den bezeichnenden Namen Road's End trägt.

Die Fahrt durch die wilde Schlucht mit ihrer landschaftlichen Schönheit führt auf 50 Kilometern entlang dem rauschenden Kings River. Ausgangspunkt ist Grant Grove, das Fahrziel ist die winzige Ortschaft Cedar Grove. Unterwegs tun sich zahlreiche Aussichtspunkte auf, es gehen Wanderwege von der Straße ab und einige Wasserfälle stürzen sich in die Tiefe, beispielsweise die Grizzly Falls.

Höhepunkte der Fahrt sind der Hume Lake, ein Stausee, der für Freizeitaktivitäten aller Art genutzt wird, die Boyden Cavern (S. 233) und die Roaring River Falls.

Stehen am Anfang der Genussfahrt noch die Mammutbäume im Vordergrund, wechselt die Szene unmerklich, je tiefer man in die Schlucht eindringt. Nach jeder Kurve kommt eine neue, atemberaubende Landschaftsimpression zum Vorschein. Unmerklich erreicht man das Niveau des Flusses, den man anfangs aus der Vogelperspektive tief unten zwischen den Canyonwänden erblickt hat.

Oben: Der Kings River im Kings Canyon National Park
Mitte: Durch die Schlucht Kings Canyon führt der Scenic Byway Highway 180
Unten: Die Roaring River Falls befinden sich nahe Cedar Grove

Infos und Adressen

ÜBERNACHTEN

Azalea Campground. Gilt als der schönste der drei Plätze im Kings Canyon National Park. Nahe Grant Grove Village und deren Einrichtungen. Azalea Dr., Kings Canyon National Park, CA 93633, Tel. 559/565 33 41, www.nps.gov/seki/planyourvisit/azalea.htm

Cedar Grove Lodge. Nahe Road's End, optimal für Wanderer und Naturliebhaber. 86729 Highway 180, Kings Canyon National Park, CA 93633, Tel. 866/807 35 98, www.visitsequoia.com/cedar-grove-lodge.aspx

John Muir Lodge. In der Grant Grove Village, rustikales Holzhaus mit 36 Zimmern (die meisten mit Balkon) und einem Restaurant. 86728 Highway 180, Kings Canyon National Park, CA 93633, Tel. 877/436 96 15, www.visitsequoia.com/kings-canyon.aspx

EINKAUFEN

Grant Grove Market. Kleiner Lebensmittelladen. 86728 Highway 180, Kings Canyon National Park, CA 93633, www.visitsequoia.com/Grant-Grove-Market.aspx

AKTIVITÄTEN

Grant Grove Stables. Ein- bis zweistündige Ausritte innerhalb des Bereichs von Grant Grove (General Grant Tree, North Grove, Lion Meadow und Dead Giant Loop). 83918 Grant Grove Dr., Kings Canyon National Park, CA 93633, Tel. 559/335 92 92 (Sommer), 559/799 72 42 (außerhalb der Saison), www.nps.gov/seki/planyourvisit/horseride.htm

INFORMATION

Cedar Grove Visitor Center. Ende Mai–Anfang Sept. je nach Saisonzeit, Northside Dr., Kings Canyon National Park, CA 93633, Tel. 559/565 37 93, www.nps.gov/seki/planyourvisit/visitorcenters.htm

Kings Canyon Visitor Center. 83918 Highway 180, Kings Canyon National Park, CA 93633, Tel. 559/565 43 07, www.nps.gov/seki/planyourvisit/visitorcenters.htm

Landschaftlich steht der Kings Canyon National Park dem Yosemite in nichts nach

45 Sequoia National Park
Unmöglich auf ein Foto zu bannen!

In diesem Park erweitert sich die Perspektive der Besucher. Umgeben von Bäumen, die den Himmel zu berühren scheinen, kommt man aus dem Staunen nicht heraus. Es sind schöne Bäume, die stolz und mächtig aus der Kulisse mit den umliegenden Berggipfeln, den rauschenden Flüsschen und den von Wildblumen übersäten Wiesen Ehrfurcht gebietend herausragen. Der Park wird oft zu Recht als »unverdorbener Schatz« bezeichnet.

Die meisten Attraktionen des Parks reihen sich entlang dem Generals Highway (Highway CA-198). Dieser beginnt am im westlichen Parkbereich gelegenen Ash-Mountain-Eingang und führt erst in nordöstliche Richtung, später gen Norden in den Kings Canyon National Park (S. 232). Das größte Highlight ist der Bereich Giant Forest. Ein beliebter Anlaufpunkt des Parks ist außerdem die Lodgepole Village. Der erhabene Granitfelsen Moro Rock ist ebenfalls ein attraktiver Anziehungspunkt, muss allerdings durch einen strapaziösen Aufstieg erklommen werden – eine Mühe, die man allerdings ohne Frage in Kauf nehmen sollte.

Wald der Riesen

Der Name Giant Forest sagt eigentlich schon alles. Die fünf größten, lebenden Mammutbäume der Welt befinden sich in diesem spektakulären Waldabschnitt mit insgesamt 8000 Bäumen. Darunter ist der General Sherman Tree, der am Volumen ge-

Der General Sherman Tree ist dem Volumen nach der größte Baum der Welt

Kostenlose Fahrt im Sequoia Shuttlebus

messen (1486,9 Kubikmeter) größte Baum der Welt – zugleich ist er das aktuell größte Lebewesen überhaupt. Der Gigant ist über 2200 Jahre alt und sein Wachstum beendet, weil die Spitze abgestorben ist; an Volumen wird er jedoch weiterhin zunehmen. Dieser Mammutbaum ist quasi nicht fotografierbar – kaum ein Weitwinkelobjektiv wird ihn in seiner ganzen Dimension einfangen können. Lediglich mithilfe einer nachträglichen Fotomontage passt er auf ein einziges, beeindruckendes Foto.

Vom ausgewiesenen Parkplatz aus ist der Riese über einen bequemen, aber steilen Weg erreichbar. Vom General Sherman Tree aus führt der Congress Trail tiefer in den Wald der Giganten hinein. Der asphaltierte Weg ist dann ohne nennenswerte Steigungen und angenehm zu begehen. Auf einer Infotafel findet man den Wegverlauf eingezeichnet. Diese Wanderung (Gesamtlänge knapp fünf Kilometer) sollte man unbedingt unternehmen, denn nur, wer durch die majestätischen Riesen hindurchgelaufen ist, hat sie wirklich erlebt.

Einen Überblick über Kombinationsmöglichkeiten der Wanderung kann man sich im Giant Forest Museum (S. 241) verschaffen. Dort ist für drei Dollar

Geheimtipp

SEHENSWERTES AUF DER SHUTTLE-ROUTE

Viele Impressionen bieten sich auf der kostenlosen Shuttlebus-Route Moro Rock/Crescent Meadow (graue Linie). Da der Autoverkehr auf dieser Route im Sommer eingeschränkt beziehungsweise gesperrt ist, bietet sich eine Fahrt im Shuttlebus sowieso an. Abfahrtsort ist das Giant Forest Museum, als erstes Ziel auf der Strecke wird der spektakuläre Moro Rock angesteuert. Es folgt der Tunnel Log, ein umgestürzter Baum, der quer über die Straße liegt und von Autos durchfahren werden kann. Die Crescent Meadow im Südosten des Giant Forest ist eine herrliche Wildblumenwiese. Von hier aus starten etliche Wanderwege, etwa zum Tharp's Log, einem ausgehöhlten Mammutbaum.

Sequoia Shuttle. Mo–Fr 8 und 8.45 Uhr, 9–18 Uhr alle 20 Minuten, Sa und So alle 10 Minuten, www.nps.gov/seki/planyourvisit/parktransit.htm

Einfach gut!

WOHLTUENDER PERSPEKTIVEN-WECHSEL

Zwischen den Giganten umherzulaufen, hat etwas Ehrfurchtgebietendes – eins fehlt aber: die Komplettansicht. Hierfür eignet sich bestens der Big Trees Trail. Der Trailhead ist vom Giant Forest Museum aus gut zu Fuß erreichbar. Im Wesentlichen führt der 1,6 Kilometer lange Weg rund um die von Wildblumen und Gräsern gespickte Wiese Round Meadow herum. An ihrer westlichen Flanke steht Stamm an Stamm eine Reihe Sequoias, die von der anderen Seite aus betrachtet rötlich schimmern und in ihrer ganzen Höhe fantastisch zur Geltung kommen. Immer wieder schieben sich die Blumen ins Bild, teilweise führt der Weg schattig an den Bäumen vorbei, zersägte Bäume demonstrieren die unfassbare Dicke eines Baumstamms, teilweise führt der Weg über einen Boardwalk.

eine Karte erhältlich, auf der die verschiedenen Wanderwege vermerkt sind. Mit vielen Fotostopps dauert der Rundweg etwa eineinhalb Stunden. Im Sommer ist der Weg besonders empfehlenswert, da er zwischen all den Riesen hindurch sehr schattig verläuft.

Warum der Weg Congress Trail heißt, erschließt sich übrigens schnell: Bäume mit den Namen »President«, »Senat« und »House« sind leicht als Teile des amerikanischen Kongresses zu entlarven.

Crystal Cave (»Kristallhöhle«)

Das milchig-weiße Marmorgebilde verleihen dieser Marmorhöhle aus glitzernden Mineralien etwas Zauberhaftes. Diese Art von Höhle ist etwas Besonderes und ist nur in den beiden Nationalparks Kings Canyon (S. 232) und Sequoia zu finden. Die Crystal Cave kann im Rahmen einer Führung besichtigt werden – es gibt 45-minütige Familientouren oder 90-minütige Discovery Tours. Letztere dringen mit noch mehr geologischen Informationen tiefer in die Höhle ein. Auch längere und spezielle Thementouren werden je nach Saison angeboten. Die herrlichen Vorhänge aus Stalaktiten und die wellenförmigen Stalagmiten beeindrucken jedoch auch ganz ohne Erläuterung. Der älteste »Raum« ist 1,2 Millionen Jahre alt. Wenn der Führer das Licht ausmacht, kann man dem stetigen Tröpfeln lauschen und erahnt, wie viele Tropfen nötig sind, um die Kalksteinformationen zu erschaffen.

Wer die Höhle besuchen möchte, muss sich mindestens eineinhalb Stunden vorher am Foothills Visitor Center oder am Giant Forest Museum Tickets dafür kaufen. Warme Kleidung für die konstant kühlen Innentemperaturen von etwa zehn Grad ist empfehlenswert! Ein etwa zehn Minuten langer Fußweg führt vom Parkplatz zur Höhle.

Mineral King

Auf der Suche nach etwas Beschaulichkeit landet man unweigerlich in diesem idyllischen Tal. Hier starten nicht nur Rucksackwanderer ins Hinterland, sondern hier lassen alle das herrliche, von der Eiszeit geschaffene Tal und die umgebende Bergwelt auf sich wirken. Die 40 Kilometer lange Zufahrtsstraße zieht sich ziemlich und ist für Wohnmobile nicht geeignet.

Auch Tageswanderungen starten im Bereich Mineral King, beispielsweise zu verschiedenen Bergseen wie dem Crystal Lake oder dem Monarch Lake. Allerdings ist das Wandern hier wegen der Höhenlage (Ausgangshöhe von 2286 Metern) schon eine Herausforderung.

Lodgepole Village

In Lodgepole Village gibt es alles, was man für den Aufenthalt im Nationalpark braucht: ein Visitor Center, Ausstellungen über die Sequoias, die Sierra Nevada und den Park, Bücher und Kartenmaterial. Außerdem werden die Genehmigungen für Wanderungen in die Wilderness ausgegeben und Tickets für die Crystal Cave verkauft.

Daneben gibt es einen etwas größeren Lebensmittelladen, eine Snackbar und ein Restaurant sowie Duschen, einen Waschsalon und ein Postamt. Nur wenige Hundert Meter entfernt befindet sich auch der sehr beliebte Lodgepole Campground in einem Küstenkieferwäldchen (Lodgepole Pine ist die »Küstenkiefer«) und entlang dem Seitenarm Marble Fork des Kaweah River.

Überthront alles

In einem Park, in dem das Riesige eine so große Rolle spielt, geht dieses Phänomen fast unter –

Oben: Die glitzernden Mineralien sind verantwortlich für den Namen der Crystal Cave
Mitte: Ausgangspunkt vieler Aktivitäten im Park ist das Giant Forest Museum
Unten: Der Aussichtspunkt Moro Rock im Indian Summer

239

aber eben nur fast. Der Granitmonolith Moro Rock kann allen Mammutbäumen getrost das Wasser reichen. Er ist über 2000 Meter hoch und bietet den sensationellsten 360-Grad-Rundumblick, den man sich nur vorstellen kann! Hinauf geht es über eine Reihe von Rampen und Treppen. Eine Hinweistafel bereitet alle Bezwinger darauf vor, dass 400 Treppenstufen und knapp 100 Höhenmeter zu bewältigen sind. Das ist kein Pappenstiel, aber das Ziel entschädigt für alle Mühen. Schließlich kann man unterwegs immer wieder anhalten und das mit jeder Stufe eindrucksvollere Panorama genießen. Oben angekommen, läuft man auf einem schmalen Grat über den Felsen, gesichert durch Geländer rechts und links.

Tief unten rollt der Verkehr wie Spielzeugautos über den Generals Highway. Im Westen liegt das Central Valley zwar oftmals im Dunst, aber mit viel Glück reicht der Blick bis an die etwa 200 Kilometer entfernte Westküste. Selbst auf dem schmalen Grat der Granitkuppel ist Platz für eine Infotafel, mit deren Hilfe man den Bergrücken und -gipfeln im 360-Grad-Panorama Namen zuordnen kann. Die von Gletschern geformten Gipfel ringsherum befinden sich zum Teil auf 4000 Metern Höhe und sind schlicht überwältigend. Ergänzt wird dieses majestätische Bild von der gezackten Skyline aus Bergkesseln.

Oben: Nicht ganz einfach zu erklimmen ist der Moro Rock, aber jede Treppenstufe lohnt sich
Unten: Vom Gipfel des Monolithen Moro Rock genießt man diesen traumhaften Panoramablick

Infos und Adressen

SEHENSWÜRDIGKEITEN

Crystal Cave. 47050 Generals Highway, Three Rivers, CA 93271, Tel. 518/885 36 39, www.visitsequoia.com/crystal-cave.aspx

Giant Forest Museum. In einem ehemaligen Laden untergebracht, interaktive Exponate zum Thema Sequoias. Ganzjährig, Öffnungszeiten nach Saison, Mile 16, Generals Highway, Three Rivers, CA 93271, www.nps.gov/seki/learn/historyculture/gfgfm.htm

ESSEN UND TRINKEN

The Harrison Grill. Im Lodgepole Market Center (siehe Einkaufen) befindet sich neben einem Deli auch dieses Restaurant, bei dem es Hamburger, Hähnchen, Sandwiches, Hotdogs und Pizza gibt. 63204 Lodgepole Rd., Sequoia National Park, CA 93262, www.visitsequoia.com/watchtower-deli.aspx

ÜBERNACHTEN

Wuksachi Lodge. Einzige Unterkunft im Bereich Lodgepole/Giant Forest. Gehobene, nicht güns-tige Lodge. 64740 Wuksachi Way, Sequoia National Park, CA 93262, Tel. 559/565 40 70, www.visitsequoia.com/lodging.aspx

EINKAUFEN

Lodgepole Market Center. Gut sortierter Lebensmittelladen, Outdoor-Ausrüstung und Snackbar. April–Okt., 63204 Lodgepole Rd., Sequoia National Park, CA 93262, Tel. 559/565 33 01, www.visitsequoia.com/lodgepole-market-center.aspx

INFORMATION

Foothills Visitor Center. Schwerpunkt sind die Gebirgsausläufer der Sierra Nevada. Tgl. 8 bis 16.30 Uhr, 47050 Generals Highway, Three Rivers, CA 93271, Tel. 559/565 42 12, www.visitsequoia.com/Visitor-Centers-Museums.aspx

Lodgepole Visitor Center. Mitte Mai–Anfang Okt. tgl. 7–17 Uhr, 63100 Lodgepole Rd., Sequoia National Park, CA 93262, Tel. 559/565 44 36, www.visitsequoia.com/Visitor-Centers-Museums.aspx

Mit fast 100 Metern Wuchshöhe sind die Riesenmammutbäume die größten Lebewesen der Erde

SEQUOIAS –
die Könige der westlichen Sierra

Sie strahlen tatsächlich so etwas wie Würde aus, wie sie da hochgewachsen und voluminös in den Himmel ragen. Begriffe wie majestätisch und gigantisch wollen diesen ungewöhnlichen Lebewesen gar nicht wirklich gerecht werden. Da die Riesen nur in Gruppen auftreten, ist ihre Wirkung noch viel imposanter – umgeben von den mächtigen Stämmen fühlt man sich klein und unbedeutend.

Der Riesenmammutbaum (*Sequoiadendron giganteum*) ist ein immergrüner Nadelbaum mit Wuchshöhen, die fast an die 100 Meter heranreichen. Meist noch viel beeindruckender als ihre Höhe ist jedoch ihr Umfang – er kann zwischen 12 und bis zu 17 Meter an der Basis betragen. Das Alter der besonders großen Exemplare liegt um die 2500 Jahre, manche sind bereits fast 4000 Jahre alt. Die riesigen Sequoias wachsen ausschließlich an den westlichen Hängen der Sierra und haben nirgendwo so konzentrierte Bestände wie in den Nationalparks Yosemite, Kings Canyon und Sequoia.

Charakteristika

Die Krone der Riesenmammutbäume ist hoch, schmal und kegelförmig. Man kennt diese Form von der Zypresse und tatsächlich gehört der Riesenmammutbaum zu einer Unterfamilie der Zypressen. Der Stamm ist säulenförmig und ist meist bis auf 50 Meter astfrei, weil die tiefer liegenden Äste kein Sonnenlicht abbekommen und absterben. Junge Bäume wachsen nur sehr langsam in die

Höhe, ihr Stammumfang nimmt dagegen sehr schnell zu. Riesenmammutbäume bilden ein weitreichendes, flaches Wurzelwerk aus, die Wurzeln älterer Bäume dringen nur etwa einen Meter in die Tiefe ein. Dafür breiten sie sich bis zu 30 Meter seitwärts aus.

Feuer als positives Element

Ein zwei- bis dreitausend Jahre alter Riesenmammutbaum hat statistisch gesehen durchschnittlich etwa 100 Waldbrände überlebt. Da die Rinde meist bis zu 50/60 Zentimeter dick ist, sind Sequoias sehr hitzebeständig – bei großer Hitze wirkt die dicke Rinde isolierend, zusätzlich ist sie mit einer Säure namens Tannic (Tanninsäure) gefüllt. Diese ist übrigens für die rötlich-braune Farbe und die daraus resultierende englische Namensgebung Redwood (»Rotholz«) verantwortlich. Tannic schützt den Baum sowohl vor dem Übergreifen des Feuers auf den Stamm, als auch vor Schädlin-

Links: Sequoia-Riesenmammutbäume

243

gen und Pilzbefall. Es bleiben lediglich Feuernarben, mehr Schaden tragen die Bäume von einem lodernden Brand nicht davon. Lediglich jüngere Bäume, die noch keine schützende, dicke Borke haben, sind durch Waldbrände gefährdet.

Warum hat also ein Feuer einen positiven Effekt auf das Wachstum der Riesenmammutbäume? Das gegen Feuer empfindlichere Unterholz unterschiedlicher Bäume und Pflanzen verbrennt und gibt dabei seine Nährstoffe in den Boden ab. Über ihre Wurzeln nehmen die Sequoias diese Nährstoffe auf. Zusätzlich öffnen sich reife Zapfen durch die vom Feuer nach oben steigende Luft und legen die Samen frei – das tun sie tatsächlich nur nach Durchzug eines Feuers, denn sie befinden sich ja in gewaltigen Höhen an den Baumkronen. Die Samen fallen dann auf den von mineralreicher Asche gut gedüngten Boden, sinken ein und beginnen zu keimen. Das Feuer ist für die Sequoias also lebensnotwendig, weil sie es für ihre Fortpflanzung brauchen.

Standortwahl

So gut die Sequoias mit Feuer zurechtkommen, so anspruchsvoll sind sie bezüglich ihrer Standortwahl. Sie müssen auf einer Höhe zwischen 1350 und 2500 Metern wachsen, wo sie in Hainen gedeihen, den sogenannten Groves. Der Hauptgrund für diese Familiengruppen ist, dass sich die Bäume gegenseitig befruchten. Innerhalb des Hains gilt das Prinzip des Stärkeren: Nur diejenigen, die mehr Sonnenlicht erhalten oder besseren Zugang zu einer Wasserquelle haben, wachsen richtig und prächtig.

Durch ausgehöhlte Baumstämme mit einem Pkw durchzufahren ist nicht gerade alltäglich

Hier sieht man im wahrsten Sinne des Wortes vor lauter Bäumen den Himmel kaum

Meist befindet sich ein solcher Hain in einer Talschlucht. In trockenen Sommermonaten ist die Wasserversorgung ein Problem. Die Sequoias wachsen nur an Orten, wo es genug Wasser gibt, beispielsweise an Quellen, Bächen und Feuchtwiesen. In der Sierra Nevada sind 70 solcher Haine bekannt, davon befinden sich drei im Yosemite National Park und 36 in den beiden Nationalparks Kings Canyon und Sequoia. In ihrer Größe variieren die Haine zwischen Wäldern mit 20 000 Mammutbäumen und solchen mit nur einer Handvoll lebenden Exemplaren. Manche Haine sind sehr abgelegen und werden, wenn überhaupt, nur von Rucksacktouristen besucht.

Schutzbedürftig

Die Riesenmammutbäume sind vom Aussterben bedroht. Nur noch zwei Drittel der natürlichen Bestände sind erhalten, weshalb sie unter Natur- und Artenschutz stehen. Die Bestände im Westen der USA sind bereits abgeholzt, darunter waren einige Giganten, die größer waren als die heute bekannten, in den Nationalparks lebenden. Da der Riesenmammutbaum beim Wachsen schnell an Masse zunimmt, eignet er sich optimal für die Holzgewinnung. Deshalb werden derzeit Versuche durchgeführt, Mammutbäume gezielt für die Holzgewinnung anzubauen.

Auf »natürliche Weise« sterben Mammutbäume eigentlich nur ab, wenn sie von Pilzen befallen sind. Selten fallen sie Stürmen zum Opfer, häufiger dagegen werden sie aufgrund ihrer Höhe von Blitzen getroffen. In den schneereichen Wintern Kaliforniens verlieren sie oft Äste durch Schneebruch.

46 Lake Kaweah
Freizeitvergnügen am Stausee

Es ist kaum zu glauben, dass der tiefblaue See, umrahmt von zum Teil schneebedeckten Berggipfeln und eingebettet in die Ausläufer der Nationalparks Kings Canyon und Sequoia, ein künstlich aufgestauter See ist. Der Freizeitwert des Gewässers ist sehr hoch und nicht nur die Vogelwelt fühlt sich hier wohl. Auch Urlauber, die sowohl auf der Suche nach Erholung als auch nach Freizeitaktivitäten sind, verbringen hier gern Zeit.

Der etwa 24 Kilometer westlich des Sequoia National Park gelegene Terminus Dam staut das Wasser der Schneeschmelze aus den Höhenlagen der Sierra Nevada auf. Kam in der Vergangenheit zu der Schneeschmelze noch viel Regen hinzu, wurde das Niederschlagsgebiet des Kaweah River regelmäßig überflutet. Um hier Abhilfe zu schaffen, wurde der Staudamm am Fluss errichtet und der Stausee inmitten der südlichen Sierra Nevada entstand.

Staudamm mit vielen Funktionen

Der mächtige Terminus Dam ist ein interessantes Bauwerk. Er wurde im Jahr 1962 erbaut, ist 7,60 Meter hoch und an der Basis der Staumauer 33 Meter breit. Im Frühjahr/Frühsommer ist der Wasserstand aufgrund der Schneeschmelze hoch. Ansonsten ist er auf niedrigem Niveau, da das im Frühjahr angesammelte Wasser abgeleitet und für die Bewässerung der Bepflanzung des dadurch fruchtbaren Wüstenbodens genutzt wird.

Mitte: Gut beobachten lassen sich vom Seeufer aus Scharen von Kalifornischen Kondoren
Unten: Der Bereich um den Lake Kaweah ist als Erholungsgebiet ausgewiesen

Der Kaweah River mündet in den Lake Kaweah

Freizeitaktivitäten

Alle Arten von Wasserspaß stehen auf dem Programm des künstlichen Stausees. Dank einer gut ausgestatteten Marina kann man Boot, Jetski oder Wasserski fahren (und sogar Hausboote mieten), schwimmen und angeln. Picknicken oder campen am See sind ebenfalls beliebte Freizeitaktivitäten.

Nicht nur für Vogelliebhaber ist die Gegend um den Stausee ein Paradies. Besonders häufig sieht man den meist in Scharen auftretenden Kalifornischen Kondor, mit Glück einen Weißkopfseeadler, das amerikanische Wappentier. Es ist immer etwas los am Himmel über dem See – wer wissen möchte, was da so entlangflattert, kann sich im sehr detailliert aufgemachten Kaweah Heritage Visitor Center informieren und mit einer Broschüre der hiesigen Vogelwelt ausrüsten.

Infos und Adressen

ESSEN UND TRINKEN
Sierra Subs and Salads. Leckere Sandwichs und knackig-frische Salate mit gutem Dressing. Sehr empfehlenswert! 41717 Sierra Dr., Three Rivers, CA 93271, Tel. 559/561 48 10, www.sierrasubsandsalads.com

ÜBERNACHTEN
Horse Creek Campground. Gute Lage direkt am See (schattenloses Ufer). 40019 Sierra Dr., Lemoncove, CA 93244, Tel. 559/597 23 01, www.fs.usda.gov/recarea/shoshone/recarea/?recid=36489

EINKAUFEN
Kaweah General Store. 7–20 Uhr, 40462 Sierra Dr., Three Rivers, CA 93244, Tel. 559/561 34 75, www.sequoiarivercabins.com

AKTIVITÄTEN
Kaweah Marina. Sommer tgl. 8–19, Winter 8–16.30 Uhr, 34467 Sierra Dr., Lemoncove, CA 93244, Tel. 559/597 25 26, www.kaweahmarina.com

Kaweah Whitewater Adventures. Rafting Trips auf dem Kaweah River. Mountain Rd 349, Three Rivers, CA 93271, Tel. 559/740 82 51, www.kaweah-whitewater.com

INFORMATION
Kaweah Heritage Visitor Center. Sommer tgl. 10–16 Uhr, 34467 Sierra Dr., Lemoncove, CA 93244, Tel. 559/597 20 05

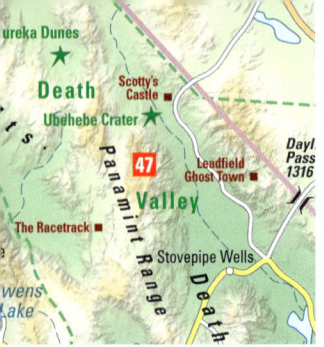

47 Death Valley National Park
Der Gigant unter den Nationalparks

Mit fast 12 000 Quadratkilometern liegt der größte Nationalpark des US-amerikanischen Festlandes zum größten Teil im Bundesstaat Kalifornien und zu einem kleineren Teil in Nevada in der Mojave-Wüste. Das Death Valley (Tal des Todes) ist außerdem mit Sommertemperaturen bis knapp 50 Grad Celsius der heißeste Ort der USA und präsentiert mit seinem tiefsten Punkt (85,95 Meter unter dem Meeresspiegel) zugleich den tiefsten Punkt des Landes.

Dies sind recht viele Superlative für etwas, das man mit Fug und Recht als Ödland bezeichnen kann. Allerdings ist das Death Valley ein farbenfrohes, faszinierendes Ödland, weswegen sich jährlich trotz der hohen Temperaturen (die vor allem im Juli herrschen) Hunderttausende von Besuchern auf den Weg in den Nationalpark machen.

GUT ZU WISSEN

MIT DEM WOHNMOBIL INS DEATH VALLEY

Die meisten Wohnmobil-Vermieter gestatten es nicht, im Sommer mit dem Camper ins Death Valley zu fahren. Wer mit dem Wohnmobil unterwegs ist, muss das Fahrzeug bei einem der wenigen Vermieter buchen, die eine Durchfahrt erlauben. Prinzipiell gilt (auch für Pkw-Reisende): Vor der Fahrt ins Death Valley sollte man unbedingt das Kühlwasser und den Ölstand kontrollieren und am besten mit vollem Tank starten.

Mitte: 85,95 Meter unter dem Meeresspiegel liegt das Badwater Basin
Unten: Wer mit dem Wohnmobil durch das Death Valley fahren möchte, muss dies beim Vermieter abklären – die Sommermonate sind bei den meisten tabu

Sightseeing–Tour im Tal des Todes

Ⓐ Badwater. Start- und Endpunkt der Tour. Tiefster Punkt des US-amerikanischen Festlandes (85,95 Meter unter dem Meeresspiegel), Holzplattform über dem salzigen Talboden, Hinweisschild als Fotomotiv.

Ⓑ Artist's Palette. Bunte Gesteinsformationen, deshalb besonders farbenfroher Bereich des Tals – die Farbpalette reicht von Rot bis Türkis/Grün.

Ⓒ Devil's Golf Course. Zerklüftete und spitze Salzsäulen mit bis zu 25 Metern Höhe, eine bizarre Salzlandschaft.

Ⓓ Golden Canyon. Farbpracht in den faltigen Felswänden der Schlucht, 30-minütiger, sehr lohnenswerter Fußweg zu den golden leuchtenden Formationen. Absolutes Muss!

Ⓔ Mesquite Flat Sand Dunes. 30 Meter hohe Sanddünen, am leichtesten erreichbare Sanddünen des Death Valley. Spaziergänge zum Sonnenaufgang oder -untergang (querfeldein, es gibt keine markierten Wege). Auf Klapperschlangen achten!

Ⓕ Ubehebe Crater. Vulkantrichter, buntes Erdloch mit gestreiften Sedimentgesteinsschichten. Entweder von der Parkdurchfahrtsstraße aus sichtbar oder per Wanderung erreichbar (ein Pfad umrundet den Krater, ein anderer führt in ihn hinein).

Ⓖ Leadfield Ghost Town. Eine kurvenreiche, steile, sehr malerische Schotterstraße führt zu der verlassenen Geisterstadt mit Ruinen, Holzhütten und anderen Relikten des einstigen Goldgräber-Booms.

Ⓗ Zabriskie Point. Ehemaliger, seit langer Zeit ausgetrockneter See, von dem bizarre Erosionslandschaften übrig sind. Vom Parkplatz aus leicht ansteigender Fußweg auf den Hügel mit beeindruckendem Aussichtspunkt auf das Death Valley.

Ⓘ Twenty Mule Team Canyon. Fahrt durch die farbenprächtigen Felsformationen mit tollen Ausblicken. Mit dem Auto nur wenige Kilometer vom Visitor Center entfernt.

Ⓙ Dante's View. Aussichtspunkt auf 1669 Metern Höhe mit Blick auf den zentralen Bereich des Death Valley und dessen gesamte Länge von Norden nach Süden. Außerdem Blick auf das Badwater Basin. Highlight im Park.

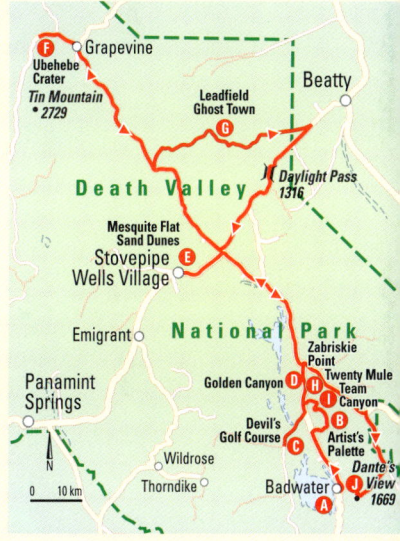

Hinweisschild bei Badwater

Nicht verpassen

STILVOLL ÜBER-NACHTEN IN DER OASE

Inmitten von Palmen schmiegt sich das Hotel The Inn at Furnace Creek auf mehrere Ebenen in die Wüstenlandschaft ein. Es wurde 1927 von einem Architekten aus Los Angeles erbaut und weist Elemente der spanischen Missionsstationen Kaliforniens auf, zum Beispiel die roten Ziegeldächer und die weißen, gipsverputzten Mauern. Von den verschiedenen Terrassen aus blickt man auf das Death Valley und die dahinter liegende Bergwelt, akustisch umrahmt von plätschernden Springbrunnen. Der Außenpool ist aus natürlichen Quellen gespeist, eine Sauna und ein Souvenirladen sind vorhanden, und es gibt einen Fitnessraum. Ein kostenloser Shuttle bringt die Gäste zu Zielen in der näheren Umgebung. Es ist ein Erlebnis, hier zu logieren, aber auch nicht ganz günstig. Wer sich ein Bild machen, aber nicht übernachten möchte, kann sich auch im Hotelrestaurant ein Mittag- oder Abendessen schmecken lassen.

The Inn at Furnace Creek. Luxushotel aus den 1920er-Jahren inmitten einer Palmenoase. Mitte Okt.–Mitte Mai, 328 Greenland Blvd., Death Valley, CA 92328, Tel. 800/236 79 16, www.oasisatdeathvalley.com/lodging/the-inn-at-death-valley

Innerhalb des Nationalparks gibt es zwei Haupttäler, das Death Valley und das Panamint Valley. Das Zentrum bietet der Ort Furnace Creek, in dem sich neben dem Visitor Center auch ein Lebensmittelladen, eine Post und eine Autowerkstatt befinden.

Mobilfunktelefone sind im Death Valley nicht nutzbar. Zum Telefonieren muss man in den genannten Orten und in Scotty's Castle auf öffentliche Telefone zurückgreifen.

Sehenswertes

Das Highlight des Tals des Todes sind die Mesquite Sand Dunes, etwa 30 Meter hohe, gelbweiße Wanderdünen. Mit einem Holzschild ist der tiefste Punkt der USA gekennzeichnet. Es handelt sich dabei um eine Senke, in dem sich das Überbleibsel eines früheren Sees befindet. Heute ist davon nur eine Salzpfanne übrig.

Scotty's Castle wirkt wie ein Märchenschloss inmitten der kargen Wüstenlandschaft. Im mexikanischen Stil einer Hazienda erbaut, ist diese Oase dank einem Quellbach entstanden. Der Umweg hierher ist nicht zu unterschätzen – ab der Kreuzung vom Highway 190 mit dem Highway 374 sind es 115 Kilometer. Damit diese Fahrt noch mehr lohnt, kann man noch den Ubehebe Crater einbinden, eine trichterförmige Mulde vulkanischen Ursprungs mit einem Durchmesser von etwa einem Kilometer und einer Tiefe von 230 Metern.

Das Death Valley aus der Vogelperspektive kann man von Dante's View aus betrachten. Unbedingt sollte man auch den Artist Drive abfahren, eine traumhafte, einspurige Fahrschleife. Dabei passiert man Artist's Palette, eine bunte Formation aus Mineralgestein und vulkanischer Asche.

Infos und Adressen

SEHENSWÜRDIGKEITEN

Death Valley National Park. Highway 190, Furnace Creek, CA 92328, Tel. 760/786 32 00, www.nps.gov/deva

ESSEN UND TRINKEN

Furnace Creek Ranch. Das Wrangler Steak House & Buffet befindet sich innerhalb des Hotels The Inn at Furnace Creek (S. 250). Frühstück und Mittagessen als Büfett, Abendessen à la Carte. Furnace Creek Ranch, Highway 190, Death Valley, CA 92328, Tel. 760/786 23 45, www.nps.gov/deva/planyourvisit/where-to-eat.htm

Timbisha Village Fry Bread. Vor allem Tacos (auch vegetarisch und glutenfrei). Angenehme Preise, gute Qualität. 900 Indian Village Rd., Death Valley, CA 92328, Tel. 760/258 78 58

ÜBERNACHTEN

Furnace Creek Campground. Nationalpark-Campingplatz. Der einzige Platz im Park, den man reservieren kann. Mitte Okt.–Mitte April, Highway 190, Death Valley, CA 92328, Tel. 877/444 67 77, www.recreation.gov

Panamint Springs Resort. Im Panamint Valley gelegenes Resort im Wildwest-Stil. Wohnmobilplätze, Restaurant und Bar. Außerdem eine Tankstelle und ein Lebensmittelladen. 40440 Highway 190, Death Valley, CA 92328, Tel. 775/482 76 80, www.panamintsprings.com

Stovepipe Wells Village. Resort-Bereich und einige Camping-Stellplätze mit allen Anschlussmöglichkeiten. 51880 Highway 190, Death Valley, CA 92328, Tel. 760/786 23 87, www.deathvalleyhotels.com

AKTIVITÄTEN

Furnace Creek Stables. Ein- und zweistündige Ausritte und Planwagenfahrten (45 Minuten, am Abend). Mitte Okt–Mitte Mai, Highway 190, Death Valley, CA 92326, Tel. 760/614 10 18, www.furnacecreekstables.net

INFORMATION

Furnace Creek Visitor Center & Museum. Tgl. 8–17 Uhr, Highway 190, Furnace Creek, CA 92328, Tel. 760/786 32 00, www.nps.gov/deva/planyourvisit/hours.htm

Vom Zabriskie Point aus blickt man auf Erosionslandschaften um einen ehemaligen See

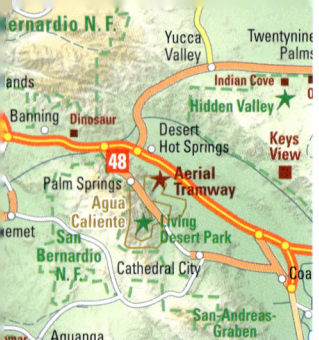

48 Palm Springs
Erste Adresse für die High Society

Im Sommer ist es vor allem heiß in der Wüstenstadt, die ihrem Namen gemäß von Palmen dominiert wird. Da das Thermometer im Juli und August regelmäßig über die 40-Grad-Marke klettert, erwacht die künstlich angelegte Urbanisation im Spätherbst so richtig zum Leben. Aber auch im Sommer ist genug los, mit dem Vorteil, dass hitzeresistente Menschen sich über niedrigere Übernachtungspreise freuen können.

Palm Springs steht im Ruf, ein Ort für erholungsbedürftige Stars zu sein. Fast 47 000 Einwohner zählt die Stadt aktuell, darunter einige Senioren, die den Winter in den angenehm warmen Gefilden verbringen – insgesamt leben hier hauptsächlich Menschen, die ihren Wohnort den klimatischen Bedingungen der Jahreszeiten anpassen können, nämlich flexible Besserverdiener und Rentner. Daneben erfreut sich Palm Springs aber auch einiger Beliebtheit bei vorwiegend amerikanischen Touristen, die der winterlichen Kälte ihres Wohnorts überdrüssig sind.

Was die Wüste bietet

Eine Seilbahn in der Wüste scheint zunächst skurril, ist aber tatsächlich die Attraktion Nummer eins in Palm Springs. Während sie 1800 Höhenmeter überwindet, jagt man im Schnelldurchgang durch fünf Vegetationszonen. Oben angekommen, ist es deutlich kühler, sodass es heißt, dass man innerhalb der 15-minütigen Bergfahrt eine Fahrt von Mexiko nach Kanada zurücklegt. Oben angekom-

Mitte: Eine Vielzahl von Palmen macht dem Namen des Ortes Palm Springs alle Ehre
Unten: Die Aerial Tramway befördert Besucher hinauf in die Wildnis des Mount San Jacintos

Palm Springs

Living Desert Zoo and Gardens

men, bietet die Bergstation eine Bar, eine Cafeteria und einen Aussichtsbereich. Außerdem werden hier Dokumentarfilme gezeigt.

Außerdem sollte man unbedingt einen Abstecher zum Living Desert Zoo and Gardens machen, in dem man Tiere und Pflanzen verschiedener Wüstenregionen erleben kann. Es gibt exotische Tiere in schön und naturnah aufgemachten Gehegen zu sehen, außerdem einen Streichelzoo. Eine Klinik für Wildtiere, die man besichtigen kann, ist eines der Highlights. Neben dem schönen botanischen Garten wird außerdem auf die Wüstengeologie eingegangen und auf die Kultur der Ureinwohner dieses Gebietes.

Infos und Adressen

SEHENSWÜRDIGKEITEN
Living Desert Zoo and Gardens. Juni–Sept. tgl. 8–13.30, Okt.–Mai tgl. 9–17 Uhr, 47900 Portola Ave., Palm Desert, CA 92269, Tel. 760/346 56 94, www.livingdesert.org

Palm Springs Aerial Tramway. Mai–Sept. Mo–Do 10–21.45, Fr, Sa 8–22.30, So 8–21.45 Uhr, 1 Tram Way, Palm Springs, CA 92262, Tel. 888/515 87 26, www.pstramway.com

Palm Springs Art Museum. Zeitgenössische Kunst (auch Fotografie und Design) sowie Werke aus präkolumbianischer und indianischer Kultur. Skulpturengarten mit Wüstenpflanzen. Sommer: Fr–Di 10–17, Do 12–20 Uhr, 101 N Museum Dr., Palm Springs, CA 92262, Tel. 760/322 48 00, www.psmuseum.org

INFORMATION
Palm Springs Visitors Center. Tgl. 9–17 Uhr, 2901 N Palm Canyon Dr., Palm Springs, CA 92262, Tel. 760/778 84 18, www.visitpalmsprings.com

Kunst mitten in der Wüste im Palm Springs Art Museum

49 Mojave National Preserve
Wo die Wüste am einsamsten ist

Man darf keinesfalls auf einer der Interstates an diesem Naturschauspiel vorbeidüsen. Mojave National Preserve ist ein Naturreservat mit »singenden Sanddünen«, der Agavenart Josua-Palmlilie, vulkanischen Aschekegeln und Resten von Siedlungen der amerikanischen Ureinwohner. Dickhornschafe, Gopherschildkröten und Kojoten komplettieren die Impression der unendlichen Einsamkeit.

Wenig Mitreisende intensivieren das Gefühl der Verlassenheit, das einen bei einer Durchfahrt des Schutzgebietes beschleicht. Die wilde, eintönige Wüstenlandschaft wechselt sich ab mit imposanten Sanddünen und verlassenen Minenstädten. Teilweise befährt man ein Stück der historischen Route 66, die an dieser Stelle jedoch weniger spektakulär ist. Es geht um eine Tiefebene herum, die sich spiegelt wie ein Salzsee. Im surreal anmutenden Wonder Valley erblickt man vereinzelt verlassene und windschiefe Hütten. In den 1950er-Jahren konnte man hier günstig Land kaufen, allerdings mit der Auflage, ein kleines Haus darauf zu errichten.

Bis zu 200 Meter hoch sind die »singenden Dünen« Kelso Dunes

Das Schutzgebiet

Erst 1994 wurde das Schutzgebiet mit dem California Desert Protection Act als National Preserve ausgewiesen. Neben den Sanddünen und den vulkanischen Aschekegeln begeistern Höhlen und bizarre Felsformationen, alte Minenanlagen zeugen

Josua-Palmlilie nahe Hole-in-the-Wall

von Zeiten des Wilden Westens. Das im spanischen Missionsstil errichtete Besucherzentrum Kelso Depot Visitor Center mit den weiß getünchten Mauern und dem roten Ziegeldach setzt einen unglaublichen Kontrastpunkt zu der kargen Wüstenlandschaft.

Kelso Railroad Depot

Eigentlich eine historische Bahnstation, durch die aber immer noch Güterzüge fahren. Seit 2005 ist die Station als Besucherzentrum mit Museum und Ranger-Programmen in Betrieb. Die Räume der früheren Bahnstation sind authentisch eingerichtet. So bestehen noch der Schalterraum, der Raum für die Fahrdienstleitung und die Ruheräume für das Personal. Im Museum zeigen Exponate, wie sich das Leben im Depot in der ersten Hälfte des 20. Jahrhunderts abspielte. Ein 20-minütiger Dokumentarfilm und ein Modell Kelsos zur Zeit des Zweiten Weltkrieges ergänzen das Angebot.

Der Ort Kelso selbst bietet einen guten Eindruck davon, wie es im Wilden Westen einmal war und vor allem, welche Rolle die Eisenbahn in diesen Tagen gespielt hat.

Nicht verpassen

DIE KELSO DUNES

Sie werden »die singenden Dünen« genannt. Wer sich die Mühe macht, etwas tiefer in die Sandwüste vorzudringen, kann dieses seltene Naturphänomen vielleicht erleben. Es ist nicht klar, ob es sich um ein dumpfes Grollen, Stöhnen oder Donnern handelt – aber die Geräusche scheinen mitten aus dem Erdinneren zu kommen. Sie werden ähnlich einer Schneelawine durch den an den Dünen abrutschenden Sand erzeugt, sodass tief im Inneren der Düne ein brummender Resonanzton erklingt. Atemberaubend sind vor allem die Sonnenaufgänge und -untergänge und ein herrliches Bild im Frühjahr ist es, wenn der Sand von bunten Wildblumen übersät ist. Die Spitze der höchsten Sanddüne ist über einen vier Kilometer langen Fußmarsch erreichbar. Hierfür sollte man großzügig Zeit einplanen.

Nahe der Kelbaker Road im südwestlichen Parkbereich

Fahrvorschlag

Vom Shadow Valley aus kann man eine sehr schöne Fahrt ins Schutzgebiet starten. An der Ausfahrt 272 geht es von der I-15 ab und Richtung Cima. Über die 2000 Meter hohen Ivanpah Mountains fährt man bis zu einem Aussichtspunkt auf den Cima Dome. Ganz in der Nähe startet auch der gewartete Wanderweg Teutonia Peek Trail auf den 1760 Meter hohen Berg.

Vulkankegel und Felslandschaft

Der Cima Dome ist ein 450 Meter hoher vulkanischer Granitkegel. An seinen Berghängen wachsen Joshua Trees. Der perfekt symmetrische Granitfelsen ragt aus der umgebenden Wüste heraus. Eine Ansammlung vulkanischer Aschekegel, die von schwarzer Lava umgeben sind, bieten die Cinder Cones. Sie befinden sich zwischen dem Ort Baker und dem Kelso Railroad Depot.

In Sachen zerklüftete Felslandschaft ist der Bereich Hole-in-the-Wall rund um den Banshee Canyon ein absolutes Highlight. Das Felslabyrinth der Schlucht besteht aus vulkanischem Tuffstein. Über in den Felsen gehauene Eisenringe kann man in die Schlucht hinabklettern. Will man eine Wanderung durch den Canyon unternehmen, klettert man auf dem Rings Trail hinab und folgt dem Verlauf des Canyons, so gelangt man über den Mid-Hills-Loop zum Hole-in-the-Wall-Trail.

Oben: In der ehemaligen Bahnstation ist heute ein Besucherzentrum mit Museum untergebracht
Mitte: Gut getarnt – die kalifornische Gopherschildkröte
Unten: Ein Felslabyrinth aus vulkanischem Tuffstein ist der Bereich um Hole-in-the-Wall

Mit dem Mitchell Caverns State Park gibt es einen separaten State Park innerhalb des Mojave-Schutzgebietes. Hier sind die Mitchell Caverns, ein Trio aus Tropfsteinhöhlen, einen Besuch wert. Es wird eine Führung zu den sehr schönen Tropfsteinformationen angeboten: Zu Fuß geht es einen Kilometer bis zum Höhleneingang und dann noch einen knappen Kilometer durch die Höhle.

Infos und Adressen

SEHENSWÜRDIGKEITEN

Mitchell Caverns. Tropfsteinhöhlen-Trio im Mitchell Caverns State Park. Ende Mai–Anfang Sept. Sa und So 13.30, Anfang Sept.–Ende Mai tgl. 13.30, Sa, So auch 10 und 15 Uhr, www.stateparks.com/mitchell_caverns_state_park_in_california.html

ÜBERNACHTEN

Best Western Colorado River Inn. Auf der Route 66, dazu passend eingerichtet. Große, saubere Zimmer, Pool mit Feuerschalen am Abend. Spa und Sauna. 2371 W Broadway, Needles, CA 92363, Tel. 760/326 45 52, www.bestwestern.com

Hole-in-the-Wall Campground. Auf 1338 Metern Höhe gelegen, 35 Plätze für Wohnmobile und Zelte, einfache Ausstattung (begrenztes Frischwasser). Ganzjährig, Essex, CA 92332, Tel. 760/928 25 72, www.nps.gov/moja/planyourvisit/campgrounds.htm

Mid Hills Campground. Inmitten von Kiefern und Wacholderbäumen auf 1700 Metern gelegen, nachts kühl, für Wohnmobile nicht geeignet, einfache Ausstattung (begrenztes Frischwasser). Ganzjährig, Needles CA 92363, Tel. 760/928 25 72, www.nps.gov/moja/planyourvisit/campgrounds.htm

INFORMATION

Headquarters Information Center in Barstow. Mo–Fr 8–16 Uhr, 2701 Barstow Rd., CA 92311, Tel. 760/252 61 00, www.nps.gov/moja

Hole-in-the-Wall Information Center. Fr–So 9–15 Uhr, 1 Black Canyon Rd., Essex, CA 92332, Tel. 760/252 61 04 oder 760/928 25 72, www.nps.gov/moja

Kelso Depot Visitor Center. Do–Mo 10–17 Uhr, 90942 Kelso Cima Rd., Kelso, CA 92309, Tel. 760/252 61 08, www.nps.gov/moja/planyourvisit/visitorcenters.htm

Im Schutzgebiet gibt es keine Tankstellen oder öffentliche Telefonzellen und keine Möglichkeit, Wasser zu kaufen. Auch Motels gibt es nur außerhalb des Parkgebiets. Roadside Camping in ausgewiesenen Bereichen ist unter bestimmten Restriktionen erlaubt. Eine Auflistung der Plätze findet man unter www.nps.gov/moja/planyourvisit/roadside-camping.htm.

Was kreucht und fleucht denn da? Hier ist es der Kleine Baumleguan (»Brush Lizard«)

WANDERN
in den Nationalparks

Tiefe Schluchten und hohe Bäume, schneebedeckte Berggipfel und öde Wüstenlandschaft, rotes Felsgestein und grüner Wald – die kalifornischen Nationalparks sind so gegensätzlich wie abwechslungsreich. Die Naturwunder, die im Rahmen eines Parks geschützt werden, darf man nicht einfach nur mit dem Auto durchfahren. Man muss sie erleben und in vollen Zügen genießen. Das gelingt am besten, indem man sie auf Schusters Rappen erkundet.

Gut gepflegte Wanderwege, ein riesiges Netz an Touren in allen Längen und Schwierigkeitsgraden und eine höchst professionelle Beratung machen Wandern in den Nationalparks nicht nur zu etwas Besonderem, sondern zu einem Muss!

Die Nationalpark-Idee

Es sind speziell geschützte Gebiete der Natur, die unter Verwaltung des National Park Service stehen. Das bedeutet, dass ein umfangreiches Programm von Rangern angeboten wird, angefangen bei sogenannten Ranger Talks, in denen über die Besonderheiten des Gebietes gesprochen wird, über geführte Touren bis hin zu Sternendeutungen am Nachthimmel.

Innerhalb des Parkgebietes gibt es Regeln, die dem Schutz des Parks dienen. Beispielsweise sind die Wanderungen ins Hinterland (»Wilderness«) eingeschränkt, in den meisten Fällen braucht man hierfür eine Genehmigung (»Permit«). Damit wollen die Ranger einen Überblick darüber behalten, wie viele Rucksackwanderer sich im Hinterland aufhalten, um notfalls auf die Suche gehen zu können, wenn jemand sich nicht zu der angegebenen Zeit wieder zurückmeldet.

Hilfestellung vom Feinsten

In jedem Nationalpark gibt es mindestens ein Visitor Center. Die Ranger dort sind an Fachkompetenz kaum zu überbieten. Egal, ob es ein einstündiger Spaziergang oder eine Mehrtagestour sein soll, hier bekommt man Vorschläge dafür. Man wird gefragt, was man gern sehen möchte und wie gut die Kondition ist. Dann werden zwei bis drei Vorschläge gemacht, oft auch Kombinationstouren, je nach Zeitbudget. Eigentlich kann man ohne jede Vorkenntnis des Gebietes in ein Visitor Center marschieren und kann sich darauf verlassen, dass man mit einer passenden Tour versorgt wird. Wenn man das möchte, strukturieren die Ranger auch den gesamten Aufenthalt gemeinsam mit dem Besucher. Auf diese Weise

Links: Wanderer im Joshua Tree Nationalpark

kann man sicher sein, dass man seinen Bedürfnissen entsprechend ein passendes Programm bekommt. Den ganzen Service gibt es übrigens für einen Pauschaleintritt pro Park und Pkw von 30 Dollar.

Darüber hinaus findet man in den Nationalpark-Zeitungen, die es an der *Entrance Station* kostenlos mit dazu gibt, ebenfalls einige Touren kurz beschrieben. Hier kann man bereits eine Vorauswahl treffen, denn die Wanderungen sind bereits vorsortiert nach Schwierigkeitsgrad und Länge.

Die Nationalparks und ihre Besucherzentren sind ganzjährig geöffnet. In den Wintermonaten gibt es Einschränkungen in der Verkehrsführung und den Öffnungszeiten der Visitor Center.

Wanderlust

Jeder Nationalpark hat seine Highlights an Wanderwegen, die man unbedingt gemacht haben muss. Diese sind dann jedoch meist entsprechend stark genutzt, die Wanderer verteilen sich aber doch meist gut auf eine riesige Fläche. Prinzipiell werden es immer weniger Mitwanderer, je weiter und höher man auf den Wanderwegen geht. Eine gewisse körperliche Fitness ist also eine gute Voraussetzung für anspruchsvollere Touren, die auch mal fernab des Mainstreams verlaufen.

Gut gewartet und meist liebevoll für die Besucher angelegt sind alle Trails, die vom National Park Service unterhalten werden. Die Ausschilderung ist gut, die Angaben über Zeitbedarf und Länge sehr zutreffend für den Typ Durchschnittswanderer. Oft stehen auch Flora und Fauna der jeweiligen Region im Vordergrund eines Trails. Dann säumen Informationstafeln den Weg und es gibt Hinweise in den Beschreibungen der Nationalpark-Zeitung.

Bären im Sequoia National Park

Frühstück direkt vor dem Wohnmobil bei den Kelso Dunes im Mojave National Preserve

Egal, welche Trails man wählt – intensiver lässt sich ein Nationalpark nicht erleben. Man dringt tief in die Besonderheit der Natur ein, jeder Park hat seinen eigenen Charakter, sodass es jedes Mal ein ganz neues Erlebnis ist. Die Trails sind grundsätzlich nicht »langweilig«, da es nicht wie auf dem Sonntagsspaziergang geradeaus geht, sondern immer etwas Besonderes dabei ist. Sei es die für alle machbare Kraxeleinlage, sei es der spektakuläre Panoramablick, den man wandernd erreicht oder sei es der schmale, alpine Pfad, der sich den Berg hinaufschraubt.

Besonderheit: Backcountry

Die Wanderungen ins Hinterland sind noch einmal eine Kategorie für sich. Nachhaltiger kann man die wilde, unberührte Natur nicht erleben. Verstärkt wird der Eindruck durch das Campen in der freien Natur. Der National Park Service stellt hierfür sogenanntes Backcountry Camping zur Verfügung, das sind Stellen mit meist nur einer Handvoll Zeltplätzen ohne jede Einrichtung. Das ist Natur pur!

Wer sich auf diese Weise auf Tour begeben möchte, sollte sich vorab, am besten zu Hause, auf das Abenteuer vorbereiten. Auf den Seiten des jeweiligen Nationalparks findet man immer den Menüpunkt »Backpacking« unter »Things to do«. Hier erfährt man, wann und wie man eine Genehmigung erhält und wo sich die Zeltplätze befinden. Auch über Bären und andere Wildtiere wird man entsprechend informiert und wie man sich in der Wildnis am besten schützt. Ohne eine entsprechend gute Vorbereitung sollte man eine Mehrtageswanderung durchs Hinterland auf keinen Fall starten.

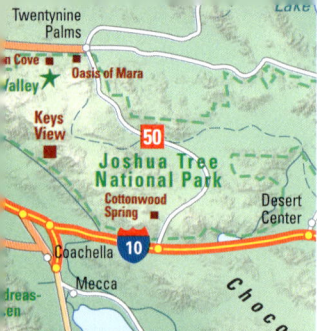

50 Joshua Tree National Park
Bäume von einem anderen Stern

Eine bizarre Granitlandschaft, typische Wüstentiere und Hunderte von Pflanzenarten sind sicher auch ein Grund, diesen äußerst ursprünglichen Nationalpark zu besuchen. Aber die meisten Besucher kommen wegen der großen Dichte der populären Joshua-Trees (»Palmlilien«) in diese südlichen Gefilde Kaliforniens.

Den unverwechselbaren Reiz erhält der Park durch das Zusammenwirken der spektakulären Felslandschaft und der mitunter bizarr wirkenden Joshua Trees. Vor allem in den höher gelegenen Gefilden, im Übergangsbereich zwischen der etwa 300 Meter hoch gelegenen Colorado und der auf 1700 Metern gelegenen Mojave Wüste (S. 254) gedeihen die Palmlilien. Weiter unten dominieren Kakteen das Landschaftsbild. Im Frühjahr brillieren die Joshua Trees mit cremeweißen Blüten, von Februar bis April blühen auch Wildblumen.

GUT ZU WISSEN

GUT VORBEREITET IN DEN PARK
Im Park gibt es keine Möglichkeit, Wasser oder Lebensmittel zu kaufen. Man sollte sich vor einem Besuch ausreichend versorgen, außerdem das Fahrzeug volltanken und sich darauf einstellen, dass es nirgendwo Handy-Empfang gibt. Beim Campingplatz Hidden Valley am Parkplatz Intersection Rock gibt es ein Notfalltelefon. Das Oasis Visitor Center verkauft Getränke. Als einzige Einrichtung im Park stehen Toiletten zur Verfügung.

Mitte: In die Wüste hineingebettet campt man im Joshua Tree National Park
Unten: Wegen der geringen Infrastruktur will eine Tour in diesem Nationalpark gut vorbereitet sein

Der namensgebende Joshua Tree

Zugang in den Park

Vom Ort Joshua Tree führt zugleich die westliche Hauptzufahrt ins Parkgebiet. Hier befindet sich auch eines der beiden Visitor Centers des Nationalparks, ein etwas größeres Besucherzentrum mit vielen Informationen ist in Twentynine Palms zu finden. Weitere Parkzugänge befinden sich nördlich in Twentynine Palms und südlich in Cottonwood Spring.

Auf dem Gebiet des Nationalparks ist die touristische Infrastruktur wenig entwickelt. Von der 2250 Quadratkilometer großen Parkfläche sind mehr als 90 Prozent als Wildnis klassifiziert. Auch wenn es nur wenige befestigte Straßen und Wanderwege gibt, hat man den Park nicht für sich allein.

Der Twentynine Palms Highway (Highway CA-62) verläuft parallel zur Nordseite des Nationalparks und führt an den meisten Sehenswürdigkeiten vorbei. An dieser Straße liegen übrigens auch die Ortschaften Joshua Tree, Twentynine Palms und Yucca Valley, wo man auch übernachten kann. Im Süden vom Joshua Tree National Park erschließt die Interstate 10 den abgelegeneren Parkbereich.

Geheimtipp

WANDERUNG IM FELSLABYRINTH

Der landschaftlichen Schönheit wird im Gebiet Wonderland of Rocks die Krone aufgesetzt. Am besten erlebt man den geheimnisvollen Irrgarten aus Gesteinsformationen auf einer Wanderung. Dabei kann man die Postkartenmotive, die herrlichen Ausblicke und landschaftlichen Überraschungen am besten genießen. Der Weg führt durch ausgetrocknete Flussbetten und Canyons – er ist das Highlight im Park! Zunächst führt er über eine Hochebene, die als Vorgeschmack auf die reizvollen Erlebnisse mit besonders großen Joshua Trees, Kakteen und Wüstenblumen bewachsen ist. Der Wonderland of Rocks Trail ist zwölf Kilometer lang, startet an der Parkstraße etwa 3,5 Kilometer nordwestlich vom Hidden Valley Campground und dauert ca. drei bis vier Stunden. Im Sommer sollte man unbedingt früh starten, um der großen Hitze zuvorzukommen.

Mitte: Der Lost Palms Oasis Trail hält, was sein Name verspricht
Unten: Mitzählen ist durchaus erlaubt auf dem Fortynine Palms Oasis Trail

Was den Reiz ausmacht

Die verwachsenen, knorrig wirkenden Äste der Joshua Trees und die glatt und rund geschliffenen Granitfelsen bilden zusammen das Naturschauspiel des Parks. Dank der Schatten spendenden Felsen kann man sich im Freien aufhalten. Im Lost Horse Valley lässt sich diese so skurrile wie harmonische Verknüpfung wunderbar anschauen. Auf einer Wanderung durch Joshua Trees hindurch lassen sich auch alte Minenanlagen der Goldgräber besichtigen. Einige der größten Joshua Trees wachsen in Covington Flats an einer Schotterstraße.

Campen im Park

Die Campingplätze im Nationalpark sind höchst einfach gehalten. Zwischen Felsen und in die Wüstenvegetation mit reichlich Joshua Trees sind die Stellplätze eingebettet. Besonders empfehlenswert sind diesbezüglich die Campgrounds Jumbo Rocks, Ryan und Hidden Valley (S. 265). Der Hidden Valley Campground ist vor allem bei Kletterern beliebt, da von hier aus attraktive Felsformationen erreichbar sind. Fahrzeuge dürfen maximal 25 Fuß (7,62 Meter) lang sein. Am Fuße des Ryan Mountain liegt der gleichnamige Campground, der immer gut ausgelastet ist. Einer der begehrtesten Plätze ist der Jumbo Rocks Campground. Die Stellplätze verteilen sich über weitverzweigte Schleifen und liegen zwischen Granitfelsen.

Klettern

Mehr als 8000 Routen der unterschiedlichsten Schwierigkeitsgrade ziehen zahlreiche Kletterfans in den Joshua Tree National Park – ob es nun durch Felsen und Spalten oder an den glatten Wänden hinaufgeht. Auch wenn die meisten Routen nicht spektakulär lang sind, bergen einige davon eine nicht geringe Herausforderung.

Infos und Adressen

SEHENSWÜRDIGKEITEN
Joshua Tree National Park. www.nps.gov/jotr

ESSEN UND TRINKEN
Joshua Tree Saloon. Rustikaler, klassischer Saloon mit Livemusik. Hervorragende Steaks und leckere Burger. Tgl. ab 7 Uhr, 61835 Twentynine Palms Highway, Joshua Tree, CA 92252, Tel. 760/366 22 50, www.joshuatreesaloon.com

Pie for the People. Pizza und gute Salate. Schöner Terrassenbereich. Tgl. ab 11 Uhr, 61740 Twentynine Palms Highway, Joshua Tree, CA 92252, Tel. 760/366 04 00, www.pieforthepeople.com

ÜBERNACHTEN
Hidden Valley Campground. Tel. 760/367 55 00, www.nps.gov/jotr/planyourvisit/hidden-valley-campground.htm

Jumbo Rocks Campground. Tel. 760/367 55 00, www.nps.gov/jotr/planyourvisit/jumbo-rocks-campground.htm

Ryan Campground. Tel. 760/367 55 00, www.nps.gov/jotr/planyourvisit/ryan-campground.htm

The Desert Lily B&B. Kleine Oase in der Wüste mit Hotelzimmern und Selbstversorger-Hütten. Nahe dem Westzugang in den Nationalpark entfernt. 8523 Star Ln., Joshua Tree, CA 92252, Tel. 760/366 46 76, www.thedesertlily.com

AKTIVITÄTEN
Uprising Adventure Guides. Kletterunterricht, geführte Klettertouren. 61693 Twentynine Palms Highway, Joshua Tree, CA 92252, Tel. 888/254 62 66, www.joshuatreeuprising.com

INFORMATION
Joshua Tree Visitor Center. Tgl. 8–17 Uhr, 6554 Park Blvd., Joshua Tree, CA 92256, Tel. 760/366 18 55, www.nps.gov/jotr

Oasis Visitor Center. Tgl. 8.30–17 Uhr, 74485 National Park Dr., Twentynine Palms, CA 92277, Tel. 760/367 55 00, www.nps.gov/jotr

Der natürliche Sandsteinbogen Arch Rock

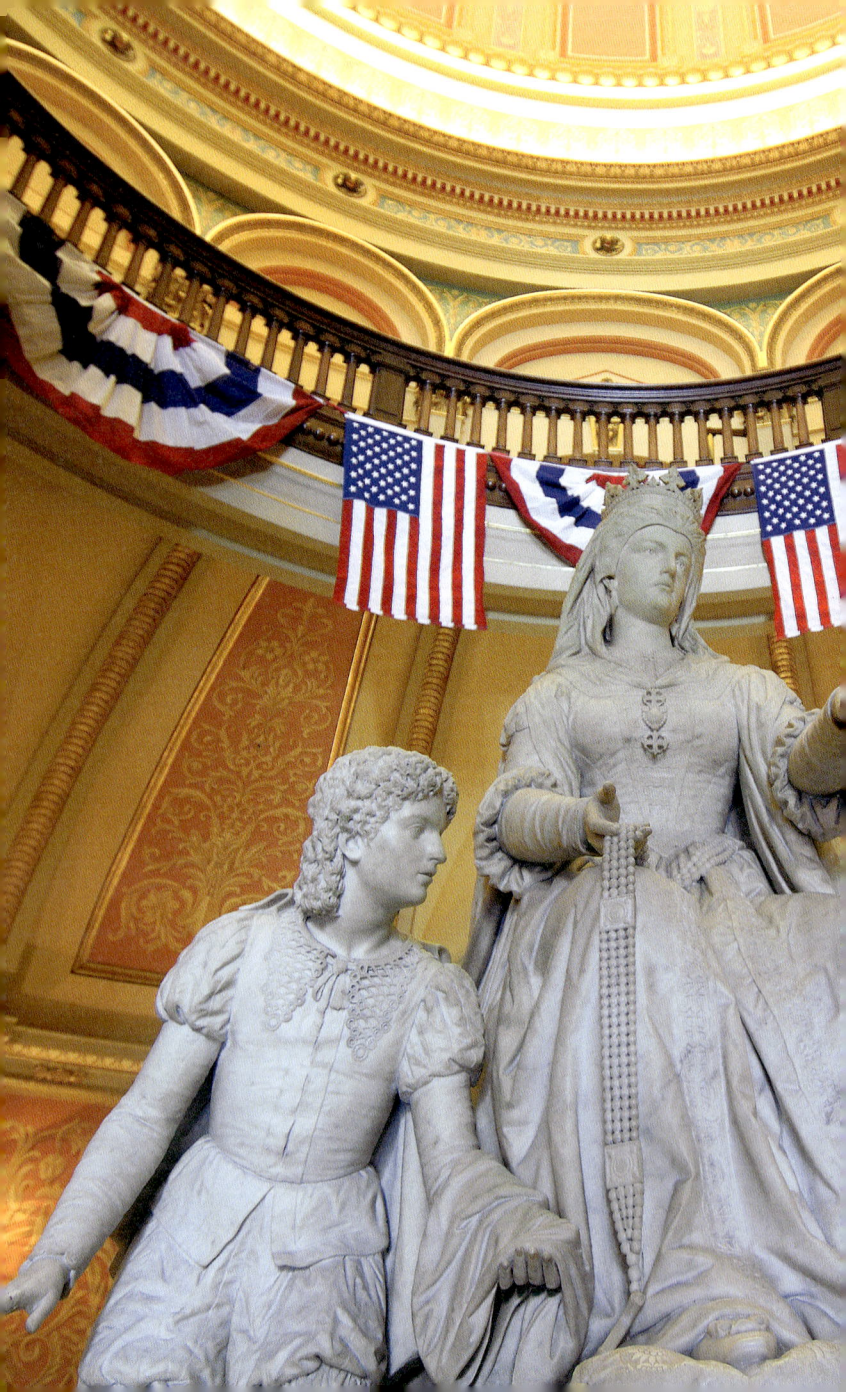

REISEINFOS

Links: Ehrwürdig zeigt sich das State Capitol in der Bundesstaat-Hauptstadt Sacramento

Anreise

Es gibt keine ernsthafte Alternative zur Anreise mit dem Flugzeug – es ist die schnellste und bequemste Art der Reise nach Nordamerika. Mit dem Reiseziel Kalifornien kann man zwei internationale Flughäfen anfliegen, den Los Angeles International Airport (LAX) und den San Francisco International Airport (SFO).

Etliche internationale Airlines fliegen beide Flughäfen mehrfach in der Woche an. Bei den europäischen Fluggesellschaften muss man oft einen Zwischenstopp im Heimatland der Airline einkalkulieren. Auch Zwischenlandungen in den USA sind keine Seltenheit, bevor man dann die eigentliche Destination an der Westküste erreicht. Hier gilt es zu bedenken, dass der erste Kontakt mit amerikanischem Boden gleichzeitig die Einreiseprozedur beinhaltet (siehe Einreisebestimmungen, S. 269). Der Anschlussflug darf also nicht zu knapp kalkuliert sein.

Will man entspannt und ohne jede Zwischenlandung nonstop nach Kalifornien fliegen, so steuert Lufthansa von Frankfurt am Main, Berlin, Düsseldorf und München aus Los Angeles direkt an. Nach San Francisco fliegt die Lufthansa in Kooperation mit United ab Frankfurt am Main und München direkt.

Der Flughafen LAX ist 31 Kilometer von Downtown Los Angeles entfernt. Die meisten Flughafenhotels erreicht man mit kostenlosen Shuttlebussen. Für ein Ziel in der Stadt kann man sich ebenfalls per Shuttle zur Aviation Station bringen lassen, dort existiert ein Metro-Anschluss in die Stadt.

Vom Flughafen SFO fahren die Buslinien 292 und 397 in 20- bis 30-minütigen Abständen sehr preisgünstig in die Stadt (eine dritte Linie ist eine Expresslinie, die jedoch kein Gepäck befördert). Die Entfernung in die Downtown beträgt 20 Kilometer, die Fahrtdauer zwischen 60 und 90 Minuten.

Etwas teurer, aber schneller gelangt man mit dem BART (Bay Area Rapit Transit) Train in die City. Der Bahnhof befindet sich direkt im Flughafen.

Die kalifornische Flagge

Der spanisch-mexikanische Einfluss macht sich vielerorts bemerkbar, wie hier im Balboa Park

Diplomatische Vertretungen

Generalkonsulat der Bundesrepublik Deutschland
6222 Wilshire Boulevard, Suite 500,
Los Angeles, CA 90048-5193,
Tel. 323/930 27 03,
www.los-angeles.diplo.de

Österreichisches Generalkonsulat
11859 Wilshire Boulevard, Suite 501,
Los Angeles, CA 90025,
Tel. 310/444 93 10,
www.austria-la.org

Generalkonsulat der Schweiz
11859 Wilshire Boulevard, Suite 501,
Los Angeles, CA 90025,
Tel. 310/575 11 45,
www.eda.admin.ch/losangeles

Einreisebestimmungen

Die Einreisebestimmungen sind eine Wissenschaft für sich. Zusätzlich zu einem noch mindestens drei Monate gültigen, maschinenlesbaren Reisepass muss seit 2009 eine vorherige Autorisation über das Internet erfolgen. Das heißt, vor einer geplanten Reise muss man mindestens 72 Stunden vor dem Abflug eine gebührenfreie, elektronische Einreiseerlaubnis beantragen (Electronic System for Travel Authorization – kurz ESTA). Sie ist zwei Jahre lang gültig und berechtigt zu unbegrenzt vielen Einreisen in die USA. Verliert jedoch der Reisepass in dieser Zeit seine Gültigkeit, muss die Genehmigung mit dem neuen Pass erneut eingeholt werden. Online gibt es die Einreiseerlaubnis unter http://esta.cbp.dhs.gov/esta.

Palmen – wie hier in Monterey – sind ein Markenzeichen des Bundesstaates Kalifornien ...

Zusätzlich wird seit 2010 eine Einreisegebühr in Höhe von 14 Dollar pro Person
erhoben. Die Gebühr setzt sich aus
4 Dollar für die Bearbeitung des Einreise-
antrages und 10 Dollar für die Genehmigung zusammen. Die Bezahlung erfolgt
ausschließlich über die gängigen Kredit-
karten. Die Einreisegebühr ist ebenfalls
zwei Jahre lang gültig, und mit ihrer einmaligen Zahlung kann in diesem Zeit-
raum beliebig oft eingereist werden.

Wichtig: Ohne die elektronische Einreise-
genehmigung kommt man nicht einmal
an Bord des Flugzeuges.

Es ändert sich ständig etwas in den Ein-
reiseformalitäten in einem Land wie den
USA. Deshalb ist man auf der sicheren
Seite, wenn man sich vor der Reise noch
einmal die aktuellen Bestimmungen unter www.auswaertiges-amt.de anschaut.

Ist man am Zielflughafen angekommen,
muss man sich einer Einreiseprozedur
unterziehen, die aus einer kurzen Befra-
gung zum Zweck der Reise und dem Ziel
beinhaltet, sowie die Erfassung von Fin-
gerabdrücken und ein Foto.

Feiertage

Es gibt nur zwei Feiertage, an denen
prinzipiell alles (auch Visitor Center und
Museen) geschlossen bleibt: Thanksgiving und der 25. Dezember, auf den sich
das Weihnachtsfest beschränkt. Fällt ein
Feiertag auf ein Wochenende, wird er
auf den Montag danach verlegt. Der Memorial Day bildet den Auftakt der Reise-
saison, der Labor Day deren Ende.
Die einheitlichen Feiertage sind:
Neujahr: 1. Januar
Geburtstag von Martin Luther King:
dritter Montag im Januar

President's Day: dritter Montag im Februar
Karfreitag (regional): Karwoche
Memorial Day (Soldatengedenktag): letzter Montag im Mai
Independence Day: 4. Juli
Labor Day (Tag der Arbeit): erster Montag im September
Columbus Day: zweiter Montag im Oktober
Veteran's Day: 11. November
Thanksgiving: vierter Donnerstag im November
Weihnachten: 25. Dezember

Fremdenverkehrsämter

Fremdenverkehrsamt Los Angeles – 333 South Hope Street, 18th Floor, 90071 Los Angeles, Tel. 800/228 24 52, www.discoverlosangeles.com

Fremdenverkehrsamt San Francisco – 900 Market Street, San Francisco, CA 94102-2804, Tel. 415/391 20 00, www.sanfrancisco.travel

Geld/Währung

Bezahlt wird in US-Dollar. Das Geld sollte man zu Hause schon tauschen und beachten, dass manche Banken für die Bestellung von Dollar eine gewisse Vorlaufzeit brauchen. Theoretisch kann man Bargeld in einer Höhe bis zu 10 000 Dollar in die USA einführen.

1 Dollar = 100 ¢
Münzen: 1 ¢, 5 ¢, 10 ¢, 25 ¢, 50 ¢
Scheine: $ 1, $ 5, $ 10, $ 20, $ 50, $ 100

Wechselkurs (Oktober 2017):
1 Euro = 1,182 US-Dollar
1 US-Dollar = 0,846 Euro

Die Kreditkarte hat in den USA eine hohe Akzeptanz, allerdings liest man vielerorts »Cash only«. Mit der Kreditkarte und einer Geheimzahl kann man auch Bargeld bei den Banken abheben. Unbedingt nötig ist eine Kreditkarte bei der Anmietung eines Fahrzeugs. Die Karte wird mit der Kaution belastet und bei einwandfreier Rückgabe des Fahrzeuges umgehend wieder rückgebucht.

Bei Verlust oder Diebstahl der Kreditkarte muss diese unbedingt sofort unter folgender Notfallnummer gesperrt werden: +49/116 116.

... und auch das ist typisch Kalifornien!

Gesundheit

Einen Arztbesuch muss man in den USA zunächst aus eigener Tasche bezahlen. Hat man vor der Reise eine Auslandskrankenversicherung abgeschlossen, erstattet diese in der Regel die Ausgaben im Nachhinein. Die gesetzlichen Krankenkassen erstatten Arztbesuche nicht, weshalb eine Zusatzversicherung für die USA unbedingt nötig ist.

Private Krankenversicherungen übernehmen Arztbesuche im Ausland normalerweise und je nach Tarif, man sollte sich aber vorab mit der Versicherung in Verbindung setzen, um dies zweifelsfrei zu klären. Arzt- oder gar Krankenhausbe-

Ein Bad in einer heißen Quelle ist ein Erlebnis

suche in den USA gehen richtig ins Geld, weshalb es auch wichtig ist, einen entsprechenden Puffer für solche Notfälle auf dem Urlaubskonto zu haben.

Persönliche Medikamente für (chronische) Erkrankungen sollte man in jedem Fall in ausreichender Menge für die Dauer der Reise dabei haben. Zusätzlich sollte man vom Arzt ein Attest dabei haben, in dem die Einnahme des Medikaments begründet wird. Ansonsten erhält man in den Supermärkten und Drugstores rezeptfrei Mittel gegen Schmerzen, gegen Allergien und andere Unpässlichkeiten.

Internet

Die meisten Hotels bieten freies WLAN oder stellen Computerterminals in der Lobby zur Verfügung. Auch viele private Campingplätze bieten WLAN an, manchmal ist dies jedoch mit einer Gebühr verbunden. Auf den staatlichen Campingplätzen und denen in den Nationalparks gibt es üblicherweise kein WLAN.

Ansonsten bieten die meisten Fast-Food-Ketten (Subway, McDonald's) und alle Starbucks-Filialen freies WLAN an. Auch in manchen Visitor Centers kann man sich problemlos mit dem WLAN-Netzwerk verbinden.

Eine weitere Option ist es, das eigene Smartphone oder Tablet mit einer amerikanischen SIM-Karte auszustatten. Solche Karten ohne Vertrag gibt es von verschiedenen Anbietern in Elektronik- oder Mobilfunkläden und mit einer Grundge-

Ein Fassadengemälde in Chinatown San Francisco

bühr sowie einer beliebigen Guthaben-Aufladung. Wenn es keine reine Datenkarte ist, kann man auch telefonieren und hat für die Dauer des Aufenthaltes eine amerikanische Nummer auf dem eigenen Smartphone.

Will man sich die Suche nach einem Anbieter mit einer passsenden SIM-Karte vor Ort sparen, kann man schon von zu Hause aus auf den renommierten Anbieter Cellion zurückgreifen: www.cellion.de.

Übrigens heißt das WLAN in den USA Wireless LAN (Wi-Fi).

Klima und Reisezeit

Das Klima ist über den Bundesstaat verteilt sehr inhomogen und durchstreift vom sonnigen Süden über den rauen Norden und das alpine Hinterland bis zu

den heißen Wüstenregionen etliche Klimazonen. Rund um Los Angeles und den Süden Kaliforniens erfreut an der Küste mildes Sommerwetter die Urlauber. Dagegen ist es im Sommer in San Francisco und im Norden Kaliforniens häufig kühl und neblig mit Höchsttemperaturen um die 17 Grad, der Winter ist oft regnerisch. Angenehme Temperaturen um die 20 Grad herrschen im September und Oktober in der Golden-Gate-Stadt.

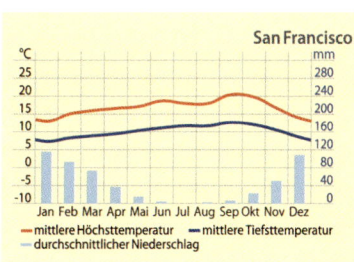

Das chinesische Neujahrsfest wird in San Francisco und Los Angeles mit Umzügen gefeiert

JANUAR

1. Januar: Die Neujahrsparade Tournament of Roses in Pasadena ist Kaliforniens größtes und schönstes Neujahrsfest. Mit Blumenwagenumzügen und anschließendem College Football-Spiel (das landesweit übertragen wird).

Palm Springs International Film Festival. Eins der größten Filmfestivals Nordamerikas mit Preisverleihungen und 150 Filmen aus 70 Ländern

FEBRUAR

Chinesisches Neujahrsfest. Die Chinatowns von Los Angeles und San Francisco feiern das Fest mit Knallerei, Akrobatik und Umzügen. Höhepunkt sind das Feuerwerk mit Löwentanz, das Karaterurnier und der 18 Meter lange, goldene Drache.

Februar–April: Die internationale Ausstellung »Desert X« bringt Künstler mit ihren Werken in die Wüste. Spiegelnde Zäume, gefrorene Seifenblasen und Wände mit optischen Illusionen heben sich besonders spektakulär vor der Wüstenkulisse ab (alle zwei Jahre in ungeraden Jahren).

MÄRZ

Snowfest. In Tahoe City gibt's Anfang März zehn Tage Unterhaltung mit einer Snow Queen (»Schneekönigin«), die einen Umzug anführt und einem Kostümwettbewerb für Haustiere … Die Darbietungen und Festlichkeiten erstrecken sich auch auf die benachbarten Urlaubsorte.

APRIL

Northern California Cherry Blossom Festival. Neben der prachtvollen Kirschbaumblüte stehen bei diesem Festival im Viertel Japantown von San Francisco die japanische Kultur und Gemeinschaft im Vordergrund. Es finden Paraden statt, Workshops und Vorführungen wie Gestalten von Blumenschmuck, Origami und Tintenmalerei werden angeboten: alles untermalt von japanischer Musik und typischen Instrumenten.

MAI

Ende Mai–September: Das Valhalla Festival of Arts & Music feiert die Musik, das Theater und die visuellen Künste. Vor dem herrlichen Hintergrund des Lake Tahoe ist die Stimmung bei den verschiedenen Darbietungen einzigartig.

JUNI

Castroville Artichoke Food & Wine Festival. Anfang Juni in Castroville (nördlich von Monterey) dreht sich alles um Artischocken und Wein. Neben Kochvorführungen und musikalischer Untermalung gibt es einen Wein- und einen Biergarten, in denen die Artischockenspeisen getestet werden.

JULI

Comic-Con International. Weltgrößte Comicmesse für Sammler von Comics und allem, was mit Pop und Film zu tun hat. Neben Comics sind auch Horror, Science-Fiction und Fantasy Thema. Ende Juli, San Diego Convention Center.

Carmel Beach Festival. Das Carmel Beach Festival ist ein Musikfestival, das die talentiertesten Musiker der Welt auf die Bühne bringt.

Zusätzlich zu den Konzerten gibt es auch Lesungen. Mitte–Ende Juli.

AUGUST

Outside Lands Music & Arts Fest. Auf mehreren Bühnen im Golden Gate Park von San Francisco werden Erinnerungen an den legendären »Summer of Love« wach. Namhafte Bands wie The Who und Metallica geben sich die Ehre.

SEPTEMBER

Solvang Danish Days. Ganz im Zeichen seiner Tradition steht das dänische Solvang Mitte September. Gefeiert wird mit Paraden, dänischen Volkstänzern und Musikdarbietungen in der ganzen Stadt. Das Rahmenprogramm besteht aus einem Wikinger-Zeltlager, einem Rockkonzert und vielen großen und kleinen Aktionen.

OKTOBER

31. Oktober. West Hollywood Halloween Carnaval, ein Halloween-Fest für Erwachsene, bei dem die Teilnehmer in Kostümen feiern. Es gibt Essen, Unterhaltung und die ausgefallensten Halloween-Kostüme, die man sich vorstellen kann. Das muntere Treiben findet auf dem Santa Monica Boulevard zwischen dem Doheny Drive und dem La Cienga Boulevard statt.

NOVEMBER

Wochenende des Veteran's Day. Beim Night Sky Festival im Joshua Tree National Park kommen Sternforscher, Wissenschaftler und Fans von herrlichen Nachthimmeln zusammen, um gemeinsam den Sternenhimmel zu bewundern. Sowohl bei Tag als auch bei Nacht werden verschiedene Aktionen geboten, zum Beispiel ein Himmelskunde-Jahrmarkt am Tag oder ein Blick durchs Teleskop auf den Nachthimmel.

DEZEMBER

Solvang Julefest. Die dänische Stadt erstrahlt im weihnachtlichen Gewand. Geboten werden Weinproben, Sonderverkäufe in Kunstläden, Galerien und Boutiquen. Restaurants, Bäckereien und Delikatessläden bieten leckeres Essen an, außerdem findet eine Parade statt.

Der Golden Gate Park in San Francisco steht im August im Zeichen der Flower Power

Das Hinterland, insbesondere die Sierra Nevada, bietet im Sommer heiße Tage und kühle Nächte (vor allem in den Höhenlagen). Die mitunter langen Winter zeichnen sich durch heftige Schneefälle aus.

Kein Ziel für die Sommermonate sind die Wüstenregionen, allen voran das Death Valley und der Joshua Tree National Park. Tagsüber herrschen Durchschnittstemperaturen im Juli und August um die 46 Grad, wohingegen die Monate Dezember und Januar mit knapp 20 Grad angenehme Wohlfühltemperaturen bieten.

Die verschiedenartigen Klimazonen machen Kalifornien zu einem Ganzjahres-ziel. Die Nationalparks sind im Frühjahr traumhaft schön, wenn wahre Wassermassen die Wasserfälle hinabdonnern und überall Wildblumen blühen. Im Sommer steht der Strandurlaub im Süden Kaliforniens an erster Stelle der Aktivitäten. Im Herbst wird nicht nur im sonnigen Silicon Valley Wein gelesen, im Winter verwandelt sich das Hinterland des Bundesstaates in ein Winterwonderland.

Der größte Andrang von Besuchern findet im Sommer zwischen Juni und September statt, die Kernferien dauern in den USA von Ende Juni bis Anfang August. Die Lodges in den Nationalparks müssen für diese Reisezeit frühzeitig (ein

Im Stil einer Hazienda ist die Oase Scotty's Castle erbaut

Auch die schneereichen Winter in Kalifornien haben ihren Reiz

halbes Jahr im Voraus) reserviert und das Hotelzimmer in San Francisco gebucht werden.

Nebensaison ist jeweils von März bis Mai und von September bis Oktober. Eine kurze Hochsaison gibt es noch einmal rund um das Labor-Day-Wochenende. Labor Day ist am ersten Montag im September, entsprechend ist ab dem Freitag davor alles überlaufen.

Mietwagen

Die Wahl des Fahrzeugs hängt maßgeblich von den persönlichen Vorlieben ab. Ist man gern autark unterwegs und möchte den Reiz des Abenteuers, der Freiheit und der herrlichen Natur genießen, ist das Wohnmobil das Fahrzeug der Wahl. Bevorzugt man die bequemere Übernachtung im

Hotelzimmer oder die idyllisch-romantische Atmosphäre der Nationalpark-Lodges, kann man einen Pkw in allen Größen und Kategorien mieten.

In beiden Fällen sollte man unbedingt bereits zu Hause das Fahrzeug reservieren. Zum einen ist es mit zeitlichem Vorlauf vor Reiseantritt deutlich günstiger als vor Ort, zum anderen möchte man die kostbare Urlaubszeit nicht damit vergeuden, sich durch den Wust von Versicherungen und Zusatzbestimmungen zu forsten. So kann man zu Hause festlegen, welche Fahrzeug-Kategorie man möchte und welche Versicherungen und Leistungen man braucht.

Für die Anmietung eines Wohnmobils kommen im Bereich von Los Angeles folgende Anbieter infrage:

El Monte. 12818 Firestone Boulevard, Santa Fee Springs, CA 90670, Tel. 888/337 22 14, www.elmonterv.com

Road Bear. 28404 Roadside Drive, Agoura Hills, CA 90670, Tel. 866/491 98 53, www.roadbearrv.com

Cruise America. 2233 E 223rd Road, Carson, CA 90810, Tel. 562/304 52 41, www.cruiseamerica.com

Dieselben Anbieter sind auch im Großraum von San Francisco vertreten:

El Monte. 111 Mason Street, San Francisco, CA 94102, Tel. 415/771 87 70, www.elmonterv.com

Road Bear. 420 San Leandro Boulevard, San Leandro, CA 94577, Tel. 510/247 11 19, www.roadbearrv.com

Cruise America. 5623 John Muir Drive, Newark, CA 94560, Tel. 510/661 67 19, www.cruiseamerica.com

Die Aufnahme eines Mietwagens ist noch unproblematischer. Sowohl im Flughafen von Los Angeles als auch in der unmittelbaren Umgebung befinden sich etwa 40 Autovermietungen, unter ihnen alle namhaften Anbieter wie Avis, Europcar und Hertz. Dasselbe gilt für den Flughafen von San Francisco.

Notrufnummern

Zentrale Notrufnummer von jedem Telefon aus ist die 911 für Polizei, Rettungsdienst und Feuerwehr. Man wählt sie, wenn es brennt, man Zeuge eines Verbrechens wird, es sich um einen medizinischen Notfall handelt oder man Schreie, Hilferufe oder Schüsse hört.

Beim Verlust der Kreditkarte wählt man die Sperrnummer +49/116 116.

Öffnungszeiten

In den Großstädten haben die großen Supermärkte meist rund um die Uhr geöffnet. Malls und Einkaufszentren kann man bis etwa 21 Uhr, sonntags bis

Joshua Trees im Süden Kaliforniens

Unterwegs mit einem Wohnmobil ist die Freiheit grenzenlos

19 Uhr besuchen. In kleineren Städten und auf dem Land sind die Öffnungszeiten der Supermärkte unterschiedlich – bis 21 Uhr bekommt man aber normalerweise noch Lebensmittel.

Die Touristeninformationen sind in der Regel zwischen 9 und 17 Uhr für Besucher geöffnet, in der Hauptsaison oft auch länger.

Mittagessen gibt es zwischen 11.30 und 14.30 Uhr, Abendessen wird zwischen 17.30 und 22 Uhr serviert (außer im Fast-Food-Bereich).

Trinkgeld

In den USA macht das Trinkgeld (»Tip«) meist einen Großteil des Gehaltes der Bedienung aus und wird mit 15 bis 18 % versteuert. Umso wichtiger ist es, beim Bezahlen im Restaurant ans Trinkgeld zu denken. Wenn mit der Kreditkarte bezahlt wird, trägt man bei »Tip« nach eigenem Ermessen den Trinkgeldanteil ein, sodass bei der Abbuchung der Gesamtbetrag inklusive Trinkgeld abgebucht wird. Wenn der Trinkgeldbeitrag bereits im Rechnungsbetrag inbegriffen ist, findet man dies unter »Service included« auf der Speisekarte vermerkt.

Ist beim Gepäcktragen im Hotel ein Angestellter behilflich, empfehlen sich zwei Dollar pro Gepäckstück, dem Zimmermädchen sollte man zwei bis vier Dollar pro Nacht zurücklassen. Auch der Taxifahrer freut sich über zehn bis 15 Prozent Trinkgeld.

KALIFORNIEN
für Kinder und Familien

Ein Besuch im Legoland in Carlsbad ist Pflicht und für Kids ein unvergessliches Erlebnis

In den USA Urlaub zu machen, ist schon ein Abenteuer für sich. In den Vorstellungen von Kindern ist es das Land der Cowboys und Indianer. Welches Kind wäre also nicht für einen Flug über den großen Teich zu begeistern? Hinzu kommt, dass die Amerikaner über alle Maßen kinderfreundlich sind. In den Hotelzimmern darf der Nachwuchs kostenlos mit übernachten, in Museen und in den Nationalparks gibt es spezielle Kinderprogramme – also auf geht's in den Wilden Westen!

Freizeitparks

Disneyland. Ganz oben auf der Hitliste für Kids steht in Kalifornien das Disneyland in Anaheim. Für jedes Alter ist etwas geboten, für die Kleinen sind die Begegnungen mit den Disney-Charakteren ein Erlebnis, für die Größeren die Fahrgeschäfte und für die Eltern das allabendliche Feuerwerk im Sommer. Disneyland ist unterteilt in acht thematische Länder mit Fahrgeschäften, Shows und Paraden – und immer präsent: Mickey Mouse & Co. in Lebensgröße! Mo–Fr 10–22, Sa, So, in den Ferien und in der Hochsaison tgl. 8–24 Uhr, Tickets ab 97 $, Kinder 3–9 Jahre ab 91 $, 1313 Disneyland Dr., Anaheim, CA 92802, Tel. 714/781 46 36, http://disneyland.disney.go.com

Legoland. Hier dreht sich alles um die bunten Steinchen. Es gibt drei Parkbereiche, den Freizeitpark, den Water Park und das Sea Life Aquarium. Kinder jeden Alters haben hier ihren Spaß. Jung und Alt erfreuen sich an den liebevoll aufgebauten Lego-Landschaften. Je nach Parkbereich und Saison, Tagesticket für alle drei Bereiche ab 125 $, Kinder 3–12 Jahre ab 117 $, 1 Legoland Dr., Carlsbad, CA 92008, Tel. 877/376 53 46, www.legoland.com/california

Six Flags Magic Mountain. Nichts für schwache Nerven und eher etwas für ältere Kids und Jugendliche ist dieser Achterbahnen-Park nordöstlich von Los Angeles. Der Park hat die meisten Achterbahnen innerhalb eines Freizeitparks weltweit (nämlich 18!). Diese sind zum Teil spektakulär und erfordern schon gehörigen Heldenmut ... Juli und August tgl. 9.30–mind. 20 Uhr, Tagesticket 84,99 $, Kinder bis 1,46 Meter 59,99 $, Kinder unter 2 Jahre frei, 26101 Magic Mountain Pkwy, Valencia, CA 91355, Tel. 661/255 41 00, www.sixflags.com/magicmountain

Abenteuer

Junior-Ranger-Programm in den Nationalparks. »Explore, learn and protect« (»erforsche, lerne und schütze«) lautet das Motto der Junior-Ranger-Programme in den US-amerikanischen National-

Monterey Bay Aquarium

parks. Jede Menge spannender Aktivitäten, Naturerfahrungen, Projekte und Spiele warten auf die jungen Entdecker. Am Ende gibt es ein Zertifikat, und die Jung-Ranger werden offiziell »vereidigt«. Das Hauptalter der Teilnehmer liegt zwischen fünf und 13 Jahren. Ansprechpartner sind die Ranger in den Visitor Centers der Nationalparks.

Gold waschen. Wie echte Goldsucher können die Kids mit Schürfpfanne losziehen und die Ausbeute am Fluss so lange schwenken, bis möglicherweise etwas Goldenes zutage tritt. Unter Anleitung ist das bei Gold Prospecting Adventures möglich. Je nach Länge der Tour 25–150 $, 18170 Main St., Jamestown, CA 95327-1040, Tel. 209/984 46 53, www.goldprospecting.com

Alcatraz. Die Gefängnisinsel in der Bucht von San Francisco hat etwas Abenteuerlich-Gespenstisches an sich. Ein Rundgang mit Audioguide durch den ehemaligen Zellentrakt des Hochsicherheitsgefängnisses hat definitiv Gänsehautcharakter für alle Teilnehmer. Die Fährfahrt dorthin bietet tolle Blicke auf die Skyline von San Francisco und die Golden Gate Bridge. Ganzjährig, 37,25 $, Kinder 5–11 Jahre 23 $, Alcatraz Island, Golden Gate National Recreation Area, B201 Fort Mason, San Francisco, CA 94123, Tel. 415/561 49 00, www.nps.gov/alca

Universal Studios. Eine Studiotour durch die Settings berühmter Filme, coole Achterbahnen, die Zaubererwelt rund um Harry Potter und beeindruckende Shows – die Universal Studios bieten einen einmaligen Blick in die Filmwelt und das auf höchst unterhaltsame Weise. Je nach Saison; in der Hauptsaison tgl. 9–22 Uhr, 110 $, Kinder 3–9 Jahre 104 $, 100 Uni-

Im Zoo von San Diego darf man Giraffen aus der Hand füttern

Anfassen ausdrücklich erlaubt! Streichelbecken mit Seesternen im SeaWorld San Diego

versal City Plaza, Universal City, CA 91608, Tel. 800/864 83 77, www.universalstudioshollywood.com

Tiere und Natur

SeaWorld San Diego. Der Meeres-Themenpark gehört zu einer Kette und ist eine Mischung aus Delfinarium (mit Seelöwen, Eisbären, Seekühen, Pinguinen, Delfinen, Walen) und Vergnügungspark mit Wasser-Fahrgeschäften, Shows und Achterbahnen. Je nach Saison, Sommer: tgl. 10–22 Uhr, Tickets ab 94,99 $, online günstiger, Mission Bay Park, 500 Sea World Dr., San Diego, CA 92109, Tel. 619/222 47 32, www.seaworldparks.com

San Diego Zoo Safari Park. Gefährdete Tiere aus Afrika, Asien und in naturnaher Umgebung. Safari-Touren, Seilrutschen und ein Kletterpark sind die Hits für Kids im Safari Park. Sommer: tgl. 9–19 Uhr

52 $, Kinder 3–11 Jahre 42 $, 15500 San Pasqual Valley Rd., Escondido, CA 92027-7017, Tel. 760/747 87 02, www.sdzsafaripark.org

Monterey Bay Aquarium. Berühmtestes Schau-Aquarium an der Westküste mit über 350 000 Meeresbewohnern. Mit Streichelbecken, interaktiven Angeboten und Unterwasser-Erlebniswelt. Tgl. 10–17 Uhr, 49,95 $, Kinder 3–12 Jahre 29,95 $, 886 Cannery Row, Monterey, CA 93940, Tel. 831/648 48 00, www.montereybayaquarium.org

Whale Watching. Das lässt nicht nur Kindern den Atem stocken: Wenn ein riesiger Killerwal direkt vor einem Boot aus dem Wasser springt, ist das ein unvergessliches Erlebnis. Besonders gute Orte für Walbeobachtungstouren sind Santa Barbara (S. 108) und Monterey (S. 130).

Kleiner Sprachführer

ALLGEMEIN

Guten Morgen. Good morning.
Guten Abend. Good evening.
Guten Tag. Good afternoon.
Auf Wiedersehen. Goodbye.
Tschüss. Bye, see you later.
Danke/Vielen Dank! Thank you!
Gern geschehen! You are welcome!
Entschuldigung! Excuse me!
    (vor einer Frage)
Wie bitte? Pardon?/Come again?
Ja/nein/vielleicht yes/no/maybe
Können Sie mir bitte helfen? Can you
    help me, please?

UNTERWEGS

Wie komme ich nach ...? How do I
    get to ...?
**Wie komme ich am schnellsten zum
    Bahnhof/Flughafen?** What's the
    fastest way to get to the train
    station/airport?
Ich möchte ein Auto mieten. I'd like
    to rent a car.
Wie weit ist es bis ...? How far away is ...?
Ist die Straße noch passierbar?
    Is the road still driveable?
Gibt es eine Umleitung? Is there a
    detour?
**Ich möchte eine Fahrkarte nach ...
    kaufen.** I'd like to buy a ticket to ...
Hin- und Rückfahrtticket roundtrip-
    ticket
Ich habe eine Autopanne. My car is
    broken down.
Wo ist die nächste Tankstelle? Where's
    the nearest petrol/gas station?
Superbenzin unleaded
Diesel diesel

**Wo ist die nächste Reparatur-
    werkstatt?** Where is the closest
    auto repair shop?
**Können Sie mir beim Abschleppen
    helfen?** Can you help to tow my car?
Können Sie mir Starthilfe geben?
    Can you jump start my car?
Rufen Sie mir bitte ein Taxi. Please
    call me a cab.

ÜBERNACHTEN

Doppelzimmer double/twin room
Einzelzimmer single room
**Stellen Sie bitte ein zusätzliches
    Kinderbett ins Zimmer.** Please provide
    a rollaway bed/crib in the room.
**Ich hätte gern ein Zimmer für ... Nächte
    vom ... bis ...** I'm looking for a room
    for ... nights from ... to ...
Wieviel kostet das Zimmer? How much is
    the room?

EINKAUFEN

Was kostet/kosten ...? How much
    is/are ...?
**Kann ich mit dieser Kreditkarte bezah-
    len?** Can I pay with this credit card?

ESSEN UND TRINKEN

Wo gibt es hier ein gutes Restaurant? Is
    there a good restaurant around here?
Kann ich bitte die Karte haben? May I
    have the menu, please?
Zahlen, bitte! Can I have the check,
    please?
Frühstück breakfast
Mittagessen lunch
Abendessen dinner
Amerikanisches/europäisches Frühstück
    American/Continental breakfast

Register

Impressum

Verantwortlich: Claudia Hohdorf
Lektorat/Bildauswahl: Anne Köhler
Korrektorat: Anke Höhne
Layout: Elke Mader
Umschlaggestaltung: Nina Andritzky, Stefanie König
Repro: Repro Ludwig
Kartografie: Kartographie Huber, Heike Block
Herstellung: Stefanie König
Printed in Slovenia by Florjancic

Sind Sie mit diesem Titel zufrieden?
Dann würden wir uns über Ihre
Weiterempfehlung freuen.

Erzählen Sie es im Freundeskreis, berichten Sie
Ihrem Buchhändler, oder bewerten Sie bei
Onlinekauf. Und wenn Sie Kritik, Korrekturen oder
Aktualisierungen haben, freuen wir uns über Ihre
Nachricht an Bruckmann Verlag,
Postfach 40 02 09, D-80702 München oder per
E-Mail an lektorat@verlagshaus.de.

Unser komplettes Programm finden Sie unter

www.bruckmann.de

Alle Angaben dieses Werkes wurden von den Autoren
sorgfältig recherchiert und auf den neuesten Stand
gebracht sowie vom Verlag geprüft. Für die Richtigkeit
der Angaben kann jedoch keine Haftung übernommen
werden.

Bildnachweis:
Alle Bilder des Innenteils und des Umschlags stammen
von Christian Heeb, außer:
Marion Landwehr: 31, 33m., 78u., 79, 166u., 168m.,
168u., 169, 193, 196m., 196u., 220m., 223, 231, 233,
234m., 237, 244, 246u., 268
Lookphotos (www.lookphotos.com): 118o. (age fo-
tostock)
Mauritius Images: 48u. (Citizen of the Planet/Alamy),
49 (Steve Shuey/Alamy), 51 (Andrew Hasson/Alamy),
82u. (imageBROKER/Marc Rasmus), 102o. (Russ Bis-
hop/Alamy), 105 (Lee Rentz/Alamy), 135 (Richard
Wong/Alamy), 143 (Lee Foster/Alamy), 170o. (David
Muxcroft), 170m. (Loop Images/Ed Rhodes), 176 (age
fotostock/George Ostertag), 186m., 186u. (Derrell
McCain/Alamy), 192u. (Stock Connection Blue/
Alamy), 195u. (Danita Delimont/Walter Bibikow), 198u.
(Shirley Kilpatrick/Alamy), 209 (Zach Holmes/Alamy),
211 (Volker Miosga), 218 (age fotostock/Russ Bishop),
253u. (nik wheeler/Alamy); Picture Alliance/Bildagen-
tur-online/Stock Connect: 258
Shutterstock: 24 (Margaret.W), 34/35 (Steve Minkler),
43 (KateSun), 44o. (Sherry V Smith), 44m., 44u. (Tim
Maniero), 45 (travis houston), 46u. (Dave Newman),
47 (evantravels), 48o. (WaitForLight), 48m. (Marben),
50u. (Hayk_Shalunts), 52o., 78o., 88u. (Supannee_Hick-
man), 52u. (EllenSmile), 53 (Sam Spicer), 54/55, 74u.
(Sean Pavone), 61o. (Tupungato), 72o. (Konoplytska),
72u. (Diego Grandi), 74o. (Joseph Sohm), 75 (travel-
view), 78m., 170u. (Pack-Shot), 82o. (Joe Seer), 84,
158m., 158u. (4kclips), 93 (robert cicchetti), 97u. (Vadik
Swenson), 98o. (f11photo), 98m., 100u. (Alina Zamo-
gilnykh), 98u. (Anton_Ivanov), 99 (Michael Urmann),
101 (NatalieJean), 102u. (divanov), 104m., 104u. (Asif
Islam), 106o. (KC Lohenry), 106m. (trekandshoot),
107 (Sebastien Burel), 110u. (Peter K Mueller), 111 (Vikki
Hunt), 112m. (Dado Photos), 119 (randy andy), 120o.
(HTurner), 120u. (Sean Lema), 124u. (Vadim Novikov),
128u. (Jerome Kundrotas), 134m. (Denise Lett), 144u.
(Lynn Watson), 159 (Michael Warwick), 167 (cdrin),
171 (jiawangkun), 172m. (Just.Oak), 175 (Jairo Rene
Leiva), 182u. (Leonard Zhukovsky), 184o. (cheng
cheng), 184u. (Wollertz), 206 (Marc Venema),
207 (Reinhard Tiburzy), 239o. (NADA GIRL), 239u.
(FiledIMAGE), 240m. (Olga Yudina), 245 (mkldesigns),
247 (Tami Crawford), 249 (Ingo70), 256o. (Zack Frank),
260 (silky), 274 (betto rodrigues), 275 (Josh Withers),
280 (Hayk_Shalunts); Wikimedia Commons: 183 (Jim G);
Castello di Amorosa/Jim Sullivan: 183;
www.grandcentralmarket.com: 63 (Mike Baker)
www.malibu-farm.com: 103

Umschlag:
Vorderseite:
Oben: Cardón-Kaktus (Shutterstock/Ed Reardon)
Mitte links: Rettungsschwimmer-Turm in San Diego
(Shutterstock/Dancestrokes)
Mitte rechts: Fröhliche junge Frau (Shutterstock/
HTeam)
Unten: Bixby Bridge am Highway 1
Rückseite:
Oben: Cable Car in San Francisco
Mitte: Straßenkünstler auf dem Walk of Fame
Unten: Sequoia im Redwood NP
Klappe vorne: Wanderer am Glacier Point/Yosemite NP

Die Deutsche Nationalbibliothek verzeichnet diese
Publikation in der Deutschen Nationalbibliografie;
detaillierte bibliografische Daten sind im Internet über
http://dnb.d-nb.de abrufbar.